人力资源管理与企业建设

闫志宏　朱壮文　李贵鹏　主编

吉林科学技术出版社

图书在版编目（CIP）数据

人力资源管理与企业建设 / 闫志宏，朱壮文，李贵
鹏主编. -- 长春：吉林科学技术出版社，2020.9
　　ISBN 978-7-5578-7554-1

　　Ⅰ．①人… Ⅱ．①闫… ②朱… ③李… Ⅲ．①企业管
理－人力资源管理－研究－中国 Ⅳ．① F279.23

中国版本图书馆 CIP 数据核字（2020）第 200234 号

人力资源管理与企业建设

主　　编	闫志宏　　朱壮文　　李贵鹏	
出 版 人	宛　霞	
责任编辑	汪雪君	
封面设计	薛一婷	
制　　版	长春美印图文设计有限公司	
幅面尺寸	185mm×260mm	
开　　本	16	
字　　数	330 千字	
印　　张	14.75	
版　　次	2020 年 9 月第 1 版	
印　　次	2020 年 9 月第 1 次印刷	
出　　版	吉林科学技术出版社	
发　　行	吉林科学技术出版社	
地　　址	长春净月高新区福祉大路 5788 号出版大厦 A 座	
邮　　编	130118	
发行部电话 / 传真	0431—81629529　　81629530　　81629531	
	81629532　　81629533　　81629534	
储运部电话	0431—86059116	
编辑部电话	0431—81629520	
印　　刷	北京宝莲鸿图科技有限公司	
书　　号	ISBN 978-7-5578-7554-1	
定　　价	60.00 元	

前　言

　　企业的人力资源管理工作是现代企业管理中的一项重要的组成部分，对企业的整体管理水平和经济效益有着重要的促进和推动作用。对于后危机时代来讲，其人力资源的开发和管理是企业应对愈来愈激烈的市场竞争的重要手段，尤其是在以科技的发展和信息化的进步为基础的全球一体化经济中，更是发挥着巨大的意义和作用。

　　本书共七章，开篇绪论对部分人力资源管理概念、现状、发展趋势及与企业建设的关系进行了阐释说明，后六章分别对人力资源管理理论、工作内容，企业人力资源管理以及企业组织、文化与信息化建设内容进行重点论述与研究，以期为我国人力资源管理与企业现代化建设与可持续发展提供理论指导与帮助。

目录

第一章 绪 论

第一节 人力资源管理概述

随着社会经济的发展，人们越来越认识到，人力资源是所有社会资源中最宝贵的资源，是"第一资源"。谁拥有高素质的人才和人力资源，谁就掌握了未来世界竞争的主动权，并最终赢得竞争。人力资源管理已成为现代管理的核心内容。因此，如何开发人力资源，加强人力资源管理，对于推动经济和社会发展，具有十分重要的意义。

一、人力资源

（一）人力资源的含义与构成

1. 人力资源的含义

资源是一个经济学术语，它泛指社会财富的源泉，是为了创造物质财富而投入于生产活动中的一切要素。迄今为止，世界上有四大资源：人力资源、自然资源、资本资源、信息资源。这里所言的自然资源是指大自然赋予人类的、可供人类用于生产活动的一切未经人加工的自然物。如未经开发的土地、山川、森林、矿藏等，它们有待于人们去开发利用。资本资源是指用于生产活动的一切经人加工的自然物。如资金、机器、厂房、设备。人们并不直接消费资本本身，而是利用它去生产和创造新的产品与新的价值。信息资源是指对生产活动及与其有关的一切活动的事、物描述的符号集合。信息是对客观事物的一种描述，与前两种资源不同的是，前两种资源具有明显的独占性，而信息资源则具有共享性。人力资源是生产活动中最活跃的因素，也是一切资源中最重要的资源。人力资源的定义，常见的有以下几种：

（1）人力资源是指能够推动国民经济和社会发展的具有劳动能力的人口总和，它包括数量和质量两个方面。

（2）人力资源是指劳动力资源，即一个国家或地区有劳动能力的人口总和。

（3）人力资源是指具有智力劳动或体力劳动能力的人们的总和。

（4）人力资源是指包含在人体内的一种生产能力，它是表现在劳动者身上的、以劳动者的数量和质量表示的资源，它对经济起着生产性的作用，使国民收入持续增长。

（5）人力资源是指能够推动整个经济和社会发展的劳动者的能力，即处在劳动年龄的已直接投入建设或尚未投入建设的人口的能力。

（6）人力资源是指具有为社会创造物质财富和精神财富、为社会提供劳务和服务的人。

（7）人力资源是指以人的自然生命机体为载体的，能够满足生产性、建设性或创造性需要的某种手段或东西。

这里所用的人力资源概念是指能够推动国民经济和社会发展的具有劳动能力的人口总和。企业人力资源，是指能够推动整个企业发展的全部现任在岗员工之总和。

人力资源的实质就是人所具有的运用和推动生产资料进行物质生产的能力。它包含体能和智能两个方面。体能即人的身体素质，包括力量、速度、耐力和反应力。智能包括智力、知识和技能。

2. 人力资源的构成

人力资源由数量和质量两个方面构成。人力资源的数量是指人力资源的载体——构成人力资源的人口的数量。从宏观上看，指的是一个国家或地区中具有劳动能力、从事社会劳动的人口总数，它是一个国家或地区劳动适龄人口减去其中丧失劳动能力的人口，加上劳动适龄人口之外具有劳动能力的人口。

人力资源质量即通常所说的人的素质。人力资源的质量由其载体—人口的思想道德素质、科技文化素质和身体健康素质等三个方面的内容来反映。在人力资源的质量体系中，科技文化素质是核心内容。

人力资源的数量和质量是密切联系的两个方面。一个国家或地区人力资源丰富程度不仅可以用其数量来计量，而且要用其质量来评价。人力资源质量的提高是人力资源开发的核心环节和关键所在。人力资源的优势在于质量而不在数量，高质量的人力资源是促进经济增长、增加社会财富的最重要的资源。

实践证明，仅仅用数量概念无法正确反映企业与企业之间、地区与地区之间、国家与国家之间在人力资源拥有上的区别，而质量概念仅仅能够表示个体之间的区别。为此，有必要引入人力资源当量和总量的概念。1983 年，国务院委托前教育部、计委、前劳动人事部开展的人才预测工作中，首次使用了"人才当量"概念，把一个"大学毕业生"定为一个"标准"专门人才，把研究生、大专生、中专生分别定为 2，0.6，0.2 个专门人才。这样就可以得出一个单位、一个地区的当量人才总量。

在非高科技企业中，劳动者的文化程度以高中为主，企业人力资源可以以高中毕业生为一个标准的人力资源，根据各类人群的平均贡献率，与高中毕业生群体作比较，就可以得出不同群体中个体人力资源的当量，进而可以计算出这一单位的人力资源平均当量和当量人力资源总量。

人力资源总量也可以不必经过当量计算，而直接通过一定的标准计算而得。如以受教育年限（受教育年限比较客观，而且对人力资源素质的反映程度很高）为标准，先计算出一个单位的平均受教育年限，再乘以数量，就可得到人力资源总量（单位为人·年）。即：

人力资源总量＝平均受教育年限 × 人力资源数量

（二）人力资源的基本特点

人力资源是进行社会生产最基本、最重要的资源，与其他资源相比较，它具有如下特点：

1. 人力资源的能动性

这是人力资源区别于其他资源的最根本所在。人具有思想、感情，具有主观能动性，能够有目的地进行活动，能动地改造客观世界。人能有意识地对所采取的行为、手段及结果进行分析、判断和预测，对自身行动做出抉择，调节自身与外部关系，表现出主观能动作用。这种能动性主要表现在：一是人的自我强化，人们通过正规教育、非正规教育和各种培训，努力学习理论知识和实际技能，使自己获得更高的劳动素质和能力，这就是自我强化过程；二是选择职业，在市场经济环境中，人力资源主要靠市场来调节。人作为劳动力的所有者可以自主择业。选择职业是人力资源主动与物质资源结合的过程；三是积极劳动，这是人力资源能动性的主要方面，也是人力资源发挥潜能的决定性因素。我们在进行人力资源开发工作时，必须充分注重对人的积极性的调动。

2. 人力资源的时效性

人力资源存在于人的生命之中，它是一种具有生命的资源，其形式、开发和利用都要受到时间的限制。从总体上看，作为生物有机体的人，有其生命周期，不能长期蓄而不用，否则会荒废、退化。如技术工人的技术是一种人力资源，但若长期闲置，工人的技术也会退化，甚至最终变得对社会没有任何作用。人力资源所具有的这种时效性特点昭示人们：对人力资源的存量要最大限度地进行开发和利用，否则，就是一个社会最大的浪费和不可弥补的损失。

3. 人力资源的再生性

经济资源分为可再生性资源与非再生性资源两大类。非再生性资源是不能依靠自身机制恢复的资源，其特点是在其使用中可耗竭，如煤矿、金矿、铁矿、石油等，每开发和使用一批，其总量就减少一批；可再生资源是在开发和使用过后，只要保持必要的条件，可以再生的资源，如森林。人力资源也具有再生性。它基于人口的再生产和劳动力的再生产，通过人口总体内个体的不断更替和"劳动力耗费——劳动力生产——劳动力再次耗费——劳动力再次生产"的过程得以实现。人的再生性，除受生物规律支配外，还受到人类自身意识、意志的支配，受到人类文明发展活动的影响，受到新科技革命的制约。

4.人力资源的社会性

从人类社会经济活动角度看，人类劳动是群体性劳动，不同的劳动者分别处于各个劳动集体之中，构成了人力资源社会性的微观基础。从宏观上看，人力资源总是与一定的社会环境相联系的。它的形成、配置、开发和使用都是一种社会活动。人力资源的开发利用程度决定于社会生产方式尤其是经济技术发展水平。一般来说，经济技术发展水平较高，人力资源的开发利用程度也就较高。从本质上讲，人力资源是一种社会资源，应当归整个社会所有，而不应仅仅归属于某一个具体的社会经济单位。

二、人力资源管理

（一）人力资源开发与管理的含义

作为最主要的资源——人力资源必须进行科学而有效的开发和管理。人力资源开发与人力资源管理是既有区别又有联系的两个概念，人力资源开发主要指国家或企业对所涉及范围内的所有人员进行正规教育、职业培训和智力开发，包括教育、调配、培训、使用等全过程。人力资源开发是对全社会的人从幼儿开始的教育到成年后的使用、调配、继续教育管理直到老年退休后发挥余热的行为过程，是培植人的知识、技能、经营管理水平和价值观念的过程。其侧重点在于组织一切力量和资源，采取一切可以采取的措施，有效地开发全社会的智力，从而提高全社会人员的整体素质和技能水平。人力资源管理主要指对全社会或一个企业的各阶层、各类型人员的从业人员从招聘、录取、培训、使用、升迁、调动直至退休的全过程的管理。其管理对象主要指正在从事体力劳动和脑力劳动的人们。它侧重于如何组织、管理已进入劳动过程的人力资源，有效地发挥其功能，完成企业的目标，推动经济和社会的发展。人力资源开发虽然也涉及微观问题，然而更多地则属于宏观的战略性问题，而人力资源管理虽然也有宏观政策和目标管理，但更多地则属于微观的操作性问题。人力资源开发与人力资源管理在人力资源经济活动的总体过程中融为一体、密切联系：人力资源开发要求不断改善人力资源管理的工作，合理安排和使用人力资源，充分发挥劳动者的工作积极性，努力为人力资源的深度开发创造条件；同时，人力资源开发的许多目标要通过人力资源管理来落实、监控和优化。人力资源开发如同对一块田地的开垦和播种，人力资源管理则是对庄稼的精耕细作，施肥浇水。人力资源开发是本、是根，人力资源管理是成果、是收获，两者有机联系，但侧重点有所不同。

人力资源管理可以分为宏观和微观两个方面，宏观人力资源管理即对全社会人力资源的管理，微观人力资源管理则是对于企业、事业单位人力资源的管理，包括工作分析、人力资源规划、人员招募、对员工的激励、考核等。这里的人力资源管理主要研究微观人力资源管理，它是企事业单位的一种基本的管理职能，这里对微观人力资源管理做出如下的定义：

人力资源管理，是指对人力资源的取得、开发、利用和保持等方面进行计划、组织、领导和控制，使人力、物力保持最佳比例，以充分发挥人的潜能，调动人的积极性，提高工作效率，实现组织目标的管理活动。

人力资源管理的基本任务，就是组织好人力这种最重要的生产力，正确处理好组织内人与人之间、人与工作之间的关系，充分发挥组织内员工的积极性和创造性，不断改善员工队伍素质，保证本组织劳动生产率或工作效率的持续提高。

企业人力资源管理的结果从两个方面来衡量：一是员工绩效；二是组织绩效。员工绩效方面我们将侧重讨论工作满足感。工作满足感既是员工工作的结果体验，同时也是激发员工后继工作行为的主要动力之一。组织绩效涉及组织生产率和效益的变化，人力资源管理活动的最终目的是提高员工和企业的工作绩效和效益，在实现企业目标的基础上，努力实现员工的个人目标，使企业与员工实现共同发展。

（二）人力资源管理的基本内容

人力资源管理实践活动就是为了实现组织的战略目标，利用现代科学技术和管理理论，通过不断地获得人力资源，对所获得的人力资源的整合、调控及开发，并给予他们报酬而有效激励与开发利用。人力资源管理活动包括以下内容：

1. 人力资源规划

人力资源规划是指根据企业的发展战略，经营目标和企业内外部环境和条件的变化，运用科学的方法对企业人力资源需求和供给进行预测，制定相应的政策和措施，从而使企业人力资源供给和需求达到平衡的过程。它包括预测组织未来的人力资源供求状况、制订行动计划及控制和评估计划等过程。人力资源规划的目标和主要任务是：

（1）确保企业在适当的岗位上获得适当的人选（包括数量、质量、层次和结构），并使组织和个人得到长期的益处。

（2）在组织目标和个人目标达到最大一致的情况下使人力资源的供给和需求达到平衡；实现人力资源的最佳配备，最大限度地开发人力资源潜力。

（3）分析组织在环境变化中的人力资源需求，并制定必要的政策和措施以满足这些要求。

通过制订这一规划，一方面保证人力资源管理活动与企业的战略方向和目标相一致；另一方面，保证人力资源管理活动的各个环节互相协调。

2. 工作分析

工作分析是指对企业各个职务的设置目的、性质、任务、职责、权力和隶属关系、工作内容、工作条件和环境以及职工为承担该职务任务所需的资格条件等进行系统分析和研究，并制定出工作说明书与岗位（职务）规范等人事文件的过程。工作分析的结果是形成工作说明书与岗位（职务）规范。

工作分析是人力资源管理非常重要的工作，它被认为是人力资源管理工作者所从事的所有各种活动的基石。人力资源管理的各种计划或方案——人力资源规划、人员的招聘、培训与开发、绩效评估以及薪酬管理等均需要通过工作分析获得一些信息。因此，工作分析在人力资源管理中具有十分重要的作用。

3. 员工招聘

员工招聘是指组织通过采用一些方法寻找、吸引那些有能力、又有兴趣到本组织来任职的人员，并从中选出合适人员予以聘用的过程。招聘与录用的目标就是保证企业人力资源得到充足的供应，使人力资源得到高效率的配置，从而提高人力资源的效率和产出。

员工招聘是一个复杂、完整、连程的程序化操作过程，它大致可分为招募、甄选、录用和评估四个阶段，招募是为了吸引更多更好的应聘者而进行的若干活动，它包括：招聘计划的制定与审批，招聘信息的发布，应聘者申请等；甄选则是企业从职位需要出发从招募中得来的员工信息中，挑选出最适合本岗位的人。它包括：资格审查、初选、考试、面试、体检、甄选等；录用是企业对甄选出的员工进行录用，包括录用决策，初始安置、试用、正式录用等；评估则是企业对招聘活动效益与录用员工质量的评估。

4. 员工培训与开发

员工培训和开发，是指企业为了实现其组织目标、提高竞争力而有计划、有组织、多层次、多渠道地组织员工从事学习和训练，从而不断提高员工的知识和技能，改善员工的工作态度、激发员工的创新意识的管理活动。员工的培训与开发有两个层次的意义：第一层次是培训，它的主要目的是使员工较快地适应工作岗位要求或提高职业技能和绩效。其主要任务是使员工获得或改进与工作有关的知识、技能、动机、态度和行为。培训的形式是有组织、有计划活动，通常时间较短、目的明确、阶段清晰；第二层次是开发，它的主要目的是将企业的战略目标与员工个人的职业生涯发展相结合，不断地使员工的潜能发挥出来。员工的开发具有时间长、内涵大、阶段性模糊的特点。

5. 员工使用与人才管理

员工使用是指将招聘的员工分配到企业的具体岗位，赋予他们职责、权利，使他们进入工作角色，为实现组织目标发挥作用。并根据需要对员工进行人事调整，即晋升、降职或横向调整。人才管理是指以企业的人才对象的管理活动，它包括选、育、用、留人才等内容。企业要关心、尊重、保护人才，发挥人才的作用。

6. 绩效考评

绩效考评是指针对企业中每个员工所承担的工作，应用各种科学方法，对员工行为的实际效果及其对企业的贡献或价值进行考核和评价。绩效考核是应用科学的方法对员工业绩进行客观的描述过程。绩效评价是应用考核结果的描述，来确定业绩的高低，做出评价。

组织对员工的考评主要集中在德、能、勤、绩等四个方面。德，主要是指员工的工作态度、职业道德；能，主要是看员工的工作能力和业务水平；勤，主要是指员工的工作勤勉程度；绩，主要是看员工的实际工作业绩。对于一个在德、能、勤、绩等方面都十分突出的员工，组织应该对其实施包括物质奖励和精神奖励在内的奖励措施；而对于表现差的员工，组织也要对其实施惩罚措施。

7. 薪酬管理

薪酬管理就是为了能够发挥员工的积极性并促进其发展将员工的薪酬与组织的目标有机地结合起来的一系列管理活动。薪酬是企业因使用员工的劳动而付给员工的钱或实物。一般可以分为直接薪酬和间接薪酬。直接薪酬是指员工以工资、奖金、津贴、股权等形式获得的全部报酬；间接薪酬，是指所有除直接报酬以外的其他各种经济回报。例如养老保险、医疗保险、失业保险、伤病补助、带薪假期等，也就是通常讲的福利。工资是直接薪酬的主要组成部分。制定合理的工资制度是企业人力资源管理中的一项重大决策与基本建设。一项合理的工资制度必须满足两项目标和要求：一是其内在公平性。这是指该制度应保证各职位的工资按照统一的、一致的客观原则制定；二是该制度的外在公平性。这是指员工们将本企业的工资与其他同类企业中类似职位的工资作比较时，能感到满意。

8. 员工激励

所谓激励，就是激发鼓励的意思。员工激励采用激励的理论与方法，对工作人员的各种需要予以不同程度的满足或限制，以此引起他们心理状况的变化，达到激发动机，引起行为的目的，再通过正反两方面的强化对行为加以控制和调节。激励可以分为物质激励与精神激励，任何一个方面都不可忽视。激励的方法因人而异，有效的激励要建立在对人的工作动力与满足感分析基础之上。工资、福利、社会保险等是构成激励的关键方面。

9. 劳动关系

劳动关系不是泛指一切劳动者在社会劳动时形成的所有的劳动关系，而仅指劳动者与所在单位之间在劳动过程中发生的关系。劳动法是调整劳动关系以及与劳动关系密切联系的其他关系的法律规范，其作用是从法律角度确立和规范劳动关系。劳动关系的双方当事人，一方是劳动者；另一方是提供生产资料的劳动者所在单位，如企业、事业单位、政府部门等等。

劳动关系的基本内容包括：劳动者与用人单位之间在工作时间、休息时间、劳动报酬、劳动安全卫生、劳动纪律与奖惩、劳动保险、职业培训等方面形成的关系。

10. 企业文化建设

企业文化是指企业在长期的生存和发展中所形成的企业价值观、企业制度和行为规范的总和。企业文化犹如企业的灵魂，它是企业成员之间相互理解的产物。企业文化是由企业的精神文化、企业的制度文化和企业的物质文化等三个层次构成的。第一层是表层的物质文化，第二层是中层的制度文化，第三层是核心的精神文化。我国入世后，企业要重视和加强企业文化建设。要制定企业文化建设规划，将企业文化建设纳入到企业发展战略规划中；要树立以人为本的企业价值观，树立敬业精神、创新精神和团队精神；要培养优秀企业家队伍，继承民族传统文化，借鉴外国先进经验，建立有自我特色的优秀的企业文化。

第二节　我国人力资源管理现状与发展趋势

一、我国传统人事管理与现代人力资源管理的区别

长期以来，我国企业对人员的管理习惯上叫人事管理。所谓人事管理，是指对人事关系的管理。它是以从事社会劳动的人和相关的事为对象，在一定管理思想和原则的指导下，运用组织、协调、控制、监督等手段，形成人与人之间、人与事之间相互关系的某种状态，以实现一定目标的一系列管理行为的总和。

人事管理过程包括"进、管、出"三个环节。管理过程强调事而忽视人，人的调进调出被当作管理活动的中心内容。管理过程受政治影响较大，强调"听从安排"，否定个人的需要和个性，扼杀了劳动者的积极性和创造性，极大地束缚了生产力。随着市场经济的发展，其弊端更加突出，现代人力资源管理的发展与昌行便顺理成章。

20世纪90年代以来，随着我国社会和经济的发展，我国企业对人员的管理，开始从传统人事管理向人力资源管理转变。这一转变，绝非简单的名词转换和形式上的"翻牌"，而是从思想、理论到方法应用上的根本转变。与传统的人事管理相比，现代企业的人力资源管理是一种更深入和更全面的新型管理形式，两者有根本的差异。主要体现在以下几个方面：

（一）管理的观念不同

由于人力投资（工资、奖金、福利费、培训费等）计入生产成本，因此过去企业想方设法减少人力投资以降低成本，以提高产品竞争力。随着经济的发展，以舒尔茨为代表的一些学者提出了人力资本理论。他们认为，人力资源不仅是自然性资源，而且更重要的是一种资本性资源。人力资本的投资收益率高于一切其他形态资本的投资收益率。此后，国外人力资源理论的研究逐渐升温，人力资源及其投资的重要性逐渐为世界各国所接受。很多国家将教育视为立国之本，据经济合作与发展组织发表的《教育状况》报告中提供的数字可知，1992年经济合作与发展组织25个国家的教育开支占其国内生产总值的6.5%，其中美国的这一比重为7%。西方企业不再一味地以降低人力投资为目标，而是看准人力所蕴藏的巨大潜在能量，舍得对人力资源进行开发投资。如美国摩托罗拉公司每年用于职工培训开支超过10亿美元；通用电气公司将投入3～4亿美元用于工作人员通过"6希格玛"培训计划；日本丰田公司特别重视岗位培训，所属各厂的4.6万技术工人都具有高中以上

的文化水平。与此同时，在管理实践上产生了一系列变化：人力资源被视为最宝贵的资源，人力资源管理被提高到企业战略高度来考虑，人力资源部门的地位开始从执行层上升到决策层，人事经理出身的总经理、副总经理比比皆是，对人事工作者的资格要求越来越高，人力资源管理被大学列为工商管理专业的必修课程。

（二）管理的模式不同

传统的人事管理主要是按照上级决策进行组织分配和处理，多为事中和事后，是被动反应型的"管家"式管理，表现为一种操作式的管理模式。而人力资源管理由于它是实现社会人力资源开发战略的重要环节，因此使它呈现出主动开发的特点，表现为一种策略式的管理模式。人力资源开发的依据是行为科学的公式：工作绩效 $=f$（能力 × 激励），即工作绩效是能力（一个人能够做什么）和激励（他想要做什么的积极性）的乘积的函数。人力资源开发的总目标是提高人的工作绩效。为此，其有二元具体目标，一为开发人的能力，二为激发人的活力。人力资源管理则围绕这二元目标开展活动，从而呈现出区别于传统人事管理的如下特征：1.建立起科学严谨的员工培训体系。做好职前教育、新员工培训、在职员工的职业教育工作，从而提高员工的素质和能力；2.建立起多维交叉的员工激励体系。根据员工的各种需求，采用物质激励与精神激励相结合的种种措施，改善员工的工作和生活质量，以提高其满意度，从而创造性地完成工作。

（三）管理的重心不同

传统的人事管理主要以事为中心，讲究组织和人员调配。它要求因事择人，这一点无疑是必要的。因为根据工作所需的资格条件选择求职者才能实现事得其人和人适其事，任职者才能胜任工作，而且贯彻因事择人原则是避免因人设事和防止机构膨胀的前提。但传统人事管理过分强调人适应工作，重事不重人，管理活动局限于给人找个位置，为事配个人，而不着眼于人的开发利用，没有认识到人是一种宝贵的资源。现代人力资源管理是以人为中心，它冲出了传统的人事管理的约束，不再把人看成是技术因素，而是把人看成是"具有内在的建设性潜力"的因素。把人当作一种使组织在激烈的竞争中生存、发展，始终充满生机与活力的特殊资源来刻意地发掘；不再把人看成被管理和控制的工具，把人置于"严格监督与控制之下"，而是为他们提供、创造各种条件，使其主观能动性和自身的劳动潜力得以充分发挥出来；不再容忍人才的浪费和滥用，造成士气的破坏，而是珍惜和爱护人力资源，从以事为中心的管理转向以人为中心的管理，更加重视人力资源的开发利用，从而提高企业的经济效益。

（四）管理的方法不同

在对员工一生全过程的纵向管理方面，传统人事管理往往把互相联系的几个阶段——录用、培训、考核、调动、退休等人为地分割开，孤立地进行管理。造成录用与使用相脱节，使用与培训脱节，培训与晋升、奖励脱节等等。从横向看，传统人事管理把互相联系的"人"划归各单位、各部门，从各自的管辖范围出发，进行分口切块式的管理，搞所谓人员的"部门所有制"，视人为部门之财产，只重拥有而不重使用，人才闲置、人才压制或人才压抑成为普遍现象。就流动而言，进来不易，出亦难。而现代人力资源管理克服了上述弊端，它把人员的录用、培训、考核、使用、调动、升降、奖惩和退休有机地联系起来，进行全过程管理；同时，它的视角跨越了部门分割的局限，将全部人员作为一个整体进行统一管理。

传统人事管理的一大特点是稳定性极高，一个人一旦被安置在一个单位工作，常常一干就是一辈子，甚至一辈子就在一个岗位上。随着市场经济的发展，这种静态管理远远满足不了企业生存和发展的需要。现代人力资源管理注重对人的动态管理，培训、就业、失业、再培训、再就业，人才的选聘、淘汰、再选聘都是正常的不间断的事。人力资源的动态管理有利于企业获得急需人才，以求得人力资源投资的最佳效益。同时也使员工有危机感，促使员工自觉加强学习，力求不断发展。对于失业的人，也会刺激他们重新充实自我，掌握应有的知识技能，以求再次获得就业上岗的机会。

综上所述，人力资源管理在我国还刚刚起步，与传统的人事管理相比，两者在管理观念、管理模式、管理重心、管理方法等方面有着根本的不同。为此，我们要进一步转变观念，坚持以人为本，重视人力资源开发，完善激励机制，加强企业文化建设和人力资源管理队伍建设，以实现从传统人事管理到现代人力资源管理的转变，适应社会和经济发展的要求。

二、我国人力资源管理的现状和存在问题

（一）我国人力资源管理的现状

当前我国企业的人力资源开发和管理已经出现了可喜的势头。我国人力资源水平虽然落后于国际水平，但随着改革开放的深入和加入 WTO 带来的推动力，中国企业管理者的思想观念已发生或正在发生巨变，我们的人力资源管理在探索中，已逐渐出现适合国情和厂情需要的有自己特色的苗头，即按企业本身的价值理念，融入中国传统文化和当代社会文化的精华，以公平原则来管理企业的人力资源，增强员工的工作安全感，强调感情的投入等。具体表现在以下几方面：

1. 招聘和录用

企业是面向社会，公开招收，全面考核，选择录用。员工和企业实行"双向选择"。在录用过程中，重视组织上（即求职者原就读学校或原工作单位）对个人的评价，看重经组织鉴定的材料。

2. 培训教育

企业日益重视职业培训教育，实行先培训后上岗，对所有新老职工分别采取岗前、在岗、转岗培训以及定期轮训。实行上岗证制度，员工培训内容包括思想教育、专业理论知

识教育和技术业务培训。

3. 考核和晋升

许多企业已逐步建立绩效评价系统，重视对德、能、勤、绩的全面考评，把员工能力和成果的定性考查和定量考核结合起来，在考核和晋升的标准中着重工作能力和成果，同时也十分注重思想政治表现。

4. 工资和奖励

企业工资总额和其经济效益挂钩；企业内部实行浮动工资、结构工资及灵活多样的分配形式。在某些股份制企业也采用了员工持股制，年终发放红利。为了激励员工的积极性还设立了各种各样的奖励措施。

5. 保险和福利

逐步实行基本项目的社会化保障与其他项目的企业承办相结合的形式，即一方面，企业和个人各交纳一定资金由社会统筹负责员工的养老保险、医疗保险、住房公积金、失业救济等项目，另一方面，企业提供其他项目的福利，如免费度假、子女补助、接送上班等。

6. 劳动关系

企业推行劳动合同制，承认劳资双方在身份和地位上各自独立，明确双方的义务，以公平原则，通过协商解决劳资问题。

（二）人才资源管理的发展趋势

知识型人才管理。知识型经济的到来使人才资源在企业中的作用发生了巨大的变化。知识型的人才现在已经成为企业的人才资源中重要的部分。那么企业应该怎样获得知识型人才呢，并且对他们进行科学的培养，这将是以后企业在发展中的一个挑战。

战略型人才管理。现在企业中人力资源部门已经成为维持企业的核心部门，人力资源的管理已经不再像之前那样与企业发展毫无关系，仅仅是人事的工作。另外，随着企业的发展也证明了人力资源在企业中的重要作用，应该和其他的部门协调发展，这样才能够保证企业在竞争激烈的市场中站稳脚跟。

跨文化培训。随着体制的改革和企业业务的不断扩展，使得越来越多的不同地区的人会在一起工作，有可能因为文化的不同造成冲突。解决这个问题最有效的途径就是实行跨文化的培训，注重员工的全球观念和多元文化的培养，使员工能够使用各样的文化差异，为企业带来更大的利润。

组织学习。企业进行组织学习是适应现代新型社会的发展需要，掌握更多的知识，更先进的科学技术，是超过竞争对手的有效途径。人力资源管理部门必须要进行科学有效学习，把建立起完善的学习型组织作为工作的重点，除此之外，企业也应该将组织学习作为考核员工的一个标准。

规范化管理。随着现在人力资源管理的程序越来越多，管理的内容也越来越多，这就要求在进行人力资源管理工作的时候应该更加的规范化。对人力资源进行规范化的管理的时候应该注意企业从业人员的规范化，还有在日常工作的时候使用规范化的手段。

人力资源外包管理。所谓的外包管理就是指企业将人力资源的管理交到企业外的部门，主要负责对企业内部员工的管理，进行员工的培训、裁员以及招聘等等方面的工作。

（三）我国人力资源管理的缺陷

对人力资源管理的重视程度不足。国外跨国公司的人力资源管理已从辅助性、事务性的战术层面，提升到了获取竞争优势的战略层面。它不再是企业经营战略的一个执行者，而是参与甚至主导企业战略的决策过程。同时在战略执行的过程中，通过各种人力资源管理制度的设计和实践帮助企业赢得竞争优势。美国企业比我国国有企业更注重人力资源管理与企业的发展战略相结合。其工作重点不仅是对雇员问题的急救处理，而是从招聘开始就注重质量，要使所招聘的雇员，一定符合企业发展战略的需要，在使用上积极鼓励雇员参与企业的经营发展战略的拟定，激励雇员工作的积极性、主动性、创造性、挑战性，满足其成就感，营造雇员和企业共同的企业价值观、经营理念和企业文化。旨在使雇员更有效的进行工作，帮助企业成功的实现战略目标。反观我国企业，尽管近年来对于人力资源的认识在不断提高，很多企业的人事处、干部处也翻牌为人力资源管理部门。但真正达到战略性高度的为数不多。

人力资源管理水平不高。在我国绝大多数企业中，人力资源管理作为企业管理的核心领域，仅关心人力资源管理事务性、技术性层面的工作，如招聘、培训、考核、工资分配、人员档案管理等职能，是难以真正发挥人力资源管理功效，实现组织目标的。这正是目前企业在人力资源管理中关注的工作层面。而外企在人力资源管理中却更加关注企业的发展战略，所有的人力资源管理职能必须考虑企业的发展战略。站在战略的高度，设计人力资源规划、培训、绩效管理及薪酬管理方案，促进组织战略目标的实现和员工发展，既强调战略型人力资源管理。当然，关注层面不同的背后，是管理水平的不同。人力资源管理理论并非起源于中国，引入我国的时间也不长，即使引入，也是一个适应的问题，毕竟我国有特殊的国情，照搬国外理论而不结合我国国情同样是失败的。随着企业内部信息网络的广泛建立，企业所需的人力资源服务越来越多的通过员工自助的形式来提供。因而人力资源管理部门在行政管理事务方面所花费的时间越来越少，将日常纯事务性工作外包给专业化程度更高的公司或机构成为一种趋势。这些变化使得企业内部人力资源管理者可将更多的精力集中到对企业贡献更大的管理活动中，更好地承担起战略经营伙伴的角色，与各部门一起共同确保企业战略目标的实现，战略型人力资源管理需要极强的专业知识。

（三）我国人力资源管理对策

解放思想。企业应该解放自身的思想，从原来的观念转变为以人为本。现在我国的许多经济学家对人力资源的管理进行了分析，提高劳动者的专业技能和文化水平是近年来一直推行的理念。在现在竞争如此激烈的市场环境中，企业应该充分认识到人才才是竞争的核心力量。只有通过好的制度吸引人才并且能够留住人才，才能够在竞争如此激烈的市场中获得优势，所以企业应该将人力资源的管理发展进行配置，对人才资源进行科学的使用，从而为单位提供高技术的可靠人才。

建立有效的激励体制。首先，企业应该建立竞争上岗的体制。让企业的内部员工能够公平的竞争上岗，而那些事业单位用人也应该做到择优录取。其次，企业应该制定合理的薪酬政策。薪酬工作应该不仅仅和员工的贡献有直接的关系，也要根据形势发展进行适当的调整。最后，企业应该给员工足够的发展空间。在新形势下，员工的自身需求也发生了变化，他们不仅仅在薪酬方面有要求，他们更想要的是体现自己的价值。所以，企业应该更加关注员工的发展需求，制定合理的发展目标，使每个员工对企业都充满信心。

对员工进行职务的设计。在竞争如此激烈的市场中，为了能够吸引和留住人才，现在许多的企业都对原来的工作任务设计进行了改革，更多的是为员工考虑，让员工根据自身的特长和想要的工作性质进行设计职务的内容。除此之外，许多的单位会根据员工的技能对员工的工作环境进行适当的调整。现在的发展趋势就是，许多企业在进行人才招聘的时候，不仅仅要根据工作的内容和性质进行招聘，也对员工的才能以及他对这份工作的适应能力进行了思考，考虑了整体结构。

第三节　人力资源管理与企业建设的关系

一、人力资源管理的重要性和必要性

在企业人力资源管理中，人力资源规划不仅具有先导性，而且具有战略性，所以对企业总体发展战略和目标的实现具有举足轻重的作用。

人是生产力诸要素中最活跃的因素。当代企业管理是以人为中心的管理，人是知识、信息、技术等资源的载体。人力资源是企业最宝贵的资源，企业间的竞争归根到底表现为人才的竞争。美国钢铁大王卡耐基就曾说："假如我的企业被烧掉了，但把人留住，我20年后还是钢铁大王"。这就说明作为市场主体的企业必须高度重视人力资源的管理。

现在越来越多的中小企业家、企业管理者都逐渐认识到人力资源管理对企业发展的重要性，但在人力资源规划中仍然存在许多问题和困惑。

（一）究竟中小企业有没有必要进行人力资源规划？怎样才能制定出科学的人力资源规划？下面伟创软件为我们分析一下中小企业人力资源规划中存在的普遍问题：

1. 对人力资源规划的重要性认识不足

人力资源规划是企业战略管理的重要组成部分。企业的整体发展战略决定了人力资源规划的内容，而这些内容又为建立人力资源管理体系、制订具体的人员补充计划、人员使用计划、人员接替与晋升计划、教育培训计划、薪酬与激励计划、劳动关系计划等提供了方向。

中小企业往往难以从战略的高度来思考人力资源管理工作。甚至有的老板简单地认为，人力资源管理无非是缺人时招人、上岗前培训、发工资前考核三部曲，怎么也与企业发展战略挂不上钩。不能从企业战略规划——人力资源规划——人力资源管理的流程上实施人力资源规划与管理。

而中小企业的管理者和 HR 们恰恰也没有充分意识到这一点，在具体制定和实施人力资源规划时易走入就事论事、出了什么问题就解决什么问题的怪圈中，没有从支持企业发展战略的角度来规划人力资源工作。各部门主管和直线经理也常常认为人力资源管理是人力资源部门的事，跟自己关系不大。未能从人力资源的系统管理上加以有效配合。

2. 企业战略不清晰、目标不明确

人力资源规划是企业战略规划的重要组成部分，同时也是企业各项管理工作的基础和依据。但许多中小企业没有清晰的企业发展战略和明确的战略目标。使人力资源规划没有方向感，不知道企业未来究竟需要什么样的核心能力和核心人才。企业尤其在快速扩张阶段，往往涉足于不同的业务领域，其中不乏许多新兴产业。而这些新兴产业在研发、生产、营销、管理、服务等各个环节也没有成熟的经验可以借鉴，如一些新开拓的项目，定岗定编工作也不像传统业务那么成熟，在人力资源管理方面大多是走一步，看一步。由于企业战略不清晰、目标不明确，导致人力资源规划缺乏方向性和目的性。

3. 人力资源规划不能随着外部环境的变化而及时调整

信息社会唯一不变的就是变。市场发展变化快，企业对市场变化的反映比较快，企业战略在调整，但人力资源规划往往不能得到及时调整。造成企业所需的人才不能得到及时的供应。

4. 缺乏人力资源管理的专门人才

现实中，许多中小企业没有设立人力资源部，大多由办公室履行人力资源管理的职能。即使设了人力资源部的企业，在行使人力资源管理职能的时候，也普遍存在一些问题。主要表现在：第一、人力资源管理人员在人力资源管理专业方面的知识储备不足，专业技能不够；第二、缺乏系统的人力资源职业培训，取得人力资源管理师职业资格的寥寥无几。他们虽然有丰富的行政管理经验，但往往缺乏系统的人力资源管理知识，凭所谓的经验或感觉办事。多数中小企业领导对人力资源管理知识的学习培训认识不足，没有有效安排人力资源管理者进行系统的人力资源管理知识的培训学习。人力资源管理者在没有管理咨询

的前提下，很难做出像样的、专业的人力资源战略规划来。

人力资源工作是一项非常专业的工作，对个人素质、领悟能力和学习能力要求都很高。一位优秀的人力资源工作者，需要的是其对工作的深刻体验、对社会与人才的敏锐洞察和强烈的责任感。

人力资源规划工作是组织可持续发展的保障，其重要性对于寻求发展壮大的中小企业尤为突出。而能否制定并有效实施人力资源规划并不取决于公司规模的大小，最关键的是要依据公司的发展战略和经营管理特点制定出适合自己的人才政策。

（二）针对当前大多数中小企业人力资源管理的现状和普遍存在的问题，提出以下对策：

1. 企业一把手要亲自抓人力资源规划工作

人力资源规划关系到企业的人才战略，决不仅仅是人力资源部门的事，企业一把手要亲自抓。只有领导重视了，这项工作才能落到实处。再则，企业一把手对企业的发展战略最清晰，对企业的竞争能力最了解，对企业需要什么样的人才感触最深，对留住核心人才最关注。人力资源规划，关系到企业的未来，不是可有可无，而是要一定做好。

2. 制定明确的人力资源规划流程

理清企业发展战略——确定企业现实与未来所需的核心能力——确定企业所需的核心人才——进行岗位工作分析——进行人才需求预测——进行人才供应预测——制订人才招募与储备计划——制订人才培训与开发计划——制订人才薪酬与激励计划——制订人才绩效考核与晋升计划，按此流程制定和实施人力资源规划工作。

3. 根据企业发展战略，确定企业核心人才

人力资源规划的起点是清晰的企业发展战略和确定的企业核心竞争能力，从而确定企业核心人才。这是人力资源规划的根本。核心人力资源是决定企业生存发展的关键因素，人才需要激励机制、需要教育培训、需要设计合适的职业生涯计划、需要量的扩充，质的提高，并能长期的驻留于企业。

需要特别强调的是，人力资源总监、人力资源部经理、人力资源主管是企业核心人才之一。

人力资源规划的目标就是满足企业发展中的人才需求，实现人才供需的基本平衡。

4. 制定具有前瞻性的弹性的人力资源规划

所谓弹性人力资源规划，就是基于企业的核心竞争能力，能根据市场的不断变化，及时重新评估并调整企业的人力资源规划，在保证企业核心竞争优势的条件下，及时满足因外部经营环境变化导致的人才的需求。就是在评估现有人力资源存量和界定企业核心人力资源的基础上，完善预备性的人力储备规划，其目标是在企业面临生产或服务能力扩张性机遇时，尽可能快地配备企业所需的核心人员，以提高组织的快速反应能力。

随着知识经济的到来，中小企业面临的经营环境越来越无法预测，充满变数又商机无限。人力资源规划必须适应企业经营管理的需要，保持一定的弹性，以免企业发生战略转移而出现人力资源僵化、失调而妨碍企业的发展。同时要进一步加强人力资源规划对人力资源管理活动的前瞻性、方向性和预见性功能。

5. 建立三维人力资源规划管理模式

切实可行的人力资源规划一定是建立在内部充分沟通、相互协作基础之上的。根据中小企业人力资源管理的特点，需建立一个在决策层、人力资源管理部门和一线经理之间进行科学分工与协作的三维人力资源规划模式，这将有助于人力资源规划的制定与实施。三维人力资源管理模式，要求决策层负责人力资源战略规划的把关，人力资源部门和一线经理要给予协作；人力资源管理部门具体负责人力资源战略规划的制定、岗位分析、需求和供给预测、招聘、培训、薪酬设计、绩效考核与激励及人力资源规划评价等基础业务；一线经理配合人力资源管理部门做好岗位分析、人员的面试筛选、岗前技能培训、严格管理和工作评估激励等辅助工作，形成对人力资源规划齐抓共管的局面。

6. 加强人力资源管理队伍建设

把既有人力资源管理实际工作经验，又有人力资源系统理论知识的人才配备到人力资源管理岗位上来。对从事人力资源管理的各级人员进行系统的培训，不断提高其人力资源管理水平。

总之，中小企业不但要重视整体战略规划，而且要制定与整体战略相适应的人力资源规划，制定适宜的选人、用人、育人、激人、留人的人才政策，保证企业核心竞争能力。

人力资源规划服务于企业的总体发展战略，规定着企业人力资源开发、使用和激励的大政方针，为企业发展提供所需的人力支持，实现人力资源的供需平衡和最佳配置，保持企业智力资本竞争的优势，保证企业战略目标的实现。

二、人力资源管理系统对于企业到底有多大的作用

人力资源系统化管理在企业管理中的应用措施有很多，可以从人才培养制度、人才录用制度以及人才激励制度三方面入手，只要按照这三种方法来进行人力资源系统的管理，经过一段时间后，企业人才管理水平必然会有所上升，进而提高企业生产经营效益以及经济效益。

（一）人力资源系统化管理在企业管理中的重要性

人力资源管理本身就是企业管理的重要组成部分，而如果能够形成系统化的管理模式，这对企业发展来说意义重大。

现代市场竞争越来越激励，传统的单一的人力管理模式，已经不能适应现代企业的发展，甚至会阻碍企业的发展，特别是在我国加入到世界贸易组织以来，各个企业已经进入

到中国市场，这一阶段人才管理模式尤为重要。

具体包括两方面：一是人力资源管理的系统化能够促进企业管理水平的提升，企业管理因为工作的复杂性，其中每一个环节出现的问题都会造成企业管理质量的下降，作为企业管理中重要的人力资源管理，实现系统化的人力资源管理，可以有效地提高企业员工的工作效率。

另一方面是人力资源管理系统化能够减少企业人才的流失，作为众多企业都面临的问题，导致企业人才流失的因素有多方面，其中包括薪金、培训机制、工作环境以及发展前途等。针对这些因素，在企业需要为员工提供更多的发展机会，而在企业实现人力资源系统化管理，能够掌握每位成员的基本信息，合理进行员工岗位的安排，从而有效减少人才流失。

（二）人力资源系统化管理在企业管理中的应用对策

人力资源管理是企业管理的重要组成部分，实际上，企业人力资源管理论文并不是一项简单的管理工作，其涵盖的内容非常多，不仅包括聘请员工或者选拔管理人才，还包括员工培训，除此之外，还需要对员工的发展制定规划等，有些企业的员工资金也由人力资源部门来管理。人力资源管理越正规系统，越有利于发挥企业员工的潜力，激发员工工作的热情，另外，人力资源如果实现了系统化管理，还有助于企业人才资源的合理配置，以使得企业各个部门有序运转，有效地提高企业管理效率，进而促进企业发展。人力资源系统化管理方式要想在企业管理中获得良好的效果，可以参照以下方法：

1. 建立健全人才培养制度

因为企业主打经营项目不一，其人才的自身素质以及技能要求也不同，所以企业在建立健全人才培养制度时，应该结合企业发展实际，培养目标应该与企业发展目标相统一。人才培养制度的制定不仅要科学、合理，更主要的是体现出人性化的特点，应该考虑到企业员工自身的发展需求。企业在建立健全人才培养制度时，可以从以下几方面入手：

第一，从专业技能培养角度出发，让每一个企业员工都能够拥有高超的专业技能，在培训时，不仅要对理论知识进行培训，还需要对实际操作能力进行培训，培训期间要抓住重点，尤其是一些重点难点技术，员工高超的专业技能是企业经营的产品质量得以保障的关键，对企业长久的发展起着巨大的推动作用；第二，考虑到企业发展的长远目标，无论采用哪种人才培养形式，其最终的目的促进企业发展，增加企业经济效益，所以人才培养计划不能脱离企业发展目标，既要针对企业发展需求制定短期的人才培养目标，又需要根据企业未来发展方向，制定长远的人才培养目标，以使企业无论处于哪种阶段都有相应的人才做支撑；第三，采取有效措施，激发企业员工的巨大的潜力，企业众多员工中，有能力的人才有很多，只是出于某种原因被埋没，为了充分的挖掘出企业每一位员工的潜力，可以适当地举办竞赛等，同时举办各种活动，增强员工之间的感情，让每一位员工有归属感，激发潜能的同时，这样也能够有效地避免核心员工的流失。

2. 建立健全人才录用制度

人才录用制度是否完善直接关系到企业管理效率的高低，甚至直接影响到企业人才潜能的发挥的高低。企业人力资源管理人员在建立健全人才录用制度时，首先应该做好大量的市场调查，全面把握市场需求信息，并且以此为参考依据，来安排企业共组岗位，制定相应的人才录用制度。企业人才录用制度的制定一定要规范合理，从企业人才招聘到录用每一个环节需要符合要求，坚决不允许出现走后门的情况。如果企业需要普通岗位的人才，其对其进行招聘时，可以适当简化程序，因为普通岗位对人才的要求不高，只要具备基本素质即可，所以在招聘时，没有必要过于复杂，简化招聘程序，还能够降低招聘成本。如果企业需要对重要的岗位进行招聘，招聘程序要复杂一些，招聘人员也应该更加重视，要经过层层的把关，既要有浓厚的专业理论知识，同时还应该具备高超的专业技能。只有采取这种录用制度，才能真正地选拔出优秀的人才。企业录用制度越正规，被录用者就会越重视这份工作，其工作热情也就越高，所以人力资源系统化管理的关键就是建立健全企业人才录用制度。

3. 建立健全企业人才激励制度

科学有效的人才激励制度，能够提高企业人才的工作热情，进而提高企业员工的工作效率。建立健全企业人才激励制度可以从以下几方面入手：第一，合理分配生产要素，比如企业必备的资金、管理以及技术等要素，将其进行合理分配时，需要考虑到员工的利益，各个生产要素与员工利益有效结合，使得员工全身心地投入到工作中，不仅能够有效地提高工作质量，还能够提高工作效率；第二，利用榜样模范作用，企业每天可以举办表彰大会，对那些工作业绩突出，一心一意工作的员工进行奖励，以此激励更多的员工努力工作；第三，制定科学合理的人才管理机制，企业公正的管理，是企业获得民心的关键，人才管理包括很多方面，比如工资管理、考核评价等，尤其是考核评价必须客观，这样才能真正地调动企业员工的积极性，并且能够让企业员工信服企业所做出的所有的决策。

第二章　人力资源管理理论

第一节　人力资本与人本管理

当今世界，科学技术日新月异，国际竞争日趋激烈。国家之间、企业之间的竞争，已变成对人才的竞争，归根结底是人力资本及其投资的竞争。企业经济能否获得持续高速增长，关键也取决于该企业的人力资本及其投资。人力资本日益成为企业经济增长的决定因素和主要动力。

面对 21 世纪知识经济和经济全球化的激烈竞争，我国企业人力资本的现状还不能适应其需要。因此，加强对人力资本理论和人力资本投资的研究，对于促进我国企业加大人力资本投资，大力开发和合理利用人力资本，增强企业的竞争力，具有十分重要的意义。

一、人力资本理论

（一）人力资本与人力资本投资的含义

1. 人力资本的含义与特征

所谓人力资本，是人们在教育、职业培训、健康、迁移等方面的投资所形成的资本；是体现于人自身的生产知识、技能及健康素质的存量；是人们作为经济主体创造财富和收入的生产能力。人力资本具有以下的特征：

（1）时效性。一个人的生命周期是有限的，一般劳动者的劳动年龄只有从 16 ～ 60 岁的 44 年左右，因此人力资本的形成与使用有时间方面的限制。另外，人力资本如果不被适时适当地利用，就会随时间的流逝而降低或丧失其价值。

（2）不可分性。人力资本是通过人力投资形式形成的价值在劳动者自己身上的凝固。人的知识、技能、健康等不能与其载体分离，只能依附于活生生的人而存在。

（3）收益递增性。人力资本是一种资本，具有递增性，在现代经济的发展过程中，人力资本投资的收益率会越来越高。可以这样说，人力资本是高增值的资本。

（4）能动性。在经济活动过程中，人力资本是最能动的因素。劳动者在充分发挥主观能动性的情况下，能够创造出超过自身价值数倍的经济效益。在一个企业中，人力资本的水平在一定程度上决定企业的产出水平与效益，决定企业的兴衰。

2. 人力资本投资的含义

人力资本的形成，是通过人力资本投资进行的。人力资本投资就是通过对人力资源一定的投入（货币、资本或实物），使人力资源质量及数量指标均有所改善，并且这种改善最终反映在劳动产出的增加上的一种投资行为。人力资源投资包括学校教育、在职培训、医疗保健、迁移以及收集信息等多种形式。学校教育包括初等、中等和高等教育，是人力资本投资中最重要的部分，教育能极大地提高一个人的收入水平，推动经济的增长。在职培训是人力资本投资的另一种重要形式。员工边工作边学习，能增加自身的知识、技能，从而提高劳动生产率。进行医疗保健投资，可以减少人们的疾病和死亡，延长寿命和工作时间，增强工作能力。人口迁移是人力资本投资的另一种形式，其主要动力在于获得更高收入以及非金钱性满足。在人口迁移中年轻人占主导，这是因为青年人迁移的成本比年纪大的人要少，其潜在工作年限较长，可以从迁移中使自己的投资获得补偿。收集信息也是人力资本投资的一种形式，信息的获得需要成本，由于人力资本投资的预期收益有不确定性，通过分析收集信息，有利于人们做出正确的预测和抉择，使自己的行为达到最优状态。人力资本投资具有以下几个特点：

一是投资收益的长期性。由于人本身的生理因素和社会环境的限制，一般对人力最初投资的收益，需二十年左右才能收回。

二是投资的风险性。在投资决策时，由于决策受水平和各种未来因素的限制，投资可能难以回收；在实施过程中，人才可能流失或突然伤亡，而造成投资损失。

三是投资主体的多元性。人力资本的投资主体，主要由国家（社会）、企业、个人三部分组成。国家投资是着眼于提高社会总体收益和总体素质。企业投资主要是为了提高员工素质和经济效益。个人投资的目标是通过提高自身的知识水平、能力素质，取得个人生活发展的最佳效益。

四是投资客体的时效性。人是人力资本投资的客体，由于人的生理、心理需求因素的客观要求，必须及时充分利用人一生中的几个创造力高峰期，以发挥人力资本的最佳功效。

是否进行人力资本投资，由成本——收益分析决定。唯一决定人力资本投资量的最重要因素是这种投资的有利性或收益率。收益率越大，进行人力资本投资越有利。

（二）人力资本理论的主要学说

人力资本理论是 20 世纪 60 年代美国经济学家舒尔茨和贝克尔首先提出的，其代表性的论著是舒尔茨的《人力资本投资》和贝克尔的《人力资本》，由于舒尔茨和贝克尔对人力资本理论的贡献，他们先后于 1979 年和 1992 年获得诺贝尔经济学奖。

1. 西奥多·舒尔茨的人力资本理论

美国经济学家舒尔茨从长期对农业经济问题的研究中发现，从 20 世纪初到 50 年代，促进美国农业生产量迅速增加和农业生产率提高的重要因素已不是土地、劳动力数量或资本存量的增加，而是人的知识、能力和技术水平的提高。1960年，舒尔茨在美国经济学会年会上发表的题为《人力资本投资》的报告中指出，传统的经济理论认为经济增长必须依赖于物质资本和劳动数量的增加，而他认为人的知识、能力、健康等人力资本的提高对经济的增长的贡献，要比物质资本和劳动力数量的增加重要得多。舒尔茨认为，现代化生产条件下当代劳动生产率的提高，正是人力资本大幅度增长的结果。但人力的取得不是无代价的，需要消耗资本投资，只有通过一定方式的投资，掌握了知识和技能的人力资源才是一切生产资料中最重要的资源。对人的投资带来的收益率超过了对其他形态的资本的投资收益率。他提出了人力资本投资收益的计算方法，所谓人力投资收益率，就是人力投资收益在国民收入增长额中所占的比重。他应用收益率法测算了人力资本投资中最重要的教育投资，对美国1929~1957年间的经济增长的贡献，其比例高达33%，证明了人力资本投资对经济发展的巨大影响。

2. 加里·贝克尔的人力资本理论

贝克尔是美国芝加哥大学经济学教授，以研究微观经济理论而著称。他的著作《人力资本》被西方学术界认为是"经济思想中人力资本投资革命"的起点，集中反映了他的人力资本的观点。他的主要观点为：

第一，所有用于增加人的资源并影响其未来货币收入和消费的投资为人力资本投资。对于人力的投资是多方面的，其中主要是教育支出、保健支出、劳动力国内流动的支出或用于移民入境的支出等形成的人力资本。

第二，人力资本投资有较长的时效性。在进行人力资本投资时，既要考虑当前的经济利益，又要考虑未来的经济收益。只有当预期收入的现值大于支出的现值时，人们才会决定做出这项支出。

第三，在职培训是人力资本投资的重要内容。贝克尔把在职培训分为两种：一般培训和特殊培训。所谓一般培训指的是企业提供的培训，使得接受培训的员工所获得的知识、技能，不但对本企业有用，而且对其他企业也是有用的。例如，由军队培养的机械师，其技能不仅在钢铁企业，而且对机制造企业都是有用的。这种培训应该由职工自己支付培训费，企业一般不支付这种开支，企业向受过一般培训的雇员支付和其他企业愿意向这些员工支付的相同的工资。特殊培训，又称为专门培训，是指能更大地提高提供培训的企业本身的生产率的培训。接受培训者的知识、技能等人力资本增进之后，对于提供培训的企业之外的其他企业的生产率则很少或没有影响。这种培训为提供培训的企业所专训并为该企业所专用。例如对宇航员的培训，就是典型的特殊培训。特殊培训要求员工自己支付一部分培训费，企业也支付一部分培养费。企业对那些受过特殊培训的雇员支付高于其他企业的工资。受过特殊培训的雇员之所以会得到企业支付培训费用和较高的工资，是因为企业为了减少受过特殊培训雇员的流动性和害怕该雇员离去会给企业带来较大的损失。由于受

21

过特殊培训的员工能给企业创造更多的利润和更高的效用，因而使整个企业的劳动生产率提高，所以企业愿意支付较高的工资和部分特殊培训费用。同时，企业也要求员工承担部分培训费用，并受相关契约的约束，以防止员工外流给企业造成损失。

第四，收集信息、情报资料也是人力资本投资内容之一，同样具有经济价值。

第五，唯一决定人力资本投资量的最重要因素是投资收益率，贝克尔把投资限于一个时期，而把收益扩展到其他时期，来计算投资收益率。

第六，提出了"年龄—收入"曲线。他设计的以收入为纵坐标，以年龄为横坐标的区间中，各人从不同的教育程度和年龄作为起始点，当其他因素相同时，一个人的收入水平因年龄的增长而增加，在同年龄组的人口中，一个人教育程度越高，其收入水平也就越高。

第七，用数学计算和实证研究说明教育收益率，同时也比较了不同教育等级之间的收益率差别。贝克尔认为，受较高教育的孩子，未来的收益较多，给父母带来的效用或满足也较大。

舒尔茨和贝克尔的上述观点得到了广泛的认同并沿用至今，对于我国的人力资本的发展具有一定的参考价值和指导意义。

二、企业的人本管理的理论与实践

"人本管理"，是当前企业管理最时髦的理论，又是企业家们学习应用的主要内容。人本管理，也称以人为中心的管理，它是把对人、对事的管理紧密结合起来，并做到以对人的管理为中心，关心人，尊重人，满足人的合理需求，以调动人的积极性。国内的企业家们，把这一理论的精华与企业的实际结合起来，正在探索、追求，达到一个新的管理境界。

（一）人本管理的基本出发点

1. 人是企业中最重要的因素

企业中的生产力要素是人、物、技术、资金、时间、信息。在诸要素中，人是最积极最活跃的具有能动性的要素，其他要素只有通过人才能发挥作用。任何技术、设备都是人的智慧的结晶，是人思考和结果，技术竞争的背后实际上是人才的竞争。

2. 人是企业的主体

任何一个企业都是由人组成的，没有人的存在就没有企业。可以说，企业就是人的组合。随着新的工业革命的到来，机器虽然可以代替工人，电脑也可以代替一部分人脑的功能，但是设计和使用机器和电脑的仍然是人。企业目标的实现只有依靠人，没有人的积极努力，企业永远也不会实现自己的目标。

3. 人是企业管理的中心

任何企业都是由人、财、物组成的，所以企业管理包括"人力"的管理、"财力"的管理和"物力"的管理。而古语说:"事在人为,物在人管,财在人用。"因此对财力、物力的管理上还是通过对人力的管理来实现的。例如,仓库保管员是管物的,但是只有把保管员管好了,他才能管好仓库的物资。从这个意义上说,对财、对物的管理归根结底也是对人的管理。

随着社会不断向前发展,科学技术的不断发展,人的作用越来越重要。这就要求企业必须重视人的因素,建立以人为中心的管理制度,通过对人的管理,来调动人的积极性、创造性,从而使企业不断发展。

(二)人本管理的主要方式

国内外的企业家们,把以人为本的管理思想与企业的实际结合起来,探索和创造出人本管理的多种方式,主要有以下几种:

1. 感情管理

感情管理,是指企业领导者尊重、关心、爱护职工,使职工与企业取得感情上的沟通,以此激励职工为企业努力工作。管理工作,内容很多,如生产管理、技术管理、经营管理、财务管理等等,而这些管理都是和人打交道的。所以,感情管理是个基础,那一项管理也离不开它。一般地说,企业以人为本的管理思想,中心也是关心人、爱护人的感情管理。

我国唐代诗人白居易说:"感人心者,莫先乎情。"感情,在领导者与职工群众之间有着不可替代的作用。领导者要有效地调动职工群众的工作积极性,就必须重视感情管理,尊重、信任和关心职工群众,真心实意地帮助职工群众解决工作和生活中的困难,为职工群众谋利益。感情管理抓好了,人的心情舒畅,心理平衡,就会促进企业生产力的提高。

2. 民主管理

社会主义的企业管理,必须坚持以人为本,全心全意依靠职工群众办企业。推进企业的民主管理,就是企业贯彻党的群众路线和全心全意依靠工人阶级方针的具体体现和落实。民主管理的实质是让职工群众参与管理,当家做主,调动职工积极性。民主管理权力是社会主义制度下劳动者的根本权利。

民主管理的基本形式是职工代表大会,它同企业管理委员会、班组民主管理、职工合理化建议活动共同构成企业的民主管理体系。职工代表大会的主要任务是组织企业职工参与企业重大事项的决策;企业管理委员会是企业领导成员集体讨论研究生产经营的重大问题;班组民主管理是班组成员参与班组事务的管理;合理化建议活动是激发职工为企业献计献策。

3. 人才管理

人才是指有品德有才能的人。古今中外,事业的成败,莫不以人才得失为转移。一位企业家办好企业,必须在自己的周围聚拢起一批人才,在人才管理上下功夫。人才管理包括四方面的内容:选人、育人、用人、留人。选拔人才要观人举止、知人善任;培育人才要因材施教、面向未来；使用人才要量才录用、用人所长；而要留住人才要使人才经济利益改善、精神需求满足。做到选得准，育得对，用得好，留得住。

4.文化管理

企业文化是长期经营实践中逐步形成的文化观念。企业文化犹如企业的灵魂，是企业成员之间相互理解的产物，是企业制度、企业精神、企业道德规范和价值取向的总和。企业文化管理则是以企业文化建设为导向，把育人为本的企业文化建设融合在企业经营管理之中，注重用文化的力量塑造人，使广大职工树立正确的价值观、高尚的道德观、严谨的科学作风和求实的工作态度，从而实现企业整体素质的提高。实践证明，优秀的企业文化能够造就优秀的企业员工，使企业的目标有效地转化为职工的自觉行动，极大地增强企业的生产力。

（三）人本管理在企业中的实践

1.感情管理的实践

国外企业十分重视感情管理。以流行"走动式管理"为例，企业的领导者，走出办公室，深入现场，与各层次各类型人员接触、交谈，加强感情沟通，建立融洽关系，了解情况，征求意见，贯彻实施企业的战略意图。这种以感情交流为主要特征的管理方式可以减少劳资矛盾、融洽劳资关系，因此深受企业家的青睐。

在我国重视感情管理的也不乏其例。如长虹电子集团公司，自建厂投产以来，凡是职工有病住院，领导必去探望；员工家中有困难，领导必去走访并积极帮助解决；每半年，都要举办员工"恳谈会"，沟通思想，交流感情。这种注重感情管理的做法，使职工感到工厂的温暖、激发了职工劳动热情，促进了企业的发展。使企业成为国内生产彩管品种最多、规模最大、市场占有率最高的企业，在中国自家电子企业中名列前茅。

但是也有部分企业的领导者不重视感情管理。他们骄傲自大，自以为是，不听取下属意见不采纳下属建议；对下属和职工冷冷冰冰，麻木不仁，视下级为奴仆，好摆架子，爱耍威风，不关心群众疾苦。这样的领导，职工不但不信赖，而且产生厌恶情绪，劳动积极性不可能得到发挥，企业不会有好的效益。

为解决上述问题，企业领导人应在感情管理上下功夫，从以下几个方面着手：

（1）尊重职工。一是尊重职工的人格和尊严。不打骂、侮辱职工。二是尊重下属的意见。在做出重大决定之前，先征求下属意见，即可避免领导上的官僚主义，也是对下属表现。三是尊重职工的劳动成果。充分肯定和承认他们在工作中取得的成绩和进步，以提高他们的工作信心，激励他们更好地工作。四是尊重下属的职权，凡是下级职权范围内的事应该由下级去处理，而不要越俎代庖。

（2）关心职工。一是抓职工的增产增收，在生产不断发展、经济效益不断提高的前提下，职工的收入逐年有所提高。二是按不同对象，解决职工的不同困难。对中年职工应多关心他们"三重"的情况。所谓"三重"，就是工作担子重、经济负担重、家务劳动重。做到在工作上对他们合理安排，不使工作过重；对经济上确有困难的，进行主动补助；对家务劳动太重的职工，在生产班次上适当进行照顾。对老年职工应多关心他们的健康情况，安排适当的工作岗位，帮助解决求诊治疗的困难。三要千方百计解决职工的后顾之忧。对职工住房紧张问题，厂长应想办法逐步解决。采用多种形式进行建房是解决的最好办法。或者是企业统建统配，或者是自建公助，或者是搞商品住宅，根据各个企业的具体状况，决定采用什么方式。

2. 民主管理的实践

在民主管理方面，首钢总公司是我国的一个典型。首钢总公司是我国经济体制改革的重点试点单位之一。十几年来，不断进行民主管理制度的改革，创造和积累了一套国有企业职工参加管理的重要经验，建立了一系列民主管理制度，包括工作者代表大会制度、工厂委员会领导下的部、总经理负责制、重大决策经过全体工作者讨论的制度、情况通报制度、职工民主监督制度、职工建议受理制度、职工生活自治制度、全员培训制度。这一套完整的制度使得职工真正享有知情权、决策权、监督权、分配权、生活福利自治权、受教育权，激发了职工的主人翁责任感，职工积极参与企业的生产经营活动，从而开创了首钢经济效益持续增长的局面。

日本丰田汽车公司，在合理化建议活动方面颇有特色。企业采取合理化建议奖（包括物质奖和精神奖）的办法鼓励职工提建议，不管这些建议是否被采纳，均会受到奖励和尊重；如果建议被采纳，并取得经济效益，那么得的奖更多更重。结果该公司的职工仅1983年就提出165万条建设性建议。平均每人提31条，它所带来的利润为900亿日元，相当该公司全年利润的18%。

当前，我国还有相当部分的国有企业民主管理没有搞好，企业的职代会形同虚设，名存实亡。一些厂长经理以称"老板"为荣，习惯于一个人说了算。职工也存在"雇佣观点"，认为是"给老板干活"，感觉不到自己是企业的主人，劳动积极性不高。因此，要从民主政治的高度看待民主管理，使职代会真正成为职工行使民主管理的权力机构，凡是职代会职权范围内的企业重大事项，必须依法提交职代人会讨论审议。要严格职代会行使职权的程序，保障职代会充分行使职权，充分发挥职代会在促进民主的重要作用。在企业职工民主管理的其他形式中，要着重抓好班组民主管理，由全员全过程参加的班组民主管理，具有参与的直接性，活动的经常性等鲜明特点。班组民主管理要普遍实行政治民主、经济民主、生产（技术）民主。从而在班组形成千斤重担大家挑，班组事务大家议，奖金分配大家定，技术难题大家攻的团结和谐的良好局面。

3. 人才管理的实践

世界著名企业家土安博士说："人是最重要的。缺乏优秀的工程、电脑科学家和专业技术人员无论多么完善的计划，都无法执行成功。"

在人才管理方面，攀钢是我国的一个典型。攀钢是完全依靠我国自己的力量建设起来的特大型钢铁联合企业。自建厂以来，企业特别重视教育培养、投入巨资先后兴建了党校、管理干部学校、职工大学、职工学校，在公司内部对员工进行不同内容、多形式、多层次、有针对性的学历培训和岗位培训。同时，选派大批优秀人才到大专院校学习、深造。企业十分重视人才的选拔使用，建立了人才库，用人重实力，重实绩，只要在某一方面突出，就用其所长。同时，为人才创造公开、公正、公平的竞争环境。凡是在工作中创新，为企业做出贡献的人，他们的价值都能得到承认，并得到实惠。目前，攀钢已形成了三支人才队伍，即与国际接轨的国际型管理人才队伍；在本专业本领域内有深度、有高度，在国内外有一定知名度的专家型人才阶层；以工人技师担纲的能工巧匠、岗位能手人才队伍。这些高素质人才增加了企业竞争实力，促进了企业的发展。今天，攀钢已成为我国西部最大的钢铁生产基地，中国最大的钒生产基地和铁路用钢材生产基地。

由于长期计划经济体制的影响，国有企业在人才管理上还存在一些问题。有的在人才使用上存在着论资排辈思想，有的对人才选择、培养和使用上缺乏客观、科学的依据，有的在对人才的管理缺乏行之有效的制度和缺乏运用法律手段管理人才的意识。为解决上述问题，必须从以下几方面着手：一是制定系统科学的人才评价制度，按每个人才的学历、资历、工作表现、群众评议等条件把他们分为管理型、营销型、后勤服务型等各类人才；二是建立人才库，分类要与人才评价制度相统一，真正为选拔、使用、培养人才提供依据；三是形成严格的人才选拔、聘用、考核制度。在人才选拔上做到"三个结合"：即档案资料与工作表现相结合，领导评价和群众评价相结合，推荐和自荐相结合。在使用人才上要做到"二个统一"：即工作要求与工作能力统一、使用与培养相统一。在考核人才上要突出"一个重点"：即在考核人才的德、能、勤、绩时，重点考核工作实绩；四是建立人才竞争机制。采用招标选聘、竞选考核选定等形式，优选管理者；五是运用法律手段限制不合理的人才流动。防止一些职工利用其掌握的商业秘密，使企业陷入困境。

4. 文化管理的实践

托马斯·彼得斯在《成功之路》一书中指出："日本企业的高生产力，产生于独特的体制和文化。"例如，世界著名的大企业日本松下电器公司，是该公司的创业者松下幸之助以其特有的"松下文化"创设的，他制定了"产业报国、光明正大、团结一致、奋斗向上、礼貌谦让、适应形势、报恩报德"七大精神，作为员工行为准则。目前该企业拥有职工 20 万多人，生产 1.4 万种电器产品，工厂分布在 130 多个国家和地区。其营业额从战后至今，增加了 4000 多倍。

我国洛阳石油化工总厂也把加强企业文化建设，作为企业精神文明建设的一个重要方面。把最大限度地调动广大职工积极性和无私奉献的精神作为一项硬任务抓紧、抓实、抓好。几年来，该厂利用各种形式对职工进行爱国主义、集体主义、社会主义教育，引导职工树立正确的世界观、人生观、价值观。每年举办各类培训班，为职工学政治、学文化、学技术创造了条件。企业还建设了俱乐部、文化宫、图书馆，设有歌舞厅、健身房、游艺室，不断丰富职工的文化娱乐生活，满足职工的精神文化需要。从而有效地激发了广大职工爱国、爱厂、爱岗的热情和生产积极性。增强了"洛石化安全我安全，我为洛石化保安全；洛石化增效我受益，我为洛石化创效益；洛石化光荣我光荣，我为洛石化争光荣"的责任感、荣誉感和自豪感。

在长期的生产实践中，该厂逐步形成了独具洛石化特色的"自加压力、自找苦吃、自强不息"的"三自"企业精神。建厂伊始，企业坎坎坷坷，历经三上三下，面对工程即将下马的严峻形势，是"三自"精神挽救了企业救活了企业。长期以来，该厂生产设备一直处于"大马拉小车"的状态，为了多炼油，炼好油，为国家多创效益，也是"三自"精神激励他们主动到市场"找米下锅"，发展来料加工，从而使企业走出"边生产、边建设、边投入、边产出，投入产出流动发展"的路。1994 年，国家进行石油流通体制改革，该厂原油购进、产品销售都受到很大限制，经济上受到一定损失。又是"三自"精神鼓舞全体职工服从全局利益，坚持内涵挖潜，实现税利大幅度提高。1995 年主要经济技术指标达到历史最好水平，创造了炼油稳步发展，化工突飞猛进的佳绩。

当前，在国有企业中加强企业文化管理具有现实性和紧迫性。在社会主义市场竞争中，国有企业面对的不仅是奖金、技术的竞争，而且更体现为文化的竞争。过去，国有企业在我国经济建设中，曾有过可引以为豪的企业文化，但那是与当时的社会、政治、经济相契合的文化，随着经济体制的转移，它需要不断地发展加以适应。国有企业的企业文化管理要与加强精神文明建设结合起来，从以下几方面入手：要在建设现代企业制度的同时，确立国有企业制度文化的内涵。让制度文化为企业内部组织机构的改革，增强企业活力带来新的思路；依法加强对企业各个方面的管理。要抓住管理文化，把柔性管理融入刚性管理，讲求管理哲学、管理观念、管理风格、管理艺术等；引导人们树立正确的世界观、人生观、价值观，努力提高思想道德素质。要激发经营文化的活力，鼓励人们通过合理经营和优质服务获取正当经济利益；以企业的经营理念、经营目标、经营战略来取胜。对于困难企业，加强文化管理，关键是要树立艰苦创业的精神，并利用各种手段向员工宣传，使之深入人心。领导者要发挥表率作用，创造一种上下同心的浓厚氛围。在困难企业搞企业文化建设，更能发挥其效能。

总之，任何企业都是由人、财、物组成的。人是企业的主体，也是企业中最重要的因素。人本管理就是以人为管理，其核心就是关心人、尊重人、满足人的合理需求，以调动人的积极性。人本管理有多种方式，包括感情管理、民主管理、人才管理、文化管理。我们要运用这些方式，充分发挥人的积极性、主动性和创造性，提高企业的工作效率和经济效益。

<h1 style="text-align:center">第二节　人力资源管理职能</h1>

一、人力资源管理职能概述

人力资源管理的功能主要体现在四个方面：吸纳、维持、开发、激励。其中吸纳功能是基础，激励功能是核心，开发功能是手段，维持功能是保障。四个功能是相互联系、辩证统一的。但需要指出的是尽管人力资源管理功能和职能在形式上可能有些相似性，其本质上是不同的。人力资源管理职能是指人力资源管理所要承担或履行的一系列活动，主要包括：人力资源规划、职位分析、招聘录用、绩效管理、薪酬管理、培训开发、员工关系管理等七个方面的内容。人力资源管理各职能之间相互作用和影响，共同促进人力资源管理功能和目标的实现。

（一）职位分析和评价与人力资源管理职能的关系

在整个人力资源职能系统中，职位分析和职位评价起到了平台和基础的作用。首先，职位分析为人力资源规划、招聘录用、培训开发、薪酬管理等提供了信息支持。组织为了发展的需要还必须依据职位分析中的各种任职资格要求对新招聘的或已不能胜任工作岗位、技术和环境要求的老员工进行技术培训和潜能开发。员工工资层级、福利待遇条件、奖惩有了职位说明书为依据更显得科学和公平。其次，职位评价对人力资源规划、培训开发、绩效管理、员工关系管理起到监督和调适作用。通过职位评价可以对部门和岗位的工作绩效做出直观判断，分析出组织工作绩效低的原因，找出提高组织工作效率的途径。

（二）人力资源规划与人力资源管理职能之间的关系

人力资源规划处于整个人力资源管理职能循环体系的起点，是实现其他人力资源管理职能的保障。人力资源规划是职位分析在人事管理中的具体体现。职位分析为组织确定了长期的发展战略和招聘录用的宏观方向，人力资源规划则为组织解决了战术上的难题。从规划的内容上看人力资源规划可以分为人力资源的总体规划和人力资源业务规划两种。

人力资源总体规划与职位分析联系较为直接，而人力资源业务规划对其他人力资源管理职能的发挥则有着重要的意义。

首先，人力资源供需预测的结果可为招聘和解聘提供数据支持。通过比较组织现有员工的数量和所需员工的数量，就可以确定出招聘或解聘需求，制订出合理的计划，保证组织的人员数量。

其次，在人力资源规划中，绩效考核和薪酬管理是进行人员需求和供给预测的一个重要基础，通过对员工工作业绩、态度、能力的评价，组织可以对员工的状态做出判断，决定是否对组织职位做出调整，并处理好由此带来的职位空缺、内部提升和内部供给等问题。

（三）招聘录用与人力资源管理职能间的关系

招聘录用的实质是让社会潜在的合格人员对本组织的相关职位产生兴趣并前来应聘，将合适的人录用到合适的岗位。它是组织与外部环境互动的有效形式之一。招聘录用是组织人力资源管理职能发挥最常见和必不可少的手段。首先，招聘录用是人力资源规划的具体运用，它保证了组织人员补充计划的有效实施和新陈代谢正常进行。其次，严格把关招聘录用的过程可以提高人员与组织职位空缺之间的适应性，降低组织的培训开发成本，在此基础上组织的绩效也可以得到相应提高。再次，招聘录用其实质上是人员与组织的双向选择过程，招聘录用要想吸引更多的人参与竞争就必须以诱人的薪酬设计和福利待遇为基础。最后，全面、高效的招聘录用有利于员工关系协调发展，避免组织成员间出现钩心斗角、拆台推诿的现象，提高员工对组织的承诺和信仰。

（四）培训开发与人力资源管理职能的关系

培训开发是人力资源管理职能体系中的连接点，与其他各职能间建立了承上启下的关系。

第一，培训开发是人力资源规划和招聘录用之后必不可少的后续工作，在培训的过程中，培训需求的确定也要以职位说明书对业务知识、工作能力和工作态度的要求为依据，培训开发的难度也决定于招聘录用的质量。三者共同为组织的绩效提供保障。

第二，培训开发与绩效管理有着最为直接和紧密的联系。培训开发的目的就在于提高人员对职位的适应度从而提高组织的绩效以实现组织的既定目标。

第三，培训开发与薪酬管理也有着密不可分的关系，员工薪酬的内容除了工资、福利等货币形式外，也包括各种各样的非货币报酬形式，培训就是其中较为重要的常见的一种。

最后，从员工关系管理角度来看，培训开发为各部门员工提供了交流的平台。就部门内部来看，培训开发通过组织文化教育、发展需求教育等有利于形成共同的追求和价值观，提高组织承诺。

（五）绩效管理与人力资源管理职能间的关系

绩效管理工作包括计划绩效、监控绩效、考核绩效和反馈绩效几个部分。通过绩效管理可以发现员工工作中存在的问题并加以改进。在整个人力资源管理职能体系中绩效管理居于核心的地位，其他职能或多或少都要与它发生联系。

在管理实践中，人力资源管理其他职能设置的目的实际上就是为了更好实现组织的绩效，达成组织的愿景和目标。培训开发作为一种激励的手段和提高员工技能水平的方法对提高组织绩效的作用是不言而喻的，而且培训开发内容的确定也需要以绩效考核的结果作为基础，只有通过绩效考核和反馈才能确定什么人需要培训、培训哪些知识和技能。薪酬管理与绩效管理则有着更为直接的联系，绩效考核的结果直接决定了员工的绩效工资和奖金，这会促使员工自觉的提高效率。通过员工关系的管理，可在组织中建立一种融洽的氛围，增强团队或部门间的协作，进而有助于绩效的提升。此外，职位分析制定出的岗位说明书为员工树立了明确的目标，指明了努力的方向。职位说明书还明确了职权和责任，这可为绩效考核和问责提供依据。

（六）薪酬管理与人力资源管理职能间的关系

薪酬管理是人力资源管理职能中最外显的职能。薪酬水平反映了组织内部各职位及整体平均薪酬的高低状况和企业的外部竞争能力。薪酬的设定必须考虑到组织的经济实力和社会平均薪酬水平，具体的岗位还要具体的分析，这就要以组织事先做的职位分析和人力资源规划为依据。公平合理的薪酬制度有利于保持组织内部团结协作，而在薪酬设计中适当的拉开岗位间的差距、对绩效突出的员工及时的给予奖励则有利于在组织内形成良好的竞争氛围。培训开发本身就是薪酬的重要组成部分，而且对于越是追求上进的员工其激励的作用越明显，另一方面通过培训开发员工被组织委以重任，也才有就有了提高薪酬的可能性。

（七）员工关系管理与人力资源管理职能间的关系

员工关系管理职能是人力资源管理的基础职能，它需要人力资源管理其他职能的支持同时也对人力资源管理的其他职能产生影响。

首先，组织的员工关系可以通过培训开发和薪酬管理制度的完善而得到改进。其次，员工关系的改善可提高组织的凝聚力和员工对组织的承诺，组织的绩效也会相应地得到提高。再次，员工关系管理中对员工的职业生涯进行设计和管理有赖于职位说明书和组织的人力资源规划，这样才能保证个人目标和组织目标的一致性。最后，通过员工关系管理，发现组织甚至细化到具体岗位需要什么性格气质的人？什么渠道，哪个地域招聘的员工更有利于组织员工关系的良好发展？具体到组织不同的发展时期，组织需要引进"鲶鱼"型人才还是"把稳持重"才是最重要的？这些对提高招聘录用的质量和降低其成本是非常重要的。

二、当前人力资源管理存在的问题

在现阶段，企业在进行人力资源的管理过程中存在很多的问题，不仅造成人力资源的流失，导致人才留不住的现象发生，而且还造成资源的浪费，很多优质人才由于受到岗位的局限，才能得不到发挥，造成人才资源的浪费。

（一）人力资源管理职能的水平过低

在企业现有人力资源的基础上，通过深入分析和挖掘人力资源管理的结构和目标，可以对企业人力资源的组成进行分析，进而进行调整和规划，从而提升人力资源管理职能，通过资源优化配置，充分发挥出每个人的特长，进而提高企业现有人力资源管理效率。但是，就目前来说，很多企业缺乏深入分析和挖掘人力资源结构和目标的能力，因而，导致企业人力资源管理水平低下。而且，企业内部缺乏完善的培训机制和科学的奖励措施，对人力资源的管理并没有非常重视，加上传统企业人力资源管理职能的制约，导致现有企业人力资源管理模式比较单一，水平较低。而且企业现有人力资源管理层综合素质较差，缺乏过硬的专业知识，无法采用新的管理手段对人力资源进行科学的管理，因而导致企业人力资源缺乏竞争力。

（二）缺少科学有效的规划方法

企业人力资源管理职能的转化关系到企业的进一步发展，对提升企业竞争实力影响重大。但是，在企业实际的管理过程中，人力资源管理职能转化方面缺乏科学合理的方案，没有根据企业的实际情况对企业未来人力资源的发展方向进行科学的预测，因而也就无法满足企业人力资源的需要。在人力资源的规划过程中，企业没有站在时代的角度综合考虑企业未来发展中对人才的需要，没有做好人才储备，因而，在企业需要某一类型人才时，由于人才短缺会阻碍企业的正常发展。

三、提升人力资源管理职能的措施

（一）制定科学的管理策略

人才对于经济的发展至关重要，因此，在竞争如此激烈的背景下，企业应该充分地认识到人才的重要性，并从中吸取经验教训，树立人才观念，不仅吸引人才，用好人才，更要留住人才。因此，科学合理的人才资源管理策略能促进企业进一步发展，提升企业的社会地位和经济收益。牢固树立科学的用人观念，和"人力资源是第一资源"的理念，通过合理调整和配置人力资源，确立科学的用人机制，这样，才能为企业保留住人才，提升企业人力资源管理职能，促进企业发展。

（二）加强人力资源规划

企业的用人观念不仅仅局限于把人才引进来，更要做好对人才的充分利用，通过进行科学的人力资源计划管理，改变现阶段企业中存在的人才引不进、留不住的现状。而且，还要根据企业的实际情况，预测企业未来发展可能需要的人才类型，提前做好规划，并采取相应措施，做好储备，保障企业在有需求时能及时地获得所需要的人才类型，促进企业的连续生产。并且还要杜绝盲目引进人员的现象，减少企业不必要的费用。

（三）优化人力资源结构

现阶段，很多企业的人力资源结构不合理，存在很多浪费现象，因此，要想提升人力资源管理职能，必须优化人力资源结构。首先，制定淘汰机制。为了更有效地发挥出人力资源的价值，企业应该制定淘汰机制，解决企业内部冗员的现状，优胜劣汰，才能保持企业人力资源的持续优势。其次，还要加强对企业内部人员的培训，科技的变化日新月异，所以员工也应该与时俱进，用先进的知识手段武装自己，而企业要做的就是为员工提供继续学习的平台。最后，企业内部应该实行轮岗制，根据每个人的特长合理安排岗位，这样才能保证人尽其用，发挥出每个员工的价值，避免人才的浪费。

（四）完善考核机制和激励机制

提升企业的人才资源管理职能，还要注意完善考核机制和激励机制，通过科学的考核和激励机制，加强对人力资源的公平管理，这样，公平合理的竞争才能激发人才的工作积极性和创造性。所以，企业要结合自身的实际情况和企业人工和适才适用相结合的原则，制定合理的奖励方案，并通过合理配置，让他们感受到被重视的感觉，以增强企业的向心力。在制定激励政策时，应该以"按业绩付酬"为主，并采用固定工资和浮动工资相结合的分配办法，同时兼顾公平。企业还可以采用股权分红的方法，这样，不仅可以使个人的利益与业绩相结合，还能激发人们的整体意识。企业管理者在制定激励政策时应该从满足人的精神需要出发，营造一个和谐的环境，这样才能激发人们的上进心和积极性。

第三节　人力资源管理模式

一、人力资源管理模式的定义及类型

（一）人力资源管理模式定义

在实际工作中因为出现的情况会有所不同，所以管理的方式也不一致，在对人力资源进行定义时没有提出特定的标准对其进行定义。在西方的管理上有人对管理模式进行了分类，总共为三大类，第一种管理模式为斯托瑞模式，第二种模式是哈弗模式，第三种模式是盖斯特模式。这些模式对于人力资源管理有统一的认识，既他们认为这样的管理模式实际上就是一个系统—人力资源管理系统。当然这并不是唯一的标准答案，不同的人会有不同的看法，对于有些人来说就不是这样认为的，他们认为对于西方的人力资源管理不应该是分为三大类而应该分成为两大类。第一大类是传统的降低成本的模式，另一类是承诺模式既提高对于员工的许诺模式。除了这些看法和说法之外，对于人力资源管理模式来说它是一个客观存在的模式，虽然没有一定的标准可言但是却有一定的固定性，但是对于人力资源管理系统来说是没有固定性可言的。所以，在日益进步的总结中，人们将人力资源管理模式不断进行探索，归类总的来说可以将其模式定义为以下：在一个群体或者组织中由于长期的生产活动，在活动过程中因为某些管理逐渐形成的习惯而形成了管理过程中的目标、方法以及内容等。

（二）人力资源管理模式的类型

同样在实际工作中因为出现的情况会有所不同，所以管理的模式也是不同的，在进行标准和依据划分时也会有所不同。在目前来说，我国在对于人力资源的管理模式中将模式的类型主要分为四个方面。分别是以下四种：第一个就是按照在管理过程中所确立的目标进行划分；第二个就是在管理过程中所用到的管理方法进行划分；第三个是按照管理过程进行划分；第四个是在管理过程中按照管理内容进行划分。在按照管理目标进行划分时，对于人力资源的管理应该要按照管理目的进行划分，可以将其划分为四种管理模式分别是综合性、战略性人事以及职业。

1. 在对管理进行模式划分时，这几种管理模式在应用的过程中并不是一成不变的，在不同的实际情况中应该要有不同的表现，在运用中要进行综合的判断再进行综合的决定。同时，这四种管理模式在运作过程中需要根据企业的需求做出一定的变化，对于一般的企业而言，如果在管理过程中模式不同那么对于管理的目的也就会不同。所以，在对目的进行管理时需要以此为标准依据，从而再对不同的人力资源管理模式进行选择。

2. 划分管理方法。人力资源在进行管理方法的划分时因为多样性的特点，所以方法是不一致的，在管理方法中不仅只是包括传统的管理方法还包括对于现代的管理方法。当然还有其他两种方法分别是系统的、个别的管理方法。在对管理方法进行划分时才可以用这些方法来作为管理的依据。在对人力资源管理模式进行划分时其划分方法也是各不相同的。大致可以分为四种划分模式分别为经验性、开放性的管理模式以及系统性和数字性。在这其中人力管理资源中的经验性是指针对个别人员的传统的管理模式；系统性的管理模式其形成过程是在传统模式的基础上而形成的管理系统；而对于开发性的管理模式而言这样的管理模式就是比较具有现代意义的；系统的管理模式其形成的基础就是传统的管理模式；而数字性的管理模式与其他模式区别较大，其管理模式是指个别人员的一种管理模式且具有现代意义。

3. 划分管理过程。在进行管理模式划分时按照管理过程进行划分，在划分的过程中可以将管理模式划分为四种，分别为：组合、职业、职能以及职能。一般情况下，对于组合的管理模式而言，在管理的进程当中是一种动态的管理模式，所以，在管理的过程当中对于组织管理所提出的要求必须要符合，而对于职能人力管理模式来说其管理模式是一种静态的管理模式，并且在执行的过程当中必须遵循组织管理中的各项要求；职业人力管理与职能人力管理是类似的，其管理模式要求最优化。

4. 划分管理内容。对于人力资源管理来说其内容包含的内容主要分为两部分：一部分是组织；另外一部分是人员。所以在管理的过程中既有对于整体的管理也有对于局部的管理。在划分人力资源管理时，依据管理内容可以划分为四种管理模式，分别为：内部和外部以及战略性和专业性。

二、人力资源管理模式选择影响因素

因为没有特定的管理模式对人力资源进行管理，所以对于单一的企业来说不能在管理的过程中一直沿用在管理过程中的一种模式。企业在管理时一定要能够结合自身的发展状况充分认识自身的需求，从而在制定管理模式时能够根据实际出发，选择出一套管理模式符合企业本身的发展。当然，企业在选择人力资源的管理模式时，对于企业各方面的情况及影响因素都要考虑到位，例如企业自身的规模以及在发展过程中制定的各项目标等。从而对于人力资源管理模式进行选择时能够选择出最佳的模式并且为促进企业的长足发展打下坚实的基础。下面就是对各种因素进行分析和探讨。

（一）发展目标

一个企业只有具有发展目标才能不断地进步，对于任何一个企业来说，不管是任何时间都会有一个长期目标和一个短期目标，对于目标的确立能够为企业今后的发展指明方向。如果企业想要在激烈的市场竞争中保留一席竞争力就必须对于整个企业的发展方向要十分的明确，这是一个企业的战略目标，企业必须要有长远的发展眼光，对于企业的未来发展要站在比较高的层次上去思考和规划。对于企业的发展而言不同的阶段每个企业会有不同的发展目标，并且对于人力资源管理选择的方式也会不同。所以，在一定程度上来说，人力资源的选择上会因此而受到些许影响。企业的发展受到人力资源管理的很大影响，人力资源的发展与企业的发展息息相关。人力资源的管理保障了企业的稳定运行。如果在企业运作过程中并没有选择好适合的人力资源管理模式，那么对于企业而言必将会受到不良的影响，对于企业的健康发展造成不良的打击。所以企业在发展中要结合企业本身的模式以及发展状况选择适合企业自身的人力资源管理模式。只有企业的目标和人力资源目标一致的情况下，企业才能够确保安全稳定的发展。

（二）企业规模

企业的规模有大有小，不同的企业规模也不是一样的，对于小型企业来说，其规模较小，所以相对而言小企业中的内部组织结构是比较简单的，从工作人员角度来看其人员较少比较好管理。但是，也有很不好的方面，由于人员较少生产力相对来说比较低下这样就会对企业产生不好的影响，例如企业会出现各种问题，企业资金周转不济、对于风险的承担能力相对薄弱。从而导致对于人力资源的管理体系简单，在管理上就会使得整个程序不够完善，从而在一定程度上对企业的发展造成了阻碍。

（三）企业所有权

企业的所有权决定了企业的所属性质，它的所有权在一定程度上就直接决定了该企业是否是属于国有企业。所以，对于企业的人力资源管理模式就会受到这种不同的性质影响。社会的不断发展使得人力资源也随之不断地在变化。对于我国目前的企业而言，对于人力资源的管理模式大多是选择内部化的管理。这样的管理模式对比与先前的管理模式来说，其公平性更加得到了保障。非国有企业在市场竞争中日益激烈。如果想要在竞争中保持较好的优势，那么对于人力资源模式的选择就要以控制型和承诺型为主要，这样的管理模式对于企业成本可以进行有效的控制，国有企业和非国有企业在提高员工承诺方面会有很大的差异性。因此，不同的所有权在选择人力资源管理上也就会有不同的模式。

（四）人力资源市场

对于我国社会目前而言，企业面临的主要问题就是"用工荒"。所以对于某些企业而言很难在短时间内招到适合本岗位的人才。而对于人力资源市场而言这样的情况就很容易便会得到解决。并且在这一过程中企业可以对人才进行选择和考验，从而选择出最适合本岗位的关键型人才。所以，从这一角度来说，人力资源的管理模式是随着市场而不断地改变的。

（五）文化环境

不同的社会环境会造就不同的文化背景，那么企业在人力资源模式的选择上也就会有所不同。中国人根深蒂固的思想就是儒家思想。所以对于其他国家而言其思想就会有所不同，从而人力资源模式的选择也不同。

三、企业人力资源管理的重要意义

（一）实现力量和智慧的有效激发

有效的企业员工关系，员工与员工之间和睦共处，大家相处模式和相处氛围比较融洽，不存在过多的利益矛盾，就能够共同为企业的发展目标努力，实现企业的经济发展。企业实施员工关系管理，就是要实现员工对于企业满意度提升，实现员工对员工的满意度提升，从而促进知识、力量、智慧、技术等实现协调发展，发挥 $1+1 > 2$ 的创造效果。

（二）有助于不断提升员工素质和能力

企业通过构建有效的人力资源激励机制，能够让员工为自己树立短期或者长期的发展目标，例如有的企业对于考取了职称和专业技术证书的员工会给予一定的物质奖励，这对于员工来说就是一种动力，能够督促他们认真开展相关的员工素质和能力提升，促进员工在专业素养和技能方面实现自我提升，为提升企业员工的总价值发挥作用。

（三）创造良好企业文化的必然要求

一个高端的技术服务公司，拥有一个良好的企业文化环境十分重要，在舒适的文化环境中，能够提升员工工作效率，实现员工价值的更大开发。对于，企业进行员工关系管理，能够为企业提供和谐的文化氛围，创造一种团结向上的企业文化，在企业的有效竞争激励制度下，企业员工能够感受到一种人人向前、人人学习的氛围，这种氛围在长期的工作中就会成为一种企业文化，让身在其中的员工都能够积极为企业的发展目标而不断努力。企业员工都自主地开展学习和提升，进行赶超，这样就会形成一种良性的循环，让更多的员工能够积极在企业文化氛围中不自觉地就想要提升自我，不断学习，这对于企业的长效发展机制实现具有重要意义。

四、新形势下的企业人力资源管理模式的改革与创新

（一）当前和未来企业人力资源管理面临的新形势

1. 从社会结构看，劳动力紧缺成为新常态

在改革开放的几十年时间中，人口红利时代已经结束，我国人口的老龄化倾向加重，整体的社会劳动力结构将发生巨大的变化，劳动力资源不足将成为新常态。从劳动力的供给角度来看，已经呈现有限供给状态，要想保证企业的一项生产员工的充足供应，保证合理的人才及时输送将成为未来几年内大部分企业需要思考和解决的重点问题之一。

2. 从经济结构看，增长趋势放缓

2012 年，我国的经济增长目标首次低于 8%，这是因为在 2008 年经历了一轮四万亿大规模的固定资产投资后，相应的投资拉动经济增长模式已经很难继续发展了，且国内的消费市场并不景气，加之国际金融的影响等，国务院预计 2012 年中国出口增速将成为较低的一年；这样来看，"投资、消费和出口"这三驾马车都没有足够的发展动力，虽然用经济危机来形容这一现象并不合适，但是总体上看，近几年我国的经济增长明显有下滑的趋势；且随着相关工业生产利润进一步降低，生产成本不断提升，企业的人力资源管理工作也将面临巨大的挑战，企业要想在这样的社会经济和市场环境中谋求生存，获得自身竞争力的不断提升，强化人力资源的有效管理是有效出路之一。

3. 从企业层面看，工资水平正在不断提升

随着经济社会发展水平的进一步提升，劳动力市场的紧缺现象加剧，企业对于人力资源的薪资水平必然要提升，用工荒在一些低工资水平的企业中体现尤为明显，可见企业的工资压力正在不断加大。就近几年国内的工资水平来看，工资基数比较低，但是总体上来看，工作增长速度快，增幅较大，劳动力成本提升是总体趋势，用人成本的进一步提升导致企业的利润空间在不断减小，只有充分发掘人力资源价值，激发人力资源积极创造价值，开发潜力等，才能有效弥补这一成本带来的利润挤压压力，促进企业自身利润空间的有效保障。根据目前的企业人力资源薪资水平的发展趋势来看，增长的速度依然是上升的，说

明后期的企业人力资源成本还会进一步上升，为了有效平衡成本和利润之间的差距，保证企业经营的效益也能稳步提升，必须要强化人力资源的开发利用，突出人力资源的价值，让更多的企业人力资源转化为企业的实实在在的生产动力，实现企业和员工的共赢目标。

4. 从政策环境看，立法更倾向于保护劳动者

近年来，我国的相关劳动者权益保护工作深入开展，相关的立法不断完善，现阶段的《劳动合同法》《社会保险法》《工伤保险条例》等不断修订完善，为劳动者提供了比较安全有保障的工作环境，相关的总工会也推出工资集体谈判制度，要求企业必须要合理、合法用工，强化劳动者的保护和完善工作，需要企业不断完善相关的法律法规，保证自身在相关的劳动诉讼中避免利益损失，提升法律安全性。

综上所述，相关的社会结构、经济市场、企业状况以政策环境等背景下，企业的人力资源使用成本正在不断上升，且未来几年内还将进一步增长。在这种状况下，企业面临的用工压力较大，需要面临诸多挑战，企业必须要在新形势下积极改革和创新人力资源管理工作，才能有效地应对相关的挑战和压力，保证自身的利润和发展目标实现，适应新形势的企业发展需要，促进自身发展目标的有效实现。

（二）新形势下企业人力资源管理中存在的突出问题

1. 缺乏完善的人力资源管理规划，缺乏中长期管理目标

在目前的一些企业人力资源管理工作中，很多是采取现需现招的用工模式，这些模式更多的是出现在一些中小企业的人力资源管理中，因为企业对于人力资源管理工作的重视度不足，导致他们在人力资源管理中缺乏整体的规划设计。相关的人力资源管理工作中，没有落实顶层设计，不能根据企业的实际发展状况制定合理的管理规划，更没有树立人力资源管理的风险机制，在相关的人力资源管理中，缺乏远见，没有制定相应的中长期的用人计划。这种情况下，一旦出现员工临时辞职的情况，就可能导致岗位空缺，一时很难找到比较合适的替代人选，草草选择的临时替岗人员又可能不熟悉业务流程和相关的工作内容，甚至是个外行，还需要重新培训，需要耗费一定的时间，这对于企业的发展是不利的，而且关键岗位的人员临时空缺则会导致企业整体的发生受到影响。

2. 信息化管理能力不足，系统应用效益提升缓慢

目前，很多企业的人力资源管理工作中，影响信息化管理效果强化的因素包括人才因素，尤其是对于信息化系统应用和管理的人才，目前企业的人力资源管理部门对于信息化管理工作的认识不足，操作应用能力有限等，严重限制了他们在应用信息化系统中的作用发挥，无法充分将企业人力资源管理和系统有效对接起来，资源整合效率低下，管理成效不理想。

目前，在企业人力资源的管理工作中，相关管理人员自身的信息化管理素质不高，能力有限，缺乏信息化系统优化创新，信息化管理水平不高。因为优秀的信息化管理人才的

不足，在进行人力资源信息化管理的工作中，相关人员对于信息化系统的应用创新不足，无法识别系统的设计缺陷，不能及时进行系统优化设计和应用，不利于提升信息化的管理水平，相关管理工作进展缓慢。

3. 缺乏科学的人力资源开发和培训机制，整体人力资源利用效率不高

目前，在很多企业的人力资源管理工作中，企业对于人力资源管理工作中，没有注重对于相应员工的技能培训和潜能开发，员工整体的技能提升缓慢，素质水平不高，这实际上也是一种资源浪费，因为有限的人力资源的潜在价值可能是无限的，企业只有通过有效的开发和挖掘人力资源的潜能，才能让人力资源创造更大的价值。但是企业考虑在用人成本已经在上升，因此，一些企业并不愿意使用更多的资金和资源来开展企业人力资源的培训教育工作，这样人力资源的潜能就很难被激发，员工自身的价值难以获得有效的提升，长期下来，员工的工作积极性下降，社会认同降低，也会导致企业人力资源管理出现问题，甚至一些员工觉得在企业中自己没有足够的上升空间和可能，也会选择跳槽，这样对于企业而言实际上会进一步加剧用人成本的增加，因为要招聘新员工，进行员工岗前培训等一系列工作，就会导致整体用人成本上升，对于企业而言是非常不利的。

（三）新形势下企业人力资源管理工作的有效改革和创新路径

1. 树立长远目标，做好人力资源整体规划

人力资源管理不是一成不变的，企业不同的阶段和商业模式，需要有不同的组织和人力资源策略，管理文化也需要做相应的调整。面对新形势，企业要不断优化岗位设置，挖掘人力资源潜力。在制定人力资源规划方案时，统筹考虑每个阶段期初与期末的职工人数，以期末需求的最低安全人数倒推定员人数，合并相近和相邻岗位，推行大岗位系统化操作，有效挖掘人力资源潜力。依据产业结构需求，主动对工艺技术落后、经济效益不好的装置进行关停封存，将人员分流到缺员的装置，有力盘活人力资源。要树立明确的人力资源发展目标，做好中长期的发展打算，并且立足于企业的长远发展规划，进行人力资源的优化设计，促进整体企业人力资源发展方案的合理性提升，保证企业人力资源的优质和及时供应。

2. 创新信息化管理模式，促进整体管理模式转变

数字化创新是驱动发展的必由之路，也是重塑人力资源管理的关键。从传统到精益，数字转型人力资源策略必须包含生产、思维、系统，打造精益式入资服务平台。新时期，企业人力资源管理工作应围绕以"创新、融合、共享、多赢——人力资本助推企业融合国家战略实践"主题，开展主题演讲、企业人力资源创新演讲交流、协同引才恳谈、人力资源服务机构宣传推介等活动，向全国展示企业深度融合发展成果，对接全国企业优质资源的重要平台，引进全国各类优质人力资源的重要平台。人才成就事业，事业造就人才。要结合新形势背景下的企业人力资源管理、"互联网＋"，以及大数据在人力资源管理中的

应用等方面，进行交流研讨，致力于搭建企业深化改革和融合交流平台，提升企业特色人力资源管理工作水平，促进人力资源管理创新，推动企业实现又好又快的发展。企业要善于依靠技术进步，助力人力资源优化。坚持通过技术进步、设施改造，提升装置自动化水平，为人力资源优化创造条件。针对自动化程度低、分散偏远等不利于集中操作的岗位，通过自控改造或安装监控系统，推行区域化操作，提高人力资源利用效率。从提高设备可靠性、优化巡检路线、合并精简操作记录等方面入手，减少重复、无效工作量，为优化岗位、推行系统操作奠定基础。

3. 优化信息化管理系统设计，促进系统完善和功能升级

随着人力资源管理理论和实践的进一步发展，企业要认识到高效的人力资源信息化管理系统设计的重要性，在人力资源信息化管理的工作中，要切实加强相关信息化管理系统的升级和系统优化设计，促进信息化管理系统的进一步优化和功能完善，促进系统升级发展，为更好地满足企业人力资源管理需要奠定有效基础。对此，企业人力资源部组织各层级人事条线要积极开展人力资源 HCM 信息化实操，重点针对人力资源 HCM 信息化第一阶段的组织机构管理、人事信息管理、合同信息管理三个模块进行实际上线操作培训。HCM 系统目前已覆盖企业员工的基本人事信息管理，拥有人事平台架构应用、日常业务处理、常用统计查询、数据报表分析等 60 余项实用功能，已具备初步上线运行条件。未来，该系统还将陆续新增招聘、培训、薪酬、绩效、党务、群团等模块功能，实现集人力资源全域信息管理、流程管理、权限管理等为一体的综合信息管理功能，将成为企业推进"智慧企业"建设的重要组成部分之一，极大提高集团人力资源自动化、信息化和数据化管理效能。

相关企业要把握新时期的信息化人力资源管理工作要点，积极探索人力资源管理系统的设计优化，并强化功能应用和系统开发，不断为人力资源信息化管理提供有效的技术支持。

4. 强化人力资源培训机制完善，促进人力资源价值开发

管理重点在于抓住关键人才，因此将愿景与激励放在重要地位，管理重点则在于组织打造与团队培养，旨在从实践中培养管理者与领导者。要想推进企业国际化发展，发展的重点赢转为从团队能力、团队管理和企业社会责任等方面构建卓越绩效管理体系，促进企业的健康可持续发展。企业面对新形势，要进一步深化人力资源集约化管理，建立有机体系，提高量化考核，加强用工培训，选拔培养领军人才，加快构建规划科学、配置高效、管控有力的人力资源管理体系，着力打造结构合理、能力突出、素质优良的人力资源队伍。不拘一格选拔人才。通过个别谈话、征求意见、民主推荐、公开测评、毛遂自荐等多种形式，摸清公司人力资源的真实情况，详细记录每名员工的工作经历、性格特点、个人愿景、组织评价、发展定位等内容，建立并完善全员的动态履历业绩档案。同时，将选拔出一批德才兼备的后备人才，分类别、分专业确定发展方向，建立各个岗位和专业的人才库，做

好储备。

要重点加大骨干人才培养力度，充分发挥专家引领作用。高度重视专家骨干人才的培养和使用，以全国劳动模范"劳模创新工作室"、集团公司技能专家"技能专家工作室"为主，建立"导师带徒"长效机制，发挥技能专家的辐射作用，培养一批技能骨干人才。此外，还需要建立实事求是的人才考核机制。为做到考核公平公正公开，且结果让广大职工信服。企业应对下考核不仅到部室、到站所、到班组，还要直接考核到每个人。并将考核结果记录到业绩档案中，作为评先、提职的依据。对于考核中出现不能胜任本职工作，或者本人能力强但品德不好，不能得到职工群众认可的干部，将及时调整岗位。真正形成能者上，庸者下，能上能下的动态用人机制。通过有效的培训和考核机制建立，促进人力资源价值的进一步开发和利用，促进员工价值的提升，帮助员工树立自豪感和自信心，这对于实现企业的人力资源管理和发展具有重要意义。

第四节　人力资源管理角色

人力资源管理角色是指人力资源管理在实践中所具有的作用、价值和意义。

一、角色种类

（一）战略伙伴

这一角色的主要任务集中在确保企业所制定的人力资源管理战略得到贯彻执行。而战略的执行是在人力资源战略与企业经营战略结合在一起的基础上展开的。

（二）管理专家

扮演管理专家的角色要求人力资源管理职能必须能够设计和贯彻有效的人力资源管理制度、管理过程以及管理实践。

（三）员工激励者

这一角色的主要任务是有效地激励员工的积极性。

（四）变革推动者

要求人力资源管理职能对组织进行重整以适应新的竞争条件。

二、角色转变

每个管理者具有不同的管理风格，有的倾向于集权、专权，要求下属绝对听命、服从；有的愿意倾听下属意见，愿意员工参与管理；有的以专业或知识树立权威，对员工施加影响；有的更主动地与员工沟通，辅导员工心理或专业知识、技能。对 IT 行业而言，优秀管理者的管理风格通常表现为亲和、民主、辅导、权威等特征，而不是命令、强制等。管理者的管理风格直接影响到一个部门或团队的氛围，不同的管理者会形成截然不同的组织氛围，或沉闷、混乱、松散，或活跃、明晰、凝聚；或士气低落、消极，或士气高昂、积极向上。而最终则决定了组织的绩效和目标实现。因此，管理者应不断自我修炼，优化自身管理风格，以利于建设和营造良好的组织氛围。

人力资源既然作为种资源，就需要和能够管理和开发，就应该存在效率和效益，也就是说应该同样作为利润中心来管理和考核。

由此，现代管理形态中，企业开始逐步由传统的人事管理角色向人力资源开发和管理的角色转变。人力资源部门的地位越来越重要，人力资源工作被提前到前所未有的战略高度。

（一）从成本中心向利润中心转变

传统的成本中心基于这样一种事实：在现代会计制度下，资产负债表中并没有反映人力资源有关的资产负债和权益。劳动力成本作为很大的一笔费用计入产品成本。而且一般企业往往习惯于把降低工人工资福利，减少雇员看作是企业削减成本，提高竞争力的主要手段。

而现代的利润中心主义则认为，降低成本虽然重要，但更应当考虑的是公司创造利润的能力；企业努力裁员，削减规模虽然重要，但更应考虑的是如何增强核心竞争能力；现代企业的人力资源管理是能够使人力资源成为企业带来持久竞争优势增加效益的资源，能够使之成为企业的核心竞争力之一。

从成本中心转变到利润中心，相应地，人力资源管理的目标和功能也都会相应地发生转变。

1. 管理目标的转变

从为股东降低成本转到为股东、员工、顾客创造价值。将工作的重心放在创造价值上，通过鼓励员工改善工作绩效，进而影响整个公司的绩效。

新人力资源管理不但要求建立完善的薪酬系统，而且要考虑薪酬对建立员工忠诚，提高公司产品和服务质量，最终提高组织绩效的作用。

因此，高绩效的工作制度和薪酬管理则成为提高公司绩效的最主要手段和工作的重中之重。

2. 管理功能和理念的转变

从成本中心到利润中心的转变，要求现代人力资源管理在功能上必须实现转变。

在管理理念上，传统的人事管理因为是主管人考核、调配、提升等工作，往往在观念意识上习惯与"权力"联系在一起，人事部门也往往被看作是企业的"权力中心"。

3. 管理角色的转变

从成本中心到利润中心的转变，要求企业的人力资源管理必须在工作中担当着新的角色。

（1）战略伙伴角色。人力资源管理者需要参加企业战略的制定，需要从人力资源角度对企业战略的形成施加影响。如摩托罗拉公司在计划进入俄罗斯市场时，首先为俄罗斯雇员和顾客提供培训和发展的机会，为进入俄罗斯市场提供必要的人力资源储备。

（2）员工代表角色。人力资源管理者需要建立员工对企业的忠诚感，帮助员工和企业之间心理契约的达成。人力资源管理者的有效产出是员工整体满意度和参与程度的增强。

（3）变革推进者角色。在一个企业变革或组织转型中，处理好公司人事事务是重中之重，企业不仅要妥善安排老员工，更要为未来每一个关键岗位找到合适人选。

（二）从绩效考评向绩效管理转变

传统的人事管理对于员工往往只是注重考评，而把管理看作是各个部门自己的事情，只是用一些硬性的甚至是武断的指标对所有的员工做出评判。而现代的人力资源管理则只是把考评作为一种管理的手段，更注重如何从提高员工积极性，目标是如何提高员工的工作绩效。

1. 绩效考评是与绩效管理的区别

绩效考评是企业人力资源部门对企业员工的行为和业绩表现进行评价和认定的活动，是企业经常进行的一项基本工作。它注重的只是考评的结果。一般来讲，绩效考评对绩效的判断通常是主观的、凭印象的、武断的；不同管理者的评定不能比较；反馈延迟、容易使员工没有得到及时认可而产生挫折感。

绩效管理不同于绩效考评，它是一个管理系统，它把所有可能与员工绩效有关的因素纳入到一个整体的系统中，进行分析、评价、综合管理。它不仅注重考评结果，更注重整个绩效产生的流程。从传统的对人的管理扩展到影响绩效的整个流程。它有利于实现绩效的持续发展，有利于形成绩效导向的企业文化；可以激励员工，促使员工开发自身的潜能；增强团队凝聚力；给员工提供表达自己的工作愿望和期望的机会。

绩效考核只是绩效管理的一个环节，它在绩效管理中投入的精力应该是最少的。也就是说，我们不能简单地将绩效管理理解为绩效评价，更不能将绩效管理看作是一件孤立的工作，认为它只是反映过去的绩效，而不是未来的绩效；认为它与管理者日常的业务和管理工作毫不相干，与员工发展、绩效改进、组织目标、薪酬管理等工作没有联系，它仅仅成了一种摆设，这样人们认为它毫无意义也就不足为怪了。

2. 绩效管理系统的实施与管理

在实施绩效管理系统时首先要进行绩效管理培训，并在小范围试验，试验成功后再全面推广并进行绩效管理系统效果评价。

3. 从人事管理向能力管理转变

传统的人事管理和现代人力资源的根本区别在于，前者是管理人，而后者则是管能力，这是现代人力资源管理与传统人事管理的根本不同。

（1）从以职务为基础到以技能为基础。

传统的人事管理主要以职务管理为基础。管理的对象是具有一定职务的人。现代人力资源管理出现以技能为基础的人力资源管理，它与以职务为基础相结合，形成了人力资源管理活动加的两大基石，管理的对象从人转到了人所具有的能力。

以职务为基础的传统人力资源管理往往导致工作过程的刚性化和封闭性。而以技能为基础的人力资源管理往往注重的是员工具有的能力，要求雇员具备创新的能力，学习的能力，当职位要求发生变化时仍能够适应工作；要求雇员具有完成多项任务的能力；要求雇员在完成任务的过程中能够不断地变化角色。

（2）以技能为基础的人力资源管理的发展背景

以技能为基础的人力资源管理是从以技能为基础的报酬体系发展而来。这些报酬体系是根据雇员所掌握的技能的程度付给酬劳，而不是根据它们在特定时间所从事的工作而付给酬劳。在新的报酬系统中，培训和开发成了工作的重点，因为它与可获得报酬的技能和等级有密切关系。技能审核程序的发展改变了对绩效的管理，雇员要求更多的职位轮换，及获得更多的技能证书。

（3）以技能为基础的人力资源管理是一种更具有战略性的管理模式

以技能为基础的人力资源管理更具有战略高度，它要为组织筹备和管理成功实现组织战略所需要的知识、技术、能力是否一致，如果两者不一致，人力资源策略就需要努力创造这种一致，以保证组织未来战略目标的实现。

从目前的状况看，中国现在的企业人力资源管理制度还在很大程度上需要完善。为了适应企业激烈的竞争和高速发展的需要，现代人力资源管理一方面需要从传统的人事管理向能力管理，流程管理转变。从传统的以行政职能为主的操作层面向战略高度转变。企业要适应未来的竞争，实现人力资源管理角色的转换是必然的趋势。

三、角色定位

知识经济环境下高新技术企业人力资源管理角色的再定位面对知识经济带来的诸多挑战，高新技术企业的人力资源管理角色必须要有新的定位和因应措施，才能真正适应知识经济的要求有所发展和突破。

（一）突出以人为本的柔性管理

知识经济时代的企业人力资源管理应强调自主与协作并存的柔性化管理。从刚性管理向柔性管理转变，产生于日本"丰田管理模式"的柔性管理，在本质上强调的是，根据环境、条件和机会等不可控因素的变化，采取灵活机动的管理策略和措施。柔性管理被引入企业人才资源管理之中，体现了以人为本、以人才为中心的新型人才资源管理理念。与刚性管理不同的是，柔性管理不是依靠刚性的管理制度和命令来管理人才资源，而是在尊重人才的独立人格和个人尊严的前提下，依靠人才的价值实现、个性解放、决策参与，激发人才的创造性，将人才的个体目标与企业目标融合、个人价值与企业价值融合，对人才行为并非采用制度约束，而是以自我约束为主。

（二）重视培养创新型人才

培养创新型人才是高新技术企业人力资源管理与开发的重要任务。通过对员工的培训、终身教育，不断提高员工的知识水平和获取、创新知识的能力。创新是知识经济的灵魂，是一个国家和民族经济进步和社会发展的不竭动力。笔者认为，具有国际竞争力的那些跨国公司与国内一些步履维艰的国有企业之间最大的差距，就在于企业创新力上的差距。倘若创新能力上不去，仅靠引进技术和设备，国内企业在国际竞争中将永远处于劣势。知识经济时代是一个人性回归的时代，"以人为本"是一切企业管理活动必须遵循的首要原则。紧紧围绕"人"这一中心，关注每个员工的全面发展，为每个人提供获取知识、技能、成就感和身心健康的各种可能，并使每个人都能最大限度地发挥自己的主动性、积极性和创造性，是知识经济时代企业人力资源开发的根本目的。

（三）建立新的人才价值评价机制

价值评价问题是人力资源管理的核心问题，指通过价值评价体系及评价机制的确定，使人才的贡献得到承认，使真正优秀的、为企业所需的人才脱颖而出，使企业形成凭能力和业绩，选拔任用人才的人力资源管理机制。为充分调动和发挥高新技术企业员工的积极性、主动性和创造性，必须改变过去那种过分强调精神鼓励，不能为人才的健康发展创造良好的物质和生活保障的片面做法。知识经济时代，人力资源管理的核心就是如何通过价值链的管理，来实现人力资本价值的实现和增殖。价值创造就是在理念上要肯定知识创新者和企业家在企业价值创造中的主导作用，企业人力资源管理的重心要遵循2：8规律，即我们要关注那些能够为企业创造巨大价值的人，他们在企业人员数量中仅占20%，却创造了企业80%的价值。这些人形成了企业的核心层，是企业的骨干。价值分配就是通过价值分配体系的建立，满足员工的需求，从而有效的激励员工。这就需要提供多元的价值分配体系，包括职权、机会、能力、工资、奖金、福利、股权的分配等。为此，就需要树立知识经济时代正确的人才价值观，建立起适应时代要求的人才价值评价机制，充分利用物质和精神的双重激励，最大限度地挖掘和发挥人才的潜能。

（四）加强企业团队文化建设

利用企业文化进行人力资源管理与开发，是企业人力资源管理的"最高境界"，也是企业人力资源管理在知识经济时代的必然要求。导致企业衰败的原因可能有很多，但每一个成功的企业必然得益于一种优秀企业文化的维系和支撑，这是经过无数企业的兴衰成败所证实的真理。处于知识经济时代的高新技术企业不能没有与之相适应的企业文化。企业文化一方面在企业内部营造了宽松向上、催人奋进的氛围，使人才有一个良好的成长环境；另一方面促使员工把个人追求和公司发展目标统一起来，保证人才能量的有序释放，产生强大的整体力量和最大的效益。加强企业团队文化建设，提高员工士气已经成为高新技术企业制胜的法宝。同时为了适应知识经济时代瞬间万变的技术和市场环境，高新技术企业还要成为一个学习型组织。因此人力资源管理在知识经济时代的另一重要功能就要从战略设计、培训与发展、评价与激励、组织设计与控制等几个方面入手，为企业成为"学习型组织"提供支持性的氛围和组织保证，从而为人力资源能力的持续成长创造环境和条件。

第三章　人力资源管理工作

第一节　人力资源规划

人力资源规划是说明与人有关的企业问题的方向性规划，人力资源规划很重要，因为它们有助于管理人员确定如何为支持企业战略而实施人员管理。人力资源规划就是人力资源战略。它们是由管理人员以与其他战略相同的方式制定和推行的职能管理战略。人力资源规划是实现企业战略规划的关键性环节，通过它，可以预测未来的环境变化和经营目标变化导致的人力资源管理的变化和新要求，从而为组织提供未来所需要人员的配置方案及实施办法。人力资源规划的制定和实施必须服从企业的总体战略目标，并为实现总体战略目标提供人力资源保障。

一、人力资源规划概述

（一）人力资源规划的基本概念

1. 人力资源规划的含义

人力资源规划又称人力资源计划，是指根据企业的发展战略，经营目标和企业内外部环境和条件的变化，运用科学的方法对企业人力资源需求和供给进行预测，制定相应的政策和措施，从而使企业人力资源供给和需求达到平衡的过程。它包括预测组织未来的人力资源供求状况，制订行动计划及控制和评估计划等过程。

2. 人力资源规划的目标和任务

人力资源规划的目标和主要任务是：

（1）确保企业在适当的岗位上获得适当的人选（包括数量、质量、层次和结构），并使组织和个人得到长期的益处。

（2）在组织目标和个人目标达到最大一致的情况下使人力资源的供给和需求达到平衡；实现人力资源的最佳配备，最大限度地开发人力资源潜力。

（3）分析组织在环境变化中的人力资源需求，并制定必要的政策和措施以满足这些要求。

通过制定这一规划，一方面保证人力资源管理活动与企业的战略方向和目标相一致；另一方面，保证人力资源管理活动的各个环节互相协调。

（二）人力资源规划和组织战略的关系

组织战略是组织总的目标及其实施途径。人力资源规划和组织战略的关系为：

1. 组织战略决定人力资源规划

人力资源规划是以组织战略目标为依据的，它必须服从组织战略规划。

2. 战略目标的实现必须依赖人力资源规划

人力资源规划的好坏直接影响着组织战略目标的实现效果。直接决定着组织人力资源需求能否得到保障。

3. 人力资源规划会随组织战略目标变化而变化

组织外部环境中政治的、经济的、法律的、技术的、文化的等因素处于不断的变化之中，这使得组织的战略目标也处于不断的变化和调整中。组织的战略目标则引起组织内外人力资源供需的变化。为确保组织对人力资源的需求，人力资源规划也要发生变化和调整。

（三）人力资源规划的主要内容

人力资源规划的内容较多，包括：

1. 总体规划

总体规划即根据企业战略确定的人力资源管理的总目标和总政策、实施步骤及总预算的安排。

2. 配备计划

组织中各个部门、岗位所需要的人员都有一个合适的规模，这个规模是随着组织内外部环境和条件的变化而变化的。配备计划就是要确定这个合适的规模以及与之对应的人员结构情况，这是确定组织人员需求的重要依据。

3. 退休裁员计划

企业每年都会有一批人因为达到退休年龄而离开企业。在经济不景气时，有的企业还常常采取提前退休、买断工龄甚至下岗等特殊手段裁减冗员。在这些方面，企业都应根据人员状况提前做好计划。

4. 人员补充计划

由于组织规模的扩大、原有人员的退休、离职等原因，组织中经常会出现新的或空缺的职位，这就需要组织制订人员补充计划，以保证在出现职位空缺时能及时地获得所需数量和质量的人员。

5. 人员使用计划

人员使用计划的主要内容是晋升与轮换。晋升计划就是根据企业的人员分布状况和层级结构，拟定人员的提升政策。轮换计划即是为了使员工更好地适应企业的工作，得到全面发展，而拟订的大范围地对员工的工作岗位进行定期变换的计划。晋升表现为员工岗位的垂直上升，轮换则主要表现为员工岗位的水平变动。

6. 培训开发计划

组织通过培训开发一方面可以使组织成员提高素质和能力。更好地适应正在从事的工作。以提高组织的绩效。另一方面也为组织未来发展需要的一些职位准备了人才。培训计划与晋升计划、配备计划以及个人发展计划有密切的联系，培训的相当一部分工作应在晋升之前完成。培训计划应着重做好培训时间和培训效果的保证。

7. 薪酬福利计划

这项计划的内容包括薪酬结构、工资总额、工资关系、福利项目以及绩效与薪酬的对应关系等。

8. 劳动关系计划

即关于如何减少员工投诉和不满，减少和预防劳动争议，改进劳动关系的计划。可以通过让员工参与管理、加强沟通的方法来进行。

（四）人力资源规划的原则

1. 全局性原则

人力资源总体规划应具有全局性。从横向看，人力资源规划要涉及企业的人力资源部、生产部、营销部、财务部等各个部门；从纵向看，人力资源规划要涉及人员补充、人员使用、人员接替与提升、培训开发、薪酬福利、激励、劳动关系、退休裁员等各个方面。

2. 一致性原则

有价值的人力资源计划必须既具有内部一致性又具有外部一致性。内部一致性，是指招募、甄选、配置、培训以及绩效评价等人力资源计划的设计彼此匹配。外部一致性，是指人力资源计划应当成为企业总体计划的一个组成部分，同企业的整体计划相匹配。

3. 准确性原则

人力资源规划应对未来人力资源供需状况进行尽量准确的分析预测，并制定相应措施以确保组织的人力资源需求。如果误差过大，会导致届时调整规划成本过高或根本无法实现组织的目标。

4. 可控性原则

人力资源规划是一个长久持续的动态工作过程。由于组织内外诸多不确定因素的存在，造成组织战略目标的不断变化，也使得人力资源规划不断变更，因此规划应当具有可调整控制空间。

二、人力资源规划的程序

（一）搜集有关信息资料

信息资料是制订人力资源计划的依据，信息资料的质量如何，对人力资源计划工作的质量影响很大。跟人力资源计划有关的主要的信息资料包括内部信息和外部信息。

内部信息主要包括：企业的经营战略和目标，业务计划，职位的调整情况（职位的类型及基本要求），企业人力资源现状（如人员素质、人员能力、性别、年龄等等），员工的考核、培训及教育情况，员工的薪金、福利待遇情况，员工的辞职率和员工的流动性等等。

外部信息主要包括：宏观经济形势和行业经济形势，科学技术的发展水平，市场竞争程度，劳动力供求状况，人口和社会发展状况，政府的相关方针政策和法规等等。

（二）人力资源需求预测

在掌握了企业内、外部信息后，就要结合企业内、外部环境条件对企业未来的人力资源需求进行分析和预测。

对企业外部环境因素进行分析是进行人力资源规划的前提。社会、政治、法律及经济环境（包括未来社会经济发展状况、经济体制改革进程等）都会影响企业的人力资源需求；目前的以生物、信息技术等为代表的技术革命也将对企业人力资源需求产生重大的影响。此外，企业产品或劳务需求的变化也会影响企业人力资源需求；而诸如人口、交通、文化教育、劳动用工制度、人力竞争、择业期望则构成企业外部人力资源供给的多种制约因素，只有了解和掌握这些外部环境因素的变化，才能为企业制定出有效的人力资源规划。

企业的战略目标决定了其发展速度、新产品的开发和试制、产品市场占有率等。因此，它是企业内部影响人力资源需求的最重要因素。企业的产品组合、生产技术、生产规模、经营区域等也会对人员提出相应的要求。如企业自动化水平提高，需要的人员数量就会减少，同时对人员的知识技术与技能的要求也会随之提高。企业的管理方针、预算以及行动规划也对人力资源需求有着直接的影响。如企业拟建立分公司或新的部门，其人力资源需求就要跟着变化。此外，企业劳动定额的先进及合理程度也影响其人力资源需求量。

在综合分析以上因素的基础上，还要进行人力资源需求的预测。所谓人力资源需求预测是指以企业的战略目标、发展规划和工作任务为出发点，综合考虑各种因素的影响，利用合适的信息和技术对企业未来需要的人力资源数量、质量等进行估计的活动。它是编制企业人力资源规划的起点，其准确性对规划的成效有着决定性的作用。在具体操作中，目前国内外对人力资源需求进行预测的方法和技术主要有德尔菲法、趋势分析法等。企业可根据实际情况选择采用不同的方法。

1. 德尔菲法

它是专家们对影响组织某一领域的发展的看法达成一致意见的结构化方法，是一种定性预测技术。专家的选择既可以是来自一线的管理人员、也可以是高层经理。在估计企业未来劳动力需求上，可选择在计划、人事、市场、销售和生产部门的经理作为专家。

其过程是：以问卷方式，由预测组织分别听取专家对未来人力资源需求量的分析评估，然后归纳专家意见后再反馈给专家，通过 3 ~ 5 次重复，专家意见趋于一致。为确保德尔菲法预测结果的准确性，须遵循如下原则：

第一，给专家提供已收集的历史资料及有关的统计分析结果，使其有足够的根据做出判断。

第二，所问的问题应是专家能够直观答复的而又不必"借题发挥"的。如只问一些关键雇员的预计增加数，而不应问总的人员要求等。

第三，允许专家粗略的估计数字，不要求精确，但可以要求专家说明预计数字的可靠程度。

第四，尽可能将过程简化，确保有的放矢地提问题。

第五，保证所有专家能够在员工分类和其他有关定义方面取得理解上的一致。

第六，向高层管理人员和专家讲明预测对组织和下属单位的益处及对生产率和经济效益的影响，以争取他们对德尔菲法的支持。

2. 趋势分析法

利用趋势分析法进行需求预测的基本思路是：确定企业组织中究竟哪一种因素与人力资源的数量和结构的关系最紧密。然后找出历史上这一因素随员工数量变化而变化的趋势，由此推测出将来的趋势及对人力资源的需求量和需求结构。

这种预测的必要条件是：拥有过去一段历史时期的数据（实际值）资料，然后用"最小平方法"的趋势线，将这条趋势线按时间序列延伸，即可得到预测值。趋势预测分析立足于直线方程 $y=a+bx$ 的原理。抽象地假设过去人力资源的数量增减趋势在未来保持不变，一切内外影响这个趋势的因素也不变，这是它的局限性。因此，通常需要由知情专家根据经验和判断做出必要的修正。

（三）人力资源供给预测

人力资源供给预测包括两方面：一是内部人员拥有量预测，即根据现有人力资源及其未来变动情况，预测出计划期内各时间点上的人员拥有量；另一方面是外部供给量预测，即确定在计划期内各时间点上可以从企业外部获得的各类人员的数量。一般情况下，内部人员拥有量是比较透明的，预测的准确度较高；而外部人力资源的供给则有较高的不确定性。企业在进行人力资源供给预测时应把重点放在内部人员拥有量的预测上，外部供给量的预测则应侧重关键人员，如高层管理人员、技术人员等。

分析企业现有的人力资源的状况是制定人力资源规划的基础工作。实现企业战略，首先要立足于开发现有的人力资源，因此人力资源部门要经常了解内部人员情况，做到心中有数，对不合适的人员加以调整，确定人力资源的内部供给情况。在这一阶段的主要工作有以下几个方面。

1. 掌握内部人员的基本情况。这是指在本企业内人力资源信息库或资料中查出企业中各种人员的数据、各个部门各种人员的配备、每个员工的性别、年龄、工作经历、培训、教育与开发以及每个人的发展规划和技能水平等资料，还有目前本企业内各个工作岗位所需要的知识和技能以及各个时期中人员变动情况等，列出详细的人才目录，以供分析和比较。

2. 根据以上信息，掌握企业职工的自然流失情况（如伤残、退休、死亡等），并根据到期的离职情况，估计可能的人力损耗。

3. 分析企业内人力资源流动情况，包括晋升、降职、平调等，这里应格外注意对可晋升人员的鉴别。

这一阶段，还应该确认全体人员的合格性，对不合格的人员要进行培训。大材小用、小才大用的都要进行调整；掌握职位空缺情况，分析哪些职位可以在企业内部调整、哪些职位需从外部招聘。做出这些判断时，往往还需要参考过去人力资源规划的效果。人力资源部门人员可应用马尔柯夫模型预测企业内部人力资源供给。

（四）分析比较人力资源的供需情况，确定招聘需求

人力资源部门要把预测出的企业的人力资源的需求与在同期内企业内部可供给的人力资源进行对比分析，从比较分析中可测算出各类人员的净需求数。这个净需求数如果是正的，则表明企业需要招聘新的员工或对现有的员工进行有针对性的培训；这个需求数如果是负的，则表明企业这方面的人员是过剩的，应该精简或对员工进行调配。需要说明的是，这里所说的"净需求"既包括人员数量，又包括人员结构、人员标准，即既要确定"需要多少人"，又要确定"需要什么人"，数量和标准需要对应起来。这样就可以有针对性地招聘或培训，这就为企业制定有关人力资源相应的政策和措施提供了依据。对于企业的招聘需求，应区分短期需求和长期需求。短期的需求应根据劳动力市场上的供给信息随时需要随时招聘，注重工作经验和技术的熟练性，保证能立即上岗接手工作；而对于长期需求，则要从企业发展的角度认真考虑，制定配套的招聘、培训、发展规划，而且要有相应的投资预算作保证，以求对企业的生存和发展做出贡献。从应届毕业生中选拔优秀的、有潜力的人员加以培养。

（五）制定人力资源开发和管理的具体规划

制定人力资源开发和管理的具体规划是人力资源规划过程中比较具体细致的工作，它要求人力资源主管根据人力供求预测提出人力资源管理的各项要求、规定和原则，以便有

关部门照此执行。

人力资源具体规划包括人员补充、筛选、替换、提升、调动、培训、离职、退休等各项细分规划，是人力资源管理的常规规划和日常规划。

管理人员继任规划也是人力资源规划中的重要内容，它直接关系到企业是否能持续稳定地发展。所谓继任规划是指预见企业未来管理人员的需求并制定规划，发掘可以做管理人员的过程。它主要包括分析职位要求和对候选人做出评价。

人力资源规划中还包括个人职业规划，它要求每个员工进行自我分析，提出个人职业发展规划。一方面，它使员工有参与感和受重视感，激励员工在实现个人规划的同时更好地为企业服务。另一方面，它有利于人力资源部门更加真实、全面地掌握员工的第一手资料，以便在人力资源开发、管理、规划中做出更为合理的决策。

（六）人力资源规划的执行和评估

对一个企业人力资源规划的执行和评价，是对该组织人力资源规划所涉及的各个方面及其所带来的效益进行综合的审查与评价，通过对人力资源规划的执行过程进行监督、分析，评价规划质量，发现规划的不足，给予适当的调整，以确保企业整体目标的实现，这是人力资源规划过程的最后一步，做好这一步的工作可以给下次人力资源规划提供参考。

人力资源规划的评估主要是采用比较法进行的，主要指标有：实际招聘人数与预测的人员需求量的比较；劳动生产率的实际水平与预测水平的比较；实际的与预测的人员流动率的比较；实际执行的行动方案与规划的行动方案的比较；行动方案的效益与成本的比较等。

在对人力资源规划进行评估时，要力求客观、公正和准确；同时要进行成本——效益分析以及审核规划的有效性。

通过定期的人力资源规划的审核与评估工作，能及时地引起企业高层领导的高度重视，使有关的政策和措施得以及时地改进和落实，有利于提高人力资源管理工作的效益，提高全体员工的积极性和工作效率。

第二节　工作分析

工作分析是人力资源管理的一项基础性工作。工作分析的主要任务是对现有的工作进行分析，从而为其他的人力资源管理实践如甄选、培训、绩效评价及薪酬管理等提供信息。工作分析能够使我们深刻地理解工作在行为方面的要求，帮助我们察觉环境正在发生的变化，同时也为与工作有关的人力资源决策奠定坚实的基础。

一、工作分析的基本概念与作用

（一）工作分析的基本术语

在人力资源开发与管理中，有许多专业术语，在这里我们将有关术语作逐一解释。工作要素：工作中不能再分解的最小动作单位。例如，从工具箱中取出夹具，将夹具与加工件安装在机床上，开启机床，加工工件等均是工作要素。

任务：为了达到某种目的所从事的一系列活动。它可以由一个或多个工作要素组成。如某公司指派人员将数据录入计算机、工人加工零件、转一笔账目等都是一项任务。

责任：个体在工作岗位上需要完成的主要任务或大部分任务。它可以由一个或多个任务组成。如人力资源部人员的责任之一是"员工的满意度调查"，它由设计调查问题、把调查问卷发给调查对象、将结果表格化并加以分析、把调查结果汇报给管理者或员工等组成。

职位：根据组织目标为个人规定的一组任务及相应的责任。也称岗位。职位与个体是一一匹配的，也就是有多少职位就有多少人，二者的数量相等。如市场部经理、培训主管等都是职位。

职务（或工作）：一组主要责任相似或相同的职位。例如，如果某个生产组有六个铣工，他们使用的铣床完全相同，按同样的图纸进行完全相同的加工，那么这个生产组共有六个职位，一项工作。当然也有一个职位就是一项工作的情况，如总经理。在分析一个职位就是一项工作时称为职位分析，在分析多个职位是一项工作时则称为工作分析。一般地说，在政府机关多用职位分析一词，因为政府部门一个职位是一项工作的情况较为普遍；在工商企业，由于多个职位是一项工作的情况较为普遍，因此多用工作分析一词。通常，职位与职务是不加区分的，但是职位与职务在内涵上是有很大的区别的。职位是任务与责任的集合，它是人与事有机结合的基本单元；而职务则是同类职位的集合，它是职位的统称。职位的数量是有限的，职位的数量又称为编制；职位不随人员的变动而改变；职位可以按不同的标准加以分类。

职位分类：指将所有的工作岗位（职位），按其业务性质分为若干职组、职系（从横向上讲）；然后按责任的大小，工作难易，所需教育程度及技术高低分为若干职级、职等（从纵向上讲），对每一职位给予准确的定义和描述，制成职位说明书，以此作为对聘用人员管理的依据。职系是指一些工作性质相同，而责任轻重和困难程度不同的职位系列。简言之，一个职系就是一种专门职业（如教师系列）。工作性质相近的若干职系总和而成为职组，也叫职群。职级是职位分类中最重要的概念。指将工作内容、难易程度、责任大小、所需资格皆很相似的职位划为同一职级，实行同样的管理使用与报酬。工作性质不同或主要职务不同，但其困难程度、职责大小、工作所需资格等条件充分相同的职级的归纳称为职等。同一职等的所有职位，不管它们属于哪一个职级，其薪金报酬相同。

职权：依法赋予职位的某种权力，以保障履行职责，完成工作任务。职责往往与职权是有密切关系的，特定的职责要赋予特定的职权，甚至是特定的职责等同于特定的职权。对生产信息的统计既是生产统计员的职责，又是他的职权，而且是必不可少的职权。

职业：在不同组织、不同时间，从事相似工作活动的一系列工作的总称。例如，工程师、教师、会计、采购员等就是不同的职业。工作（或职务）与职业的区别主要在于其范围的不同。工作所指的范围较窄，主要是指在组织内的，而职业则是指跨组织的。

工作族：又称工作类型。是指两个或两个以上的工作任务相似或要求的人员特征相似的一组工作。如销售工作和生产工作分别是两个工作族。

职业生涯：指一个人在其工作生活中所经历的一系列职位、工作（或职务）职业。

工作分析是分为不同层次的。一般而言，工作分析的层次是以"任务—职位—职务（工作）"为基本的三个方面而展开的，由任务的归结而构成职位，由相似职位归类而构成职务（工作）。虽然，任务由更低层次的工作要素构成，但一般讲，任务是职务（工作）分析中最基本的层次。

（二）工作分析的含义

工作分析是指对企业各个职务的设置目的、性质、任务、职责、权力和隶属关系、工作内容、工作条件和环境以及职工为承担该职务任务所需的资格条件等进行系统分析和研究，并制定出工作说明书与岗位（职务）规范等人事文件的过程。工作分析的结果是形成工作说明书与岗位（职务）规范。

具体地讲，工作分析就是全面收集某一工作的有关信息，对该工作从 6 个方面开展调查研究：工作内容（What），责任者（Who），工作岗位（Where），工作时间（When），怎样操作（How），以及为何要这样做（Why）等，然后再将该职位的任务、要求进行书面描述，整理成文的过程。

工作说明书是关于某种工作职务所包括的任务、职责以及责任的说明。主要包括工作职务、目的、任务或职责、权利、隶属关系、工作条件等内容。岗位（职务）规范是一个人为了完成某种特定的工作所必具备的知识、技能、能力以及其他特征的说明。主要包括完成工作所需要的知识、能力、行为和人员条件等内容。

出现以下三种情形时需要进行工作分析：新组织建立时；新工作产生时；工作由于新技术、新方法、新工艺或新系统的产生而发生重要变化时。

（三）工作分析的作用

工作分析是人力资源管理非常重要的工作，它被认为是人力资源管理工作者所从事的所有各种活动的基石。人力资源管理的各种计划或方案——人力资源规划、人员的招聘、培训与开发、绩效评估以及薪酬管理等均需要通过工作分析获得一些信息。制定岗位规范、工作说明书等反映职务要求的人事文件，是为了更有效地实现企业员工的招收、选拔、任用、考核、晋升、培训、奖惩、报酬等劳动人事管理职能。因此，工作分析在人力资源管理中具有十分重要的作用。

1. 工作分析是人力资源规划的基础

任何单位的工作职务安排和人员配备，都必须有一个科学合理的计划，并根据生产和工作发展的趋势做出预测。工作分析的结果可以为企业的人力资源规划提供可靠的依据：通过组织内各部门间各项工作的分析，可以得到各部门的人员编制情况，这为人力资源规划提供了需求信息。工作分析也提供了每项工作的责任、任务、工作时间、工作条件等信息，也确定了组织所需的人力；工作分析所了解的每项工作所需要的不同的知识、技能和能力则为组织确定了人力资源的素质。目前的人员配备能否达到工作的要求，今后若干年内企业的职务和任务将有哪些变化，企业的人员结构应作如何相应的变化等等，都可以通过工作分析的结果做出适当处理和安排。

2. 工作分析对员工招聘具有指导作用

对工作要求的充分理解是企业实现有效招聘、选拔和任用的前提条件。通过开展工作分析，可明确组织中各项工作的目标与任务，规定各项工作的要求、责任等，同时提出各职位任职人的心理、生理、技能、知识和品格等要求。这就使人力资源管理人员明确了招收的对象和标准，在组织人员考核时，能正确地选择考试科目和考核内容，避免了盲目性。

3. 工作分析有助于员工的培训与开发

人力资源管理的目的是实现人与工作的最佳匹配，但现实状况却往往与之有一定距离，即所选用的员工在知识、能力、技能及员工个性特征方面很难达到工作的要求，这就需要对员工进行培训。而企业通过工作分析，明确了从事某项工作所应具备的知识、技术和能力及其他方面的素质与条件等要求。根据工作分析所提供的信息，针对不同的工作要求、任职人员的具体情况，设计不同的培训方案，采用不同的培训方法。对不同素质人员进行培训，可帮助员工获得工作必备的专业知识和技能，提高员工胜任本职工作的能力。因此，工作分析为员工培训开发提供了必不可少的客观依据。

4. 工作分析为绩效评价提供了客观的标准与依据

从人力资源管理程序上看，工作分析是绩效考核的前提，工作分析为员工的绩效评价的内容、标准等确定提供了客观依据。通过工作分析，每一种职位的内容都明确界定。员工应该做什么、不应该做什么，应该达到什么要求，都一目了然，这样，以工作分析为根据对员工实绩进行评价就能比较合理、公平，从而达到科学评价员工实绩的目的。

5. 工作分析有助于薪酬制度的设计

工作分析为企业贯彻按劳分配原则，公平合理地支付工资提供可靠的保证。企业员工所获得的薪酬高低主要取决于其从事的工作的性质、技术难易程度、工作负荷、责任大小和劳动条件等。而工作分析正是从这些基本因素出发，建立了一套完整的评价指标体系和评价标准，因而能够制定出比较合理公平的报酬制度。保证了工作和担任本职工作的劳动者与劳动报酬之间的协调和统一。

综上所述，工作分析是有效进行人力资源管理的重要前提或先决条件。

二、工作分析的操作程序

工作分析是一个全面的评价过程，它包括一系列的活动，主要可分成相互联系、相互影响的4个阶段：即准备阶段、调查阶段、分析阶段和完成阶段。

（一）准备阶段

准备阶段是工作分析的第一阶段，主要任务是制订计划、建立工作小组、培训工作分析人员、确定调查和分析对象的样本等。该阶段的具体工作如下：

1. 制订工作分析计划

制订工作分析计划，确定工作分析的目的、意义、步骤和方法，是工作分析活动的良好开端，其中确定工作分析的目的很重要，即确定所取得工作分析的结果到底是用于人力资源管理的哪个方面，解决什么管理问题。例如，是为了解决薪酬问题还是解决员工的培训问题，由于工作分析目的的不同，其所选择的步骤、方法以及收集信息的范围等均会有所不同。

2. 建立工作分析小组

根据不同的目的和任务，该小组的组成人员可有所不同。一般包括数名人力资源专家和多名工作人员，它是进行工作分析的组织保证。大型的分析小组应由以下人员组成：（1）企业高层领导，以表明该项工作的重要性，同时还便于对该项工作组织的协调；（2）工作分析员：可由人力资源管理部门专职人员担任，并从其他部门抽调一些具有典型职务的代表人员参加，使工作小组更能熟悉情况，从而有利于工作的进行以及对分析结果的认可性；（3）人力资源专家和顾问：必要时可聘请企业外的专家和顾问参与工作，由于这些人有较丰富的经验和知识技能，从而可以提高工作分析的科学性与客观性。小组的组成人员在应有的权限内，合理分配工作分析各项工作的权限和职责，保证整个工作分析工作的协调一致。

3. 培训工作分析人员

工作分析小组成员的素质，关系到工作分析活动的成败，因此，应认真对他们进行培训，说明分析的目的和意义，使他们明确工作分析的任务和胜任该项工作应具备的条件，学习和熟悉职务方面的关键术语，并与他们建立友好的合作关系。

4. 确定调查和分析对象的样本

根据目的要求，决定所要调查人员的类型、数量和工作任务的种类等样本，这些样本应具有代表性。把工作任务和程序分解成若干环节，确定工作的难度，以便作具体深入的调查。

（二）调查阶段

调查阶段是工作分析的第二阶段，主要任务是对工作的整个过程、工作环境、工作内容和工作人员等主要方面作一个全面的调查。具体工作如下：

1. 编制各种调查问卷和提纲

2. 确定运用的调查方法

根据工作分析的目的要求，灵活应用各种方法，如面谈法、问卷法、观察法、参与法、实验法、关键事件法等。

3. 收集工作信息

进行工作分析需要收集很多信息，这些信息可分成以下六种类型：

（1）工作活动，指工作者必须进行的与工作有关的活动，比如：清扫或编织等。

（2）工作中人的行为，指人在工作中的行为类型，比如决策或沟通等。这类信息反映的是工作对任职者有什么要求。

（3）工作中使用的机器、设备、工具以及其他辅助工作用具，生产什么产品。

（4）工作的绩效标准，指工作的数量、质量或者工作的每一方面所耗费的时间。

（5）工作的环境，指工作空间和工作情景的物理和社会环境。

（6）工作对人员的要求，指对任职者的知识或技能和个人特性等多种特征的要求。

工作分析信息可以分为定性信息和定量信息两种形式。定性信息一般来说是描述性的，定量信息则是用数字形式表示的。工作分析信息多数来源于任职者（通过观察、面谈或填写书面表格而获得）。此外，这种信息也有其他来源，如上级主管、专家、工作记录、培训手册与材料以及设备和工具的蓝图和草图。

此外，还应收集与工作相关的背景信息。工作分析一般应该得到的资料包括：劳动组织和生产组织的状况、企业组织机构和管理系统图、各部门工作流程图、各个岗位办事细则、岗位经济责任制度等等。很多组织都会有自己的"定岗、定编、定员"的具体规章制度，这些背景信息将会对下一步调查和分析过程产生重要的影响。

（三）分析阶段

分析阶段的主要任务是对有关工作特征和工作人员特征的调查结果进行深入全面的总结分析。对工作信息的分析主要包括工作名称分析、工作描述分析、工作环境分析、任职者条件分析。

1. 工作名称分析

工作名称分析是要使工作名称达到标准化，以便通过职务的名称就能使人了解到工作的性质和内容。一般要求工作的名称应准确。

2. 工作描述分析

通过对工作描述的分析，可以全面地认识工作的整体。通常要求进行以下四个具体方面的分析。

（1）工作任务分析。明确规定工作的行为，如工作的核心任务、工作内容、工作方法和步骤等。

（2）工作责任分析。工作责任分析的主要目的是通过对工作在组织中相对重要性的了解来为工作配置相应的权限，以保证工作的责任与权力相互对应。

（3）工作关系分析。工作关系分析是了解、明确该项工作的协作关系。包括该工作在组织中制约哪些工作并受哪些工作的制约；相关工作的协调、合作关系。

（4）劳动强度分析。劳动强度分析是为了确定某项工作合理的标准活动量。劳动强度可以用此项工作活动中劳动强度指数最高的几项操作来表示。如果劳动强度指数不容易确定，可以使用标准工作量来表示。如劳动定额、产品合格率等。

3. 工作环境分析

工作环境分析是对工作所处的物理环境、社会环境所进行的分析。主要包括以下三个方面的内容：

（1）工作的物理环境。工作的物理环境分析是对工作场所的温度、湿度、噪音、粉尘、照明度进行的分析。

（2）工作的安全环境。工作的安全环境包括该项工作的危险性、劳动安全卫生条件、从事该项活动易患的职业病以及危害的程度等。

（3）工作的社会环境。社会环境分析包括工作所在地的生活方便程度、直接主管的领导风格、同事之间的人际关系等方面的内容。

4. 任职者条件分析

对工作人员的必备条件进行分析的主要目的是确认工作的执行人员在有效地履行职责时应该具备的最低资格条件。包括以下五个方面的内容。

（1）必备知识分析。任职者必备知识一般包括任职者的学历最低要求，对生产技术、企业管理知识等有关理论的最低要求，对政策法规、工作准则以及有关规定的了解的最低要求。

（2）必备经验分析。必备经验分析是指各项工作对工作人员为完成工作任务所必须具备的工作经验的分析。

（3）必备基本能力分析。通过典型的操作来规定从事该项工作所需的技术能力、决策能力、创造能力、组织能力、适应性、判断力、智力以及操作熟练的程度等。

（4）必备心理素质分析。任职者必备的心理素质分析是根据工作的特点确定工作人员应当具备的一些必要心理要求，包括主动性、责任感、支配性；情绪稳定性等气质倾向。

工作信息分析的内容，应根据组织发展的特点、工作分析的目的不同，适当地加以调整，实现资源的最优使用。

（四）完成阶段

这是工作分析的最后阶段。此阶段主要解决如何用书面文件的形式表达分析结果的问题。通过对从书面材料、现场观察与基层管理者及任职人员的谈话中获得的信息进行分析、归类，就可以编制"工作说明书"与"岗位规范"。这阶段的工作相当繁杂，需要大量的时间对材料进行分析和研究，必要时，还需要用到适当的分析工具与手段。此外工作分析者在遇到问题时，还需随时得到基层管理者的帮助。具体工作如下：

1. 根据工作分析规范和经过分析处理的信息草拟"工作说明书"与"岗位规范"。

2. 将草拟的"工作说明书""岗位规范"与实际工作对比。

3. 根据对比的结果修正"工作说明书"与"岗位规范"。

4. 形成最终的"工作说明书"与"岗位规范"；将"工作说明书"与"岗位规范"归档保存。

5. 将"工作说明书"与"岗位规范"应用于实际工作中，并注意收集应用的反馈信息，不断完善"工作说明书"与"岗位规范"。

6. 对工作分析工作本身进行总结评估，为今后的工作分析工作提供经验与信息基础。

三、收集工作分析信息的方法

要进行深入而透彻的工作分析，必须收集到有关工作足够的信息，收集信息的主要方法有工作实践法、问卷法、观察法、访谈法、工作日记法与关键事件法。各种方法都有其利弊，因而应该根据不同目的要求进行选择以及采用多种方法相结合的办法，以达到工作分析的特定目的。

（一）工作实践法

工作实践法指的是工作分析人员亲自从事需要研究的工作，由此获得工作要求的第一手资料。这种方法的长处是可以准确地了解工作的实际任务以及该工作对人的体力、环境、社会等方面的要求，适用于那些短期内可以掌握的工作。但对那些需要进行大量训练才能掌握或有危险性的工作，不适于采用此种方法。

（二）问卷调查法

问卷调查法又叫调查表法，即以标准化的问卷形式列出一组任务或行为，要求调查对象给各任务或行为的出现频率、重要性、难易程度以及与整个工作的关系等打分，然后由计算机对打分结果进行统计分析。调查问卷可以用邮寄或面谈的方式来完成。

问卷调查法成本较低，用时少，不影响工作，调查面广，可以量化，并且数据可由计算机来处理，所以，经精心设计的问卷调查可获取大量的有用信息。问卷调查法的不利之处在于，如果员工的表达能力或理解能力较低，就难以收集到真实的信息。

使用问卷法的关键是决定问卷的结构化程度。有的问卷非常结构化，包括数以百计的工作职责细节，也有的采用较为简单的半结构化问卷方法，还有的问卷很开放，如"请叙述工作的主要职责"等。结构化问卷的方法有不少优点：它可以使调查的样本量很大，适用于需要对很多员工进行调查的情况；许多调查的信息可以数量化，便于由计算机进行数据处理；由于问题的客观性较强，易被调查人员所接受等等。但结构化问卷也存在一些缺点，如设计理想的问卷要花费很多时间、人力等等。

（三）观察法

观察法是指观察者通过感官或利用其他工具仔细观察、记录在正常情况下员工的工作情况，获得其工作的内容、特点和方法，提出具体的报告。其中包括工作研究、动作—时间研究等技术。

在动作—时间研究中可用摄像机记录。在工作研究中，还可利用有关仪器测量噪音、光线、湿度、温度等工作条件。在运用观察法时，一定要有一份详细的观察提纲，这样在观察时才能及时记录。

观察法的优点是工作分析人员能够比较全面和深入地了解工作的要求，适用于那些工作内容主要由身体活动来完成的工作，如饭店客房员、打字员等操作人员；其缺点是这种方法不适用于脑力劳动成分较高的工作以及管理性工作。有些工作内容中包括许多思维和心理活动、创造性和运用分析能力，如律师、软件设计员以及高级经理等工作，不适宜采用观察法。

（四）面谈法

也称访谈法，它指通过与担任有关工作的员工面对面的谈话来收集职务信息资料的方法。有许多工作是不可能通过观察来了解的，如脑外科手术专家的工作。在这种情况下，就需要通过与工作者面谈来了解工作的内容、原因和做法。

根据需要，面谈法可以采取个别面谈、集体面谈和主管面谈等方式。工作分析人员可以先查阅和整理有关工作职责的现有资料。在大致了解职务情况的基础上，访问担任这些工作职务的人员，一起讨论工作的特点和要求。同时，也可以访问有关的管理者。由于被访问的对象是那些最熟悉这项工作的人，因此，认真的访谈可以获得很详细的工作分析资料。为了使面谈法取得成功，工作分析人员应该注意许多细节问题：首先应该与主管密切配合，找到最了解工作内容、最能客观描述职责的员工。其次是必须尽快与面谈对象建立融洽的关系，应该知道对方的姓名，简单说明面谈的目的以及选择对方进行面谈的原因，目的是不要让对方有正在进行业绩考核的感觉。第三，工作分析人员应该事先准备一份完整的问题表，以标准的格式记录，以便使问题和回答限制在与工作直接有关的范围内，也便于进行比较。第四，面谈结束后，将收集到的材料请任职者和他的直属上司仔细阅读一遍，以便做修改和补充。

面谈法的优点是能够简单而迅速地收集所需资料，适用面广。由任职者亲口回答问题，其内容较具体准确，可以使工作分析人员了解到短期的直接观察不易发现的问题；其缺点是员工往往会把它看作是变相的绩效考核，而夸大其承担的责任和工作难度，从而使工作分析的资料失真和扭曲。所以不应该把面谈法作为工作分析的唯一方法。

（五）工作日记法

这种方法是让员工用工作日记的方式记录每天的工作活动，作为工作分析的资料。这种方法要求员工在一段时间内对自己工作中所做的全部活动进行系统的记录，一般由工作分析人员事先设计好详细的工作日志单，让员工按要求及时填写。这种方法的优点在于信息的可靠性很强，适用于确定有关工作职责、工作内容、工作关系、劳动强度等方面的信息，所需费用也低。但使用范围较小，只适用于工作循环周期较短、工作状态稳定的职位，且信息整理量大，归纳工作烦琐。

（六）关键事件法

关键事件法，有人也称典型事例法，是请管理人员和工作人员回忆、报告对他们的工作绩效来说比较关键的工作特征和事件，从而获得工作分析的信息的方法。关键事件记录的内容一般包括以下几方面内容：1.导致事件发生的原因和背景；2.员工的特别有效或无效的行为；3.关键行为的后果；4.员工自己能否支配或控制以上后果等。

将大量关键事件收集起来，按照它们所描述的工作领域进行归纳分类，最后会对实际工作的要求有一个非常清楚的了解。该方法直接描述人们在工作中的具体活动，因此可揭示工作的动态性。

由于所研究的行为可以观察和衡量，用这种方法获得的资料适用于大多数工作分析。由于所收集的都是典型的事例，因此，它对于防范事故、提高效率、确定工作标准能起更大作用。但收集、归纳关键事件并且把它们分类要耗费大量时间。另外，关键事件描述的是特别有效和特别无效的行为，所以很难对日常的工作行为形成总的概念，而后者才是工作分析的主要目的。用关键事件法编写的工作说明常用于人员招聘。

四、工作说明书的编写

工作分析的结果产生两个成果，即"工作说明书"与"岗位规范"。工作说明书又叫职务描述书、职务说明书，具体描述工作性质，是工作识别、工作概要、工作职责、工作权限、工作标准、领导关系、工作环境等的综合描述；岗位规范，具体规定任职资格，是为完成某项工作所需要的教育、技能、性格等个人特性的规定。近来，工作分析的结果形式趋向于两者合一，统称工作说明书或职务说明书，它是在工作信息的收集、比较、分类等基础上进行编写的，是工作分析的最后环节，本文采用合一的形式。通过阅读工作说明书，可以使员工确切地了解应做什么、应怎样做和在什么样的情况下履行职责。

（一）工作说明书的编写内容

工作说明书通常包括以下几项主要内容：

1. 工作识别

工作识别的内容包括工作名称、隶属部门、工作编码和编写日期等。工作名称用来反映工作内容的性质，把一项工作同另一项工作区别开来。隶属部门是指明某一项工作在企业中的位置。工作编码是为了方便查找。编写日期则是标明工作说明的具体编写时间。这一项中需注意确定标准的工作名称，即应考虑有助于为全部工作的命名和工作的分类、分级。具体而言，主要是要考虑工作名称应该与过去的名称相同或类似，以便对照联系；命名应显示技术和管理水平，且简明扼要。

2. 工作概要

工作概要是以简短的、摘要式的文字概括工作内容，向员工说明工作的性质以及完成工作的方法和理由；以使读者对该项工作有一概括的了解。撰写工作概要时要避免使用不清楚的词句。

3. 工作职责

工作职责是用简练的文字完整详细地叙述工作，以方便别人了解某项工作的内容及完成工作的方法。工作职责表述的是员工在岗位上的各项工作内容，是员工所在岗位承担的具体工作任务。职责项目可以按照职责的重要性排列，也可以按照技术或逻辑的顺序排列。

4. 工作权限

工作权限指员工的权限范围，包括决策的权限、对其他人实施监督的权限、对下属的任用权限以及经费预算的权限等。

5. 绩效标准

绩效标准指企业期望员工在执行工作说明中的每一项任务时所要达到的标准。

6. 领导关系

领导关系是指某一职位与上级和下级的联系以及在企业中的地位，包括接受监督和给予监督。例如，对财务部经理来说，要监督会计、出纳，要接受公司总经理的监督。

7. 工作场所

包括该项工作的室内外场所，工作环境等，包括噪音、温度、粉尘、气味、光亮、危险程度等。

8. 岗位规范

岗位规范是根据工作内容拟订的最低要求的任职资格，说明承担某项工作的员工在教育、经验和其他特征方面的最低要求。它包括：

（1）所需的最低学历和专业方面的要求，有的还需要有法律或行政上的要求，如驾驶执照、各种上岗证等。

（2）所需的技能培训，包括内容和时间等。

（3）年龄与性别要求。

（4）所需的经验。

（5）所需的能力，包括体能、智力、能力倾向和动作能力等。

（6）说明该项工作与任职者个人气质、性格、态度等的适应性。

（7）说明由此职位可升迁、可转换或可升迁至此的其他职位。

岗位规范可以和工作说明书合在一起，也可以是独立的文件。实际工作中，常常是把岗位规范并入工作说明书中，作为其中的一个重要部分。

工作说明书的内容根据使用目的的不同而有所不同。一般来说，工作识别、工作概要、工作职责三个项目是所有工作说明书都应该有的，其他项目则视需要而定。例如，工作说明书如果是用于招聘和选择的，则必须包括工作规范和工作环境。企业在编写工作说明书时，可以参考一些标准化的工作说明书。我国劳动和社会保障部、国家质量技术监督局和国家统计局编制并颁布的《中华人民共和国职业分类大典》将我国职业归为 8 个大类，66 个中类，413 个小类，1838 个细类，对每一职业类别的工作内容都有界定，可供用人单位参考和使用。

（二）工作说明书的编写要求

如上所述，工作分析是人力资源管理与开发的基础工作，由此产生的工作说明书则是企业管理的基本文件，它不但明确规定了各项工作的内容及对任职者的各项要求，还为各级管理人员的各项管理提供了决策参考。编写的要求是："清楚、准确、实用、完整和统一"，简述如下：

1. 清楚

工作说明书应对工作进行全面清晰地描述，任职者阅读以后能够明确其工作性质及任职资格。

2. 准确

工作说明书对工作的描述应准确，不能模棱两可、含糊其词；语言应精练，简短扼要；应一岗一书，避免笼统雷同和"千岗一面""一岗概全"等，尽量选择具体、恰当的用词，便于任职者把握。

3. 实用

工作说明书的设计要实用，具有可操作性。如工作任务、职责都要明确，便于员工的上岗及其考核，任职的资格和层次要清楚，以便对员工进行培训和评价。

4. 完整

工作说明书的编写一般由现岗人员自我描述，人力资源管理专家共同参与撰写，岗位任职人的主管审定，人力资源部存档。从程序上保证文件的全面性与完整性。

5. 统一

工作说明书是企业人力资源管理系统的重要文件资料，文件格式应运用统一的格式，参照典型工作描述书编写样本，注意整体的协调和美观。

第三节　员工招聘与录用

员工招聘是企业人力资源管理的一项重要工作，它是企业成败的关键。对新成立的企业来说，如果招募不到合乎企业需要的员工，企业的物质、资金、时间上的投入就会成为浪费，完不成企业最初的员工配备，企业就无法进入运营。对已经处于运作之中的企业，由于企业计划、任务、目标以及组织结构的变动和自然原因而处于经常的变动之中。员工招聘工作对企业来说是常年性的。能否招聘到称职的员工，对企业的发展至关重要。

一、员工招聘概述

（一）员工招聘的概念

员工招聘是指组织通过采用一些方法寻找、吸引那些有能力、又有兴趣到本组织来任职的人员，并从中选出合适人员予以聘用的过程。招聘与录用的目标就是保证企业人力资源得到充足的供应，使人力资源得到高效率的配置，从而提高人力资源的效率和产出。

企业进行员工招聘一般是在以下情况下提出的：1. 新组建一个企业；2. 企业业务扩大，人手不够；3. 职工队伍结构不合理，在裁减多余员工时同时招聘短缺人才；4. 晋升等造成的职位空缺。

（二）员工招聘的意义

1. 提高企业竞争力

现代企业竞争的实质是人力资源的竞争。人力资源的形成，直接影响到企业各项工作的开展。企业招聘录用到高素质的员工，就能生产制造出高质量的产品，就能保证企业生产经营活动的顺利进行。

2. 降低招聘成本

招聘时需考虑三方面的成本：一是直接成本，包括招聘过程中的广告费、招聘人员的工资和差旅费、考核费、办公费及聘请专家的费用；二是重置成本，指因招聘不慎、重新再招聘时所花费的费用；三是社会成本，因员工离职给企业带来的损失。据估计，招聘专业技术人员的直接成本大约为这些员工工资的 50% ~ 60%。招聘的职位越高，招聘成本越大。有效的员工招聘，就是在保证录用员工素质的前提下，能减少招聘成本。

3. 扩大企业知名度

在员工招聘的过程中，企业利用各种传播媒体如报纸、杂志、广播、电视、网络等让外界更多地了解本企业，同时企业招聘者与应聘者的接触、招聘工作的运作都是应聘者评价企业的依据。也树立了企业形象。

4. 增强企业凝聚力

有效的员工招聘，可以使企业更多地了解应聘者，从众多应聘者中选出认可企业文化，符合职位要求的人员。另一方面可以使应聘者更多地了解企业及应聘职位，以决定是否应聘。那些认可公司文化、在企业中能找到适合自己能力、兴趣的岗位的人，离职率低，能增强企业的凝聚力。

（三）员工招聘的原则

员工招聘，是一项经济活动，也是一项社会性、政策性较强的活动，只有努力掌握客观经济规律，充分体现我国经济发展的要求和趋势，才具有一定的科学性，并易于贯彻实施，为此，必须遵循下述原则：

1. 双向选择原则

双向选择，是指企业根据自己的要求自主地选择自己所需要的员工，同时劳动者又可根据自己的条件自主地选择企业。双向选择原则是劳动力市场上劳动力资源配置的基本原则，这一原则既可以促使企业不断提高效益，改善自身形象，增加自身的吸引力。也能使劳动者为了获取理想的职业，在招聘竞争中取胜，而努力提高自己的素质和能力。

2. 效率优先原则

这一原则指尽可能以最低的招聘费用，录用到高素质、适合企业需要的员工。在招聘工作中要根据不同的招聘要求，灵活地选用不同的招聘形式，在保证所聘员工质量的前提下尽可能降低成本。例如：某公司部门经理职位空缺，而公司内部又无合适人选，经熟人推荐，并通过人力资源部的考核，觅到了合适人选。在这种情况下，企业就无须去组织耗费一定人力和财力的招聘活动，从而节省了招聘费用。

3. 遵守国家法律的原则

企业招用员工，要按照国务院的规定，贯彻先培训后就业的原则，面向社会，公开招收，全面考核、择优录用。在招聘过程中，企业应严格遵守《劳动法》及相关的劳动法规。坚持平等就业，反对种族歧视、性别歧视、年龄歧视、信仰歧视。严格控制未成年人就业。

4.能职匹配原则

招聘时，应坚持所录用的人的素质、能力与职位的要求相匹配。从专业、能力、特长、个性特征等方面衡量应聘者与职位之间是否匹配。招聘工作，不一定要最优秀的，而应量才录用，做到人尽其才，用其所长，职得其人，这样才能持久、高效地发挥人力资源的作用。

（四）员工招聘的操作程序

员工招聘有两个基本前提：一是制定人力资源规划；二是进行工作分析。人力资源规划是对企业人力资源需求和供应的分析和预测过程，它决定了预计要招聘的职位、部门、数量、类型、时限等因素。工作分析则对企业中各职位的责任、所需的素质能力进行分析，它为录用提供了主要的参考依据，同时也为应聘者提供了关于该职位的详细信息。这两个前提是制订招聘计划的主要依据。

员工招聘是一个复杂、完整、连续的程序化操作过程，它大致可分为招募、甄选、录用和评估四个阶段，招募是为了吸引更多更好的应聘者而进行的若干活动，它包括：招聘计划的制订与审批，招聘信息的发布，应聘者申请等；甄选则是企业从职位需要出发从招募中得来的员工信息中，挑选出最适合本岗位的人。它包括：资格审查、初选、考试、面试、体检、甄选等；录用是企业对甄选出的员工予以录用。它包括：录用决策、初始安置、试用、正式录用等；评估则是企业对招聘活动效益与录用员工质量的评估。

（五）招聘者职责

在员工招聘中，起决定性作用的是用人部门，它直接参与面试、录用、员工安置与绩效评估等活动，具有决策权，完全处于主动的地位；人力资源部门只在招聘过程中起组织与服务的功能。

二、员工招募

招募是招聘活动中的第一个环节，其目的在于吸引社会上更多的人来应聘，使得企业有更大的员工选择余地，以获得具有合格资格人选的过程。有效的员工招募可提高招聘质量，减少企业和个人的损失。

（一）员工招募的过程

员工招募的过程主要包括：制订招聘计划，发布招聘信息，应聘者提出申请等。

1.制订招聘计划

为了使招聘工作高效有序地进行，企业必须制订招聘计划。招聘计划由用人部门制订。用人部门根据部门的发展要求，根据人力资源规划的人力净需求、工作说明书的具体要求，对招聘的岗位、员工数量、时间限制等因素做出详细的计划。然后由人力资源部门对它进行审核。特别是对员工需求量、费用等项目进行严格复查，签署意见后交上级主管领导审批。招聘计划的具体内容包括：招聘的岗位、员工需求量、岗位的性质及要求；招聘时间，方式、渠道与范围；招聘对象的来源与范围、招募方法、招聘测试的实施部门；招聘预算；招聘结束时间与新员工到位时间。制订招聘计划时要对招募人数、招聘的时间、成本进行估算。

（1）招募人数

需要招募的数量一般要多于实际录用的人数。一些企业采用一种被称为"招募筛选金字塔"的方式来帮助他们确定，为了雇用一定数量的新雇员，需要吸引多少人来申请工作。

（2）招聘时间

招聘时间是指满足员工需求所花费的时间。

（3）招聘成本

招聘成本 = 招聘总费用 / 录用人数

招聘总费用包括以下几项：招聘工作人员的工资福利、差旅费、通信费、广告费、体检费、信息资料费、物资用品费、聘请专家的费用等。尽量压缩招聘的单位成本是招聘成功的一个方面。

2. 发布招聘信息

招聘信息发布的范围是由招聘对象的范围来决定的。高级管理人员和专家（即 A 类人员）一般在全国范围内招聘，甚至可以跨国招聘，专业技术人员（即 B 类人员）可以跨地区招聘，一般办事人员（即 C 类人员）在本地区招聘就可以了。企业要根据招聘职位的要求与特点，向求职人员发布招聘信息，发布渠道主要有网络、报纸杂志、电视、电台、布告和新闻发布会等等。在条件允许的情况下招聘信息应尽早向人们发布，这样有利于缩短招聘进程，有利于使更多的人获取信息，使应聘人数增加。

3. 应聘者提出申请

招聘信息发布之后，应聘者会通过电话、信函方式向招聘单位提出申请，企业应要求应聘者填写求职申请表，并提供有关证明材料。

（二）员工招募的方法

一般做法是先在企业内部寻找人才，再到社会上公开招聘人才。

1. 内部招募

在大部分企业，外部招募主要仅限于入门水平工作，高于入门水平的工作通常通过晋升的方法用目前的员工来补充。晋升的可能性经常会增强士气和动机，因为企业给了员工一个在企业中晋升的机会。研究发现，晋升机会能导致流动率的下降、高涨的工作满意度及更好的工作绩效。

内部招募相对于外部招募的其他一些优势如下：雇主已经很熟悉内部候选人的资格。

内部招募花费较少。内部招募能更快地填补工作空缺。内部候选人更熟悉组织的政策和实践，因此需要较少的培训。

然而内部招募也会产生一些问题。在一个职位空缺时，许多雇员都会被考虑补充那个职位，当然大部分会被否决，一些被否决的候选人可能会产生怨恨。研究发现，被否决晋升的雇员会表露出更强的愤愤不平的情绪和表现出更高的旷工率。当工人们被提升到他们正在工作的单位中的主管职位时，另一个和内部招聘相联系的潜在问题也会发生；这些人必须在他们过去的同事面前扮演一个新角色，并且在过去的朋友成为下级后，扮演角色的困难更大。尽管内部招聘有潜在的危险，然而大部分工作是用这种方法补缺的。

企业可利用各种手段优先向企业中现有员工传递有关职位的招募信息，吸引其中具有相应资格且对有关职位感兴趣的人提出申请。若申请者通过选拔关，则以调任或提升的方式，安置到有关职位。在组织内部进行员工招募可以采取以下两种手段：第一，直接调动或提升。即根据工作绩效评价记录，基层管理人员、同事及有关领导意见或群众评议的结论，决定直接将某人调到或提升到需要招聘人才的职位；第二，工作职位招标投标。即在企业内以空缺的工作职位为标准进行招标，以吸引企业中现有员工去与招募工作人员提出申请的竞标。使用这一手段时应注意：一是招标时间应先于对外招聘时间，一般至少应在开始对外招聘前一周告示；二是所告示内容应详细，说明职位对员工的资格要求等；三是应公开说明做出任用决定所遵循的规则和标准，例如，根据工作绩效记录来决定任用；四是一旦做出任用决定应立即通知求职者本人。

2. 外部招募

外部招募是企业面向全社会的招募活动。高于入门水平的工作的外部招募通常仅限于以下这些情形：需要外部人员给企业带来新的理念和创新。没有合格的内部候选人申请。在这种活动中采取以下方法：

第一，通过广告招募人才。这是目前最常用的且信息传播最广泛的招募手段。利用广告进行员工招募的一个关键问题是广告本体的制作。员工招募广告本身具有粗筛求职者的功能。为此，广告中应清楚的说明工作任务、工作职责、工作风险、任职者应具备的学历、经验、能力等要求，从而自然减少一些不够资格或不想承担这种工作职责、义务和风险的人来求职。其次，员工招募广告是向人才"推销"本企业及有关职位的工具，其措辞可以带有一定的感情色彩甚至鼓动性，但不应过分夸大其辞，更不能说假话。通过广告招募人才的另一个重要问题是刊登广告的媒体的选择。报纸是刊登各类人才招聘广告首选媒体，因为报纸不仅能及时、广泛地传递信息，而且其所传递的信息便于保存。网络、专业期刊是人才招聘理想媒介。企业利用广告招聘人才，还需注意申报、审批、登记工作。

第二，有目标的个别联系。即当人力资源开发人员通过各种渠道得知某些人才的情况大致符合要招聘人才的职位的要求时，便可登门拜访，或电话联系，或主动寄送求职申请表，争取这些人才向本企业求职。

第三，通过人才交流中心、职业介绍所或猎头公司等职业介绍机构进行员工招募。这类机构专门从事人员流动中介工作，联系面较广，掌握的人才信息较多，虽然委托其进行人员招募需要支付一定的费用，但与由本组织自己进行员工招聘其效果更好。

第四，校园招募。大中专院校应届毕业生是企业的一个主要人才源。企业的人力资源部门可以与一些大中专院校保持长期密切关系，及时掌握这些院校的专业设置及毕业生情况，并根据本企业的工作需要定期到校园进行人才招募活动。选择去哪些学校招募，完全取决于企业的人才需求及人才供给情况。

对储备干部的学历要求上，大部分企业都会要求本科生，但是对于是否一定要名牌大学的学生，各企业则有不同看法。名牌大学的学生普遍喜欢在大城市工作，不愿意到偏远地区上班，相对的其他普通大学的学生，到都市以外的地区意愿就比较高。因此，有许多企业宁愿直接到名牌大学以外求才。

对企业来说，求才要寻求最适当的人才，而非顶尖的人，因此，企业在招募时，还是应该根据企业类型及所需职务，做最好的估量。比如说，传统制造业的企业，由于多有固定的生产流程，对于员工创造力的要求不是太高，员工只要按照生产流程，把该做的事做好便可。因此，雇用名牌学校的毕业生不一定合适。反而在讲求创意空间、个人主张的广告业，正好可以提供满足名牌大学毕业生要求的环境。无经验的应届毕业生，在许多企业心目中则有如一块璞玉。在塑造及管理上，远比有经验者来得容易，可以训练成储备干部。

三、员工甄选

（一）员工甄选的含义

何谓甄选，甄者，审查鉴别；选者，选择也。员工甄选，是指企业在招募工作完成后，根据用人条件和用人标准，运用适当的方法和手段，对应聘者进行审查鉴别和选择的过程。员工甄选是招聘工作中关键的一步，也是技术性最强的一步。员工甄选必须遵循科学性、有效性、简明性、可行性的原则，要选择科学的测试方法，聘请相应的专家指导，以降低员工上岗培训费用，提高员工在组织中的稳定性。

（二）员工甄选的过程

员工甄选过程一般分为初选和精选两个阶段，初选主要由人力资源部负责进行，它包括求职者资格审查和初步筛选。精选包括笔试、心理测验、面试、体检和甄选。一般由人力资源部与用人单位的负责人共同协作进行。

（三）员工甄选方法

1. 资格审查与初选

资格审查是对应聘者是否符合基本要求的一种审查，它是人力资源部门通过审阅应聘者的个人资料和应聘申请书进行的。然后，人力资源部与用人部门在基本符合职位要求的应聘人员中进一步挑选，进行初选。其主要任务是从应聘者中选出参加考试的人员。

2. 笔试

笔试又叫知识考试，指通过纸笔测验的形式对应聘者的知识广度、知识深度和知识结构了解的一种方法。笔试要根据工作分析得出的有关职位工作人员所需要的知识结构，设计出具体的测试内容、范围、题型、题量等。设计试题时要遵循以下原则：

（1）试题内容必须具有实际意义，应能测出应聘者的知识和能力。

（2）试题内容所涉及的范围应具有全面性，同时按不同内容的重要性确定所占的比重。

（3）试题内容的表述，必须用词恰当，文字简练，所表达的意思确切明了。

（4）试题题型可多样化。常用题型有选择题，判断题、填空题、简答题、论述题、案例分析题等。

（5）试题题量应适中，大部分人在规定的时间内能完成。

3. 心理测验

心理测验是对人的智力、能力、气质、性格等心理特征进行测度的标准化测量工具。常见的心理测验包括：智力测验、特殊能力测验、一般能力倾向测验、个性测验、价值观测验、情商测验、笔迹测验等。

（1）智力测验

智力包括人的观察力、记忆力、思考力、想象力。智力测验主要是对应聘者的思维能力、学习能力和适应环境能力进行测试。它可以从各种不同心智活动中取样来衡量。

（2）特殊能力测验

主要针对特定职位所需要的技能而测试，又称技能测试。例如，对秘书进行打字、记录、公文起草能力测验，对技术人员进行计算机编程能力测试。

（3）一般能力倾向测验

它是用于从事某项工作所具备的某种潜在能力的心理测试。美国劳工部研制了一套一般能力倾向成套测验（GATB），它由 15 种分测验构成。其中 11 个为纸笔测验，4 个为操作测验；分别是平面图判断、名词比较、计算、划纵线、平面图判断、打点速度、立体图判断、算术应用、语义、打 II 记号、形状匹配、插入、调换、组装以及分解（最后 4 个为操作测验）。这 15 个分测验可以测评智能（一般学习能力）、语言、数理、书写知觉、空间判断、形状知觉、运动协调、手指灵活、手腕灵巧度等 9 种能力。这 9 个因素中的不同因素组合代表不同种类的职业能力倾向。如数理能力、空间判断、形状知觉、手腕灵巧度较强的人适合于从事设计、制图作业。因此，GATB 常用于测定职业倾向，进行职业指导。

（4）个性测验

员工甄选中的一项重要任务就是将应聘者个性与空缺职位人员所需具备的个性标准相比较，挑选与之相符的应聘者，如会计、秘书需要具备沉稳特征；而营销人员则一定要有强烈的开拓意识和过硬的心理素质。

在企业中用得较多的个性测试主要有两类；一类是自陈式测试，如个性特征问卷等多维度综合个性测试工具；另一类是投射测试。这种方法就是让被试者通过一定的媒介，建立起自己的想象世界，在无拘束的情况下，显露出其个性特征的一种测试方法。测试中的媒介，可以是一些没有规则的线条，也可以是一些有意义的图片，也可以是一些只有头没有尾的句子，或者是一个故事的开头，让被试者来续编。由于被试者猝不及防，又无暇深思，就会把自己内心深处的心理倾向"投射"到对那媒介物体的解释上去。

（5）价值观测验

有些应聘者虽然学历、技能较高，但其工作价值观与所招聘的职位不相符，对此用人单位必须慎重考虑是否接受，一些应聘者由于某些特殊原因应聘与其工作价值观完全不符的职位，虽然当时接受了这个位置，但很快就会由于价值观的冲突而对工作产生消极的态度，这不仅影响其工作效率，还会影响到企业的绩效。价值观测试内容包括几方面，如诚实、质量和服务意识等价值观念，通过价值观测试可以深入了解应聘者的价值取向，作为甄选录用的一种补充性依据。企业可以通过问卷解答和行为表现测试应聘者的价值观。

四、员工录用

应聘者经过几轮的选拔之后，最后就是录用。这一阶段往往包括录用决策、试用合同的签订、员工的初始安排、试用、正式录用等环节。这一阶段的工作有不少企业认识不够，实际上它关系到能否唤起新员工的工作热情。

（一）录用决策

录用决策，是指对甄选评价过程中产生的信息进行综合评价与分析，确定每一个候选人的素质和能力和特点，根据预先设计的员工录用标准进行挑选，选择出最合适的员工予以录用的过程。它包含四个要素：

1. 录用决策者

在许多企业中，员工录用一般由人力资源管理部门和用人部门共同负责，人力资源部为用人部门提供经过筛选的候选人名单，由用人部门主管做出最终决策。但是，一些小型企业，由于没有成立独立的人力资源管理部门，往往把录用决策直接交给用人部门的主管，由他们自己独立完成整个招聘过程。

2. 准确可靠的信息

信息包括应聘者的全部原始信息和招聘过程中的现实信息。

（1）应聘者的年龄、性别、毕业学校、专业、学习成绩。

（2）应聘者的工作经历、工作业绩、背景资料的收集。工作经历中领导和群众的评价等。

（3）应聘过程中的各种测试成绩和评语等，所有这些必须是准确、可靠、真实的信息。

3. 正确的资料分析方法

（1）注意对道德品质的分析

在作录用决策时，要注意应聘者的道德品质、事业心、责任感，注意他在以往工作过程所表现出的职业道德。

（2）注意对能力的分析

能力的分析，包括专业技能、决策能力、人事能力、沟通能力、应变能力、组织能力、协调能力等。

（3）注意对特长潜力的分析

应聘者的特长可能对企业发展有至关重要的作用，为此，对具备某些特长的人要加以特别的关注。潜力是一种尚未被开发的能力和素质，但潜力标志着他个人未来可能达到的高度，也标志着他未来的行为可能对企业产生的重大贡献。考官必须对应聘者的潜力慧眼独具。

（4）注意对个人的社会资源的分析

应聘者的社会资源是家庭和个人长期积累起来的社会关系、社会基础，这些社会资源对某些企业来说无疑是一笔财富，分析录用与否时应加以重视。

（5）注意对学历背景的分析

一流的大学具备一流的教师资源和设备、图书等硬件资源，因此对个人的学历背景应予以一定的重视。经过名师指点的应聘者有很好的知识底蕴。

（6）注意面试中的现场表现

面试是一个人综合能力和综合素质的体现。面试中的现场表现，包括应聘者的语言表达能力和形体表达能力、控制自身情绪的能力、分析能力和判断能力等，还包括他的气质、风度和素质修养。

（二）员工录用注意事项

1. 正式录用后，要及时通知已录用应聘者，同时，对于未录用的应聘者，要由人力资源经理亲笔签名委婉地拒绝。

2. 录用后的合同签订、试用期的培训等工作必不可少，它是关系企业形象的重要工作。

3. 除非这个职缺的工作即将有很大的发展前景，否则要小心，不要录用一个能力超强的人，对工作感觉不充实的员工会很快就对工作感到厌烦，并会很快离职。

4. 你很可能在他们身上投资了三个月的员工训练，而他们却在工作快要进入状态之前离去。他们现在也许会在你面前责怪他们以前老板的不是，同样，他们也有可能在15个月后在别人的面前数落你。一个不诚恳的应征者并不是你所想要用的人。

5. 在决定录取某应聘者时，要考虑这个人是否能跟部门里的其他成员友好相处，邀请他（或她）到你的部门去待半天，便可知分晓。

（三）签订劳动合同

劳动合同是劳动者与用人单位确立劳动关系、明确双方权利和义务的协议。按国家劳动法规定，用人单位与劳动者建立劳动关系，必须订立劳动合同。劳动合同依法订立即具有法律约束力，当事人必须履行劳动合同规定的义务。劳动合同应以书面形式订立，并具备以下条款：劳动合同期限；工作内容；劳动保护和劳动条件；劳动报酬；劳动纪律；劳动合同终止的条件；违反劳动合同的责任。劳动合同除上述必备条款外，当事人可以协商约定其他内容，如工作时间和休息休假、福利待遇、变更和解除劳动合同的条件、试用期、保守商业秘密责任、违约金等。劳动合同期限分为有固定期限、无固定期限和以完成一定的工作为期限三种。订立和变更劳动合同，应当遵循平等自愿、协商一致的原则。

（四）员工的试用

试用是对新员工的能力和素质的进一步考核。在试用期要做好以下工作。首先，要让新员工熟悉整个企业、工作部门和工作岗位的基本情况，如企业的经营目标、发展史、经营计划等，促进新员工从外来者向内部员工转换，使他们了解企业的规章制度。如企业的环境。安排新员工参观车间、办公室。成功的试用，一方面可以进一步获取新员工的各种信息，使员工的录用更正确；另一方面，会加快新员工从外来人转换成内部人，避免新员工在工作的头一两个星期甚至一两天提出辞职现象。

（五）正式录用

当新员工试用期满后，如果其工作表现和能力符合正式录用的条件，那么企业就可以将其转正为正式员工。用人部门与人力资源部门应完成以下主要工作：员工试用期的考核鉴定；根据考核情况进行正式录用决策；与员工签订正式的雇用合同；给员工提供相应的待遇等等。

第四节　员工培训与开发

员工培训与开发是现代企业人力资源管理的重要组成部分，当一个企业面临着各种发展需求时，其中最基本的制约因素是人力资源。企业的发展总是处于一定的社会经济环境之中，适应环境变化的能力是企业具有生命力与否的重要标志。要提高企业的应变能力就必须对员工进行培训和开发。需要不断地提高员工素质，使组织及其成员能够在发展中适应外界的变化，并为新的发展创造条件。

一、员工培训概述

（一）员工培训与开发的含义

员工培训和开发，是指企业为了实现其组织目标、提高竞争力而有计划、有组织、多层次、多渠道地组织员工从事学习和训练，从而不断提高员工的知识和技能，改善员工的工作态度、激发员工的创新意识的管理活动。员工的培训与开发有两个层次的含义：第一层次是培训，它的主要目的是使员工较快地适应工作岗位要求或提高职业技能和绩效。其主要任务是使员工获得或改进与工作有关的知识、技能、动机、态度和行为。员工培训是有组织、有计划的活动，通常时间较短、目的明确、阶段清晰；第二层次是开发，它的主要目的是将企业的战略目标与员工个人的职业生涯发展相结合，不断地使员工的潜能发挥出来。员工的开发具有时间长、内涵大、阶段性模糊的特点。

员工培训属于成人教育的范畴，它主要是针对各种不同的工作岗位的具体要求，向受培训的人员传授专门知识和训练特殊技能，以使受训者适应工作的需要。员工培训的形式是多种多样的，从时间角度来说，有短期培训、中期培训、长期培训；从能力角度来说，有岗前培训、等级培训、资格培训及提高培训等。而且随着社会经济文化的发展，员工培训的形式与种类也在不断地变化。

（二）员工培训的意义

人是生产力诸因素中最重要的因素，一个国家、一个企业的命运，归根结底取决于其工作人员素质的高低。人的素质的提高，一方面需要个人在工作中的钻研和探索，更重要的是需要有计划、有组织的培训。培训是企业有计划地实施有助于员工学习与工作相关能力的活动。发达国家优秀的企业毫无例外地高度重视人员培训。员工培训的意义主要表现在以下几方面：

1. 提高员工能力

对员工进行培训是一个学习训练的过程，在这一过程中，员工获得有助于促进实现各种目标的技术和知识。所以，培训首要的意义就是可以提高能力。对于企业新招募的员工来说，通过企业提供的各种引导培训，可以使他们迅速地了解工作环境、组织文化以及新岗位所需的知识和技能。对于企业的现有员工，培训能使他们跟上企业发展变化的途径，是提高他们的技能、帮助他们适应变化的一种必要方法。

2. 实现人事和谐

从 20 世纪末开始，人类社会进入了高速发展的时代，随着科学技术的发展和社会的进步，各种职位对工作人员的智力素质和非智力素质的要求都在迅速提高，造成人与职位要求不协调的现象。

要解决这一矛盾，一要靠人员流动，二要靠人员培训。人员流动是用"因事选人"的方法实现人事和谐，而人员培训是"使人适事"的方法实现人事和谐。即通过必要的培训手段，使其更新观念、增长知识和能力，重新适应职位要求，显然，这是实现人事和谐的更为根本的手段。

3. 快出人才

在我国，教育经费有限，办学条件远远满足不了社会需要。而且专门人才培养周期很长：大学专科一般需 3 年，本科需要 4 ~ 5 年。因此，各类人才的新生力量不可能全部由大专毕业生补充；另一方面，现有工作人员也不可能全部送到高等学校去深造。他们中的绝大部分人员只有依靠本地区、本系统、本部门和本单位广泛开展培训，走在实践中培训成才之路。即使大专毕业生进入到工作岗位后，也不可能立即成才，除了经过实际工作的锻炼外，也应接受必要的培训，才能成为名副其实的专门人才。

4. 调动员工积极性

组织中人员虽然所处的岗位不同，层次不同。但就其大多数而言，都渴求不断充实自己，使自己的潜力充分发掘出来。企业如能满足员工的这种自尊、自我实现需要，将激发出员工深刻而又持久的工作动力。国内外大量事实证明，安排员工参加培训、去国外的公司任职、到先进公司跟班学习以及脱产去高等学校深造、到先进国家进修，都是满足员工这种需求的途径。经过培训的人员，不仅提高了素质和能力，也改善了工作动机和工作态度，提高了工作积极性。

5. 建立优秀组织文化

人类社会进入 21 世纪，管理科学正经历从科学管理到文化管理的第二次飞跃。在激烈的市场竞争中，有越来越多的企业家发现企业文化的重要性。韩国著名企业家郑周永说："一个人，一个团体，或一个企业，它克服内外困难的力量来自哪里？来自它自身，也就是说来自它的精神力量，来自它的信念。没有这种精神力量和信念，就会被社会淘汰，这是资本主义社会最朴素的法则。"在有着悠久文化传统的社会主义中国，企业更需要重视文化建设。

二、员工培训的原则和种类

世界各国的培训制度各有特色，但在员工培训的原则上有许多共同点。

（一）员工培训的原则

1. 学用一致原则

它的基本内容是员工培训的内容、方式、时间安排等，必须根据被受训者的职位的要求来确定，使培训与使用一致。在实际工作中必须做到以下几点：一是对培训做出全面规划。根据不同人员的工作需要，有针对性地选择培训内容；二是要根据受训人员的工作性质和素质情况，有针对性地决定培训内容，多采用案例教学和演示教学方法。

2. 按需施教原则

按需施教是指根据不同时期社会、经济发展的不同需要以及各类各级人员职位不同的要求决定培训内容，进行切合实际的培训。这种需求主要包括以下几个方面：

一是职能需要。不同部门和不同性质的岗位具有不同的职能，要按各职能所需进行不同的培训。

二是职位需求。不同层次和类型的职位在培训内容和培训目标上是不同的，按不同的职位层次与类型进行定向培训。

三是发展需要。随着社会经济的发展，许多新观念、新知识、新情况不断地出现，因此需要在职人员不断地充电，更新知识。

3. 知识技能培训与组织文化培训兼顾的原则

企业都要求任职者既要掌握必备的知识和技能，又要了解并遵守公司的制度并具有基本的职业道德。因此，企业既要安排文化知识、专业知识、专业技能的培训内容，还应安排理想、信念、价值观、道德观等方面的培训内容。而后者又要与企业目标、企业哲学、企业精神、企业道德、企业风气、企业制度、企业传统等密切结合起来进行教育，使之切合本单位实际。

4. 严格考核和择优奖励原则

严格考核和择优奖励是培训工作中重要的管理环节。为了保证培训质量，必须对受训人员进行严格的考核。只有考核合格才能择优录用或提拔，因此它成为调动受培训人员学习积极性的有力杠杆。

（二）培训的种类

一般来说培训的种类从方式上可分为新员工培训与在职培训。新员工培训又分为一般性培训和专业性培训，在职培训分为管理人员培训与专业性知识、技能的培训。

员工培训的内容必须与企业目标、员工的职位要求相适应。任何培训都是为了提供员工在知识、技能和态度三方面的学习和进步。

1. 企业最常见的培训项目

目前在企业中最流行的48种培训项目如下：新进员工定向培训、领导技能、业绩评估、人际关系技能、培训师、团队建设、聆听技能、个人电脑实务、招聘与选拔、时间管理、解决问题技能、决策技能、新设备操作、开会技能、信息沟通、授权、管理变化、安全常识、产品知识、全面质量管理、公共演讲技能、演示技能、压力管理、目标管理、信息管理系统、计算机编程、多元化管理、激励员工、书写技能、谈判技巧、计划、战略管理、市场营销、开发创造力、财务管理、防止浪费、职业道德、退休计划、采购流程、阅读技巧、企业再造、外语、推销技能、组织发展、人力资源管理、生产管理、大众心理、追求卓越心态等。下面，着重介绍新进干部培训和管理人员的培训。

2. 新进干部的培训和教育

新进干部培训是指给企业新招聘的大中专毕业生提供有关企业的基本背景情况，使新进干部了解所从事的工作的基本内容和方法，使他们明确自己工作的职责、程度、标准，并向他们灌输企业所期望的态度、规范、价值观和行为模式等等，让他们熟悉企业文化和工作技术，从而帮助他们顺利地适应企业环境和新的工作岗位；使他们尽快进入角色。企业对新进干部培训的主要内容有：

（1）企业文化培训

在入厂时通过介绍企业的经营历史、宗旨、规模和发展前景，介绍公司的规章制度和岗位职责以及对员工行为和举止的规范。使新进干部知道企业反对什么，鼓励什么，追求什么。在工作中自觉地遵守企业的规章，接受企业文化。通过介绍企业内部的组织结构、权力系统、各部门之间服务协调网络及流程，使新进干部了解和熟悉各部门的职能和信息沟通渠道。通过介绍企业的经营范围、主要产品、市场定位、目标顾客、竞争环境等等，增强新进干部的市场观念、竞争观念。

（2）安全教育培训

通过入厂教育、车间教育和岗位教育，使新进干部了解安全工作包括哪些内容，如何做好安全生产，提高他们的安全生产意识。

（3）业务技能培训

通过让新进干部到各个部门和基层车间参与工作，让他们了解各部门和车间的实际运作情况，使新进干部熟悉并掌握完成各自本职工作所需的主要技能和作业模式，从而迅速胜任工作。

3. 基层管理干部的培训和教育

基层管理干部是对企业的生产、销售等经营活动第一线执行管理职能的直接管理层，包括在生产和服务一线中起监督、指导作用的监工领班等。他们与操作接近，其管理水平将直接影响工人的劳动积极性和对企业的忠诚度。对其培训的内容应侧重于提供与实际工作相配合的基本管理方法，提供有效处理第一线日常工作的各种问题的技巧。通过培训使他们懂得如何进行生产组织和人员调配；如何进行革新和发明；如何督导、指引下属员工；如何发挥团队精神，发挥员工的潜能，调动员工的积极性。

4. 中层管理干部的培训和教育

中层管理干部主要指企业各职能部门主管组成的经理集团，他们承担着企业日常经营中包括生产、销售、财务、人事等各种职能的计划、组织、领导和控制工作，是企业的"中坚力量"。对中层管理人员的培训主要应侧重进行业务上的培训。为其提供胜任未来工作所必需的知识和技能；向他们传递经济管理新知识和理念，使他们了解国际经济新动向，更好地理解和执行企业高层的决策方针，使企业的宗旨、使命、信念、价值观和管理文化得到顺利传达。

企业可举办中高级管理培训班，对中层管理干部进行培训，可由企业内有丰富管理经验的高级主管任教，课程的内容包括人事管理、经营管理、生产管理、财务管理、技术管理、电脑管理和经营分析等，以实际个案作为教材，使人容易理解。同时让中层干部集中讨论，让他们就组织结构、员工奖酬机制、部门之间冲突的协调等管理问题提出自己的看法和建议，扩大对企业各个工作环节的了解。这样做可以使中层管理干部更好地理解相互间的问题；改善部门间的合作；也有利于培养全面管理人才。

三、员工培训的程序

为了确保人员培训的投入能最大限度地提高个人与组织的绩效，企业应遵循并采用完备的培训程序。一般来说，培训可以分为四个步骤，即：培训需求分析、制订培训计划、培训实施以及培训评估。

（一）培训需求分析

培训需求分析是指了解员工需要参加何种培训的过程。这里的需要包括企业的需要和员工本人的需要。为确保培训的有效性，企业一般通过组织分析、任务分析和人员分析来进行培训需求分析。

1. 组织分析

培训需求分析的首要任务是辨识影响员工培训需求的诸因素。组织分析就是对环境、战略和组织资源进行检查，从而确定培训的重点。影响员工培训需求的因素一般包括以下几个方面：

（1）政府的政治经济政策往往会对企业的培训需求产生广泛的影响。如我国入世后，企业员工就要进行 WTO 的政策、法规、准则等的学习。

（2）企业经营战略也会影响到培训需求。

（3）企业组织机构重组、规模缩减、权力下放和团队合作会产生培训需求。

（4）员工对自身发展与个人成长的关注，也将转变成对学习的强烈需求。

组织分析包括对技术方面、财务方面及人力资源方面等众多资源的分析。企业通常先收集数据，然后进行分析。数据包括直接与非直接员工的劳动成本、产品或服务的质量、经常性的无故旷工、员工流动和工伤事故等等。

2.任务分析

任务是指一位员工在某种具体工作中所履行的工作活动。

任务分析是以工作任务为基础，来确定培训项目内容的过程。它包括检查工作说明书及要求，发现从事某项工作的具体内容和完成该工作所需具备的各项知识、技能和能力。其总体目标是决定培训课程的确切内容，并挑选最有效的培训方式。任务分析分为三个步骤：

（1）列出所有包含在工作中的任务与职责。

（2）列出员工完成每一项工作的具体步骤。

（3）确定完成工作的类型与所需的技能和知识。

3.人员分析

人员分析主要用于确定哪些员工需要培训，哪些员工不需要培训。首先要对人员的能力、素质和技能进行分析、考察评价人员是否达到工作岗位的要求。其次，要评价员工的工作绩效，但员工的工作绩效好坏是由多种原因引起的，如员工本身的能力、组织的激励及其他因素，那么培训只对那些由于本身能力问题而引起绩效差的人起作用，而对因缺乏激励等其他原因引起的绩效差，培训往往是达不到效果的。

人员分析非常重要。人员分析可以帮助经理们了解受训者在参加培训之前的长处和短处，从而在课程设计时加强针对性。

（二）制订培训计划

培训计划包括确定培训目标、设置培训课程、确定培训对象、选用培训方法、培训经费预算、运用学习原则等。

1.确定培训目标

培训目标是培训计划预期的效果，设置培训目标将为培训计划提供明确的方向和依循的构架。

作为组织分析、任务分析和个人分析的结果，企业对培训的需求将有总体的把握，在这些资料的基础上，能够通过书面的培训目标来描述培训的预期成效。一般说来，培训目标有三类：技能的提高、知识的增长及态度的转变。其中以绩效为中心的目标应用较广，因为它能产生直接的效益。

2.选择培训对象

选择培训对象时，员工掌握培训内容的能力和在工作中应用所学知识的能力必须作为一个重要的考虑因素。如果员工在培训过程中没有获得应有的收获或者无法应用所学内容，那么这不仅会使员工的心理受到挫折，同时也使企业的资源遭到浪费。

由于员工经历、体力、智力和理解力等方面的差异，培训要求与培训对象的学习能力是否相匹配便成为一个重要的考虑因素。过于简单或者过于复杂的培训内容都会影响培训效果。因此，许多企业在遴选培训对象之前要对培训对象候选人进行测试。按员工素质的不同分成不同的培训小组或班级，进行不同等级的培训，在特殊情况下可以接受特别的指导。

3. 设置培训课程

培训课程的设置要说明应该通过对哪些课程的学习来达到目标。每种知识和技能都是与其他知识技能相联系的，掌握了一种知识或技能实际上意味着学习了一套知识体系或技能体系，而这种体系是通过对相关课程的设置来完成的。因此课程的设置一定要科学，要根据不同的对象和不同的时间有所变化，因为在不同时间和对不同对象，培训的目的是有区别的。随着科学技术的发展和我国的入世，基本的计算机知识培训上升的比例较大，英语、WTO 知识、跨文化管理等方面的培训比重上升也较重。

4. 确定培训方法

企业员工培训的方法很多，有课堂讲授法、研讨法、角色扮演法、模拟游戏法、案例法、程序教学法等方法。企业可按照不同的培训对象，选择不同的方法。

5. 培训经费预算

企业要根据培训的种类、内容等各方面因素，估计使用多少经费；经费的来源是否已确定等。

6. 运用学习原则

培训的成功或失败与学习原则相关联。学习应遵循如下几个原则：

（1）确立学习目标。所谓确立学习目标指培训者通过激励的方式来强化培训对象的学习动机，使培训更加有效。目标设定难度要适中，使受训者通过努力能够达到，有成就感。

（2）行为示范。示范可以增强行为表现在培训中的效果。示范强调的是通过向他人学习，边看边学，比自己摸索要快得多，效果会比读一本书或听一次讲座再去实践理想得多。示范可以采取的形式，有真实生活的表演或录像带，通常行之有效。最重要的是，示范能够表达出要求学习的行为表现或方式。

（3）学员个体差异。培训对象的学习风格和接受能力各不相同。例如，有些人过目不忘；而另一些却要看几遍或者听几遍才能理解和记住。对于这些个体差异要适当考虑，使培训工作符合各类学员的学习实际。

（4）积极反复地实践。应该让培训对象有充分的机会去实践他们的工作任务，实践能使他们的理论知识与实际相结合。在实践中，培训对象会逐渐步入正确和规范，通过反复实践强化技能，达到熟练程度。例如操作计算机，开始时，人们总是寻找键盘上各个键在哪个位置，而不是更多地考虑操作中的其他问题。

（5）反馈通过。反馈或检查培训的学习效果可以激发员工进一步学习的动力。不管是培训者还是受训者都需要这种反馈。反馈的重点应该是告诉受训者经过培训后达到了何种目标，使其明自在培训前后发生的变化，掌握了何种技术，达到了什么程度。

（6）学习进展图。采用测试手段，可以将学习的进展描绘在图表上，这一因素称为"学习曲线"。

（三）实施培训方案

1. 确定培训师

在员工培训中，培训师的优劣在某种程度上决定着培训效果。因此，应该充分重视培训师的了解和选择。企业了解培训师的主要技巧有以下几种：

（1）要一份培训师简历。通过简历，我们可以知道其受过什么教育、有什么经验、从事过什么工作、主持过什么培训。

（2）提一些问题。如对培训方法的熟悉程度，看其是否了解企业职能部门的运作，是否知道培训与一般教育的区别，怎样达到本次培训的目的等，以了解他的实际水平。

（3）要求制定一份培训大纲。从大纲中，可以知道其是否熟悉培训，是否掌握培训技能，是否善于通过培训达到企业目标。

（4）让培训师作一次培训。全面了解其知识、经验、培训技能和个人魅力，再对其去留做决定。

2. 确定培训教材

一般由培训师确定教材，教材来源主要有四种：外面公开出售的教材、企业内部的教材、培训公司开发的教材和培训师编写的教材。一套好的教材应该是围绕目标，简明扼要、图文并茂、引人入胜。

3. 确定培训的时间和场所

培训时间的选定要充分考虑到参加培训的员工能否出席，培训设施是否能得到充分利用，培训教师的时间能否得以保证。培训场所的选定，要注意选择地点适中、交通方便、环境良好、不受干扰、通风与光线等条件较好的地点和场所。

4. 准备培训用具和有关资料

包括报到地点和培训教室地点的标志，桌椅要按要求进行摆放，准备电视机、投影仪、幕布、录像机、录像带、黑板、自板、纸笔等教学用具和各种培训教材和有关资料，编制课程表、学员名册、考勤登记表、制备证书和有关奖品以及有关培训成绩考评表，学员对教师的评估表等。

5. 培训实施控制

企业要在计划好的时间、地点，由企业培训师对学员进行培训，并监控整个过程，做好培训考勤和考核记录，有待培训过程结束后进行评价。在计划实施过程中，可根据受训者的要求，适当进行调整，以保证培训效果。

（四）培训评估

在 20 世纪 50 年代，现代培训专家 Donald kirhpatrck 创立了学习分级模式学说。根据 kirhpatrick 的学说，培训之后的问题是受训者的反应问题。如果这反应效果很差，受训者就不大可能会学到知识，因而工作表现的改进也就不可能了。如果反应良好，受训者可能会学到知识。但即使受训者对培训计划反应很好，仍然有可能他们没有学到知识。如果他们确实学到了知识，下一个问题是他们是否能把所学的知识用到工作中，并且确实提高了工作效率。个人工作表现的改进并不必然意味着组织整体的效率的提高。

1. 受训者的反应

受训者的反应有时会被认为是不重要的信息源。但是，老练的从业者知道受训者的反应是迅速而详细的信息的很好来源。另一种有关受训者反应的错误是认为它是信息的唯一的、最重要的、最终的来源。

评估受训者的反应，应注意项目的三个方面。一个方面是项目的内容是否有用，培训进行的速度是否合适；等等。第二个方面与讲授者有关，包括其可信度、幽默感、语言表达能力、热情、在人群中的感染力。最后一个方面是后勤保障。

2. 增长知识

有两种基本的学习类型需要评估：学识的和行为的，学识的学习包括掌握知识和掌握智力技能，行为的学习通常包括实际行为或模拟行为的演示。

（1）学识的学习

对学识测试的最常见形式是书面考试。考试可用多项选择题、对错题、判断题、简答题、小论文等多种形式。它能引出受训者关于特定信息、概念知识、过程描述等的回答。书面考试有几个作用。它能给学员提供非常有价值的反馈。它也能给出有关讲授者的教学是否成功的有价值的信息。

（2）行为的学习

在行为学习的评估中，基于良好表现所必需的标准的观察检查表通常被使用，一般地讲，检查表将不包括没有包含在学习目标中的项目。把受训者的表现与其他工人的表现相比较是极好的办法。

3. 工作表现的改变

工作表现的评估只能在项目结束之后进行，并且只能在结束后足够长时间之后才能看培训是否有效。结束后要等一周、几个月、甚至一年。企业可通过三条途径对受训者工作表现进行评估：通过受训者自己，通过其他人，通过客观方法。这三种评估方法都是有用的方法，应与其下属、上司、同事面谈或让他们做问卷来调查他们对培训效果的看法。了解受训者的表现水平在培训前和培训后是怎样的，受训人员与其他人群（比较人群或控制人群）相比在培训前与培训后怎样？

　　4. 组织效益

　　培训最终目的是要提高组织的效益，因此，对组织效益的评估也就是至关重要的。观察组织的净效果的障碍可能很大。评估组织效益的方法，是对准确性、质量、生产力等组织目标的一系列衡量。准确性测量包括出错率和返工率。质量测量包括对产品质量和工作质量的测量。生产力测量包括完成率、生产水平、利润和节约的费用。

四、员工培训方法

（一）自学法

　　自学法是学员按照教学计划的要求，独立地阅读有关资料，认真思考深入理解有关内容，自我提高，从而达到自我教育的目的。由于自学方法中的主体是个人，具有分散性，不利于集中管理。

　　为了保证自学方法能在实践中取得理想的效果，主管部门要适时地加以管理和引导，并切实地做好以下几方面的工作：首先培训的组织者要相信学员的求知欲望和自学能力。一般来说，学员通过自己咀嚼体会的东西，理解会更深、效果也会更好；其次，自学要有一定的时间保证；第三，给学员提供足够的自学资料，给学员一定的选择余地；第四，教师要加强对学员自学的指导；第五，加强对学员自学的管理。

（二）讲授培训法

　　讲授培训法是指教师通过语言和演示连贯地向学员传授知识的方法。它适合于系统地向学员传授思想理论体系，科学文化知识，经济管理知识。有资料显示，95% 的成人训练在教室里进行。在与诸如出版印刷和电视、计算机之类的竞争中，课堂讲授法为何能继续生存下来，并取得如此大的优势？这里有几个主要的原因：首要的原因是课堂讲授法的易操作性；原因之二是它的经济性。讲课无须过多的花费；其三，在于它的高效性。许多人在同一时间、同一场所，接受同一训练，而这只需要一位教师即可。讲授法也存在一些缺点：首先，讲授法从本质上说是一种单向性的思想交流方式；其次讲授法在记忆方面的效果较差，在时间较长的讲授中更为明显。讲授法的实施主要包括两方面的工作：准备工作和运用讲授技巧。

（三）研讨培训法

　　在员工培训中，研讨法是被广泛使用的方法。研讨法让学员积极地从事学习。并鼓励学员提问，探求并做出反应。按照教师和学员在其中的地位和作用，研讨会可分为以教师为中心的和以学员为中心的两种。以教师为中心的研讨会意味着学员的注意力集中于教师。教师是信息的主要来源。教师提出一系列问题，并要求学员回答。教师对学员的回答做出评价。以学员为中心的研讨会有两种方式：一是由教师提出问题或任务，学员们独立提出解决办法；另一种是不规定研讨的任务，学员就某议题进行自由讨论，彼此吸收经验和知识，并培养一种集体氛围。教师要做好研讨会的组织和实施。

（四）角色扮演培训法

角色扮演就是提供给一组学员某种情境，要求一些成员担任各个角色并出场表演，其余的学员观看表演。表演结束后举行情况汇报，扮演者、观察者和教师共同对整个情况进行讨论。角色扮演是最有效的培训方法之一。人际关系培训的许多目标都能通过角色扮演来实现。这种方法可展示人际关系与人际沟通中的不同技艺和观念，它为体验各种行为并借此为这些行为进行评价提供了一种有效的工具。它能用来教会人们如何在课堂上交换自己的研究心得。角色扮演能增进人们之间的感情和合作精神。

（五）案例培训法

案例培训法是围绕一定的培训目的，把实际中真实的情景加以典型化处理，形成供学员思考分析和决断的案例，通过学员的分析讨论的方式，来提高学员的分析问题和解决问题的能力的一种方法。案例法的实施包括几个方面的工作：一是案例材料的选择和案例的编写；二是学员准备有关知识、信息，提炼自己的观点；三是讨论、总结。从学员学习的角度看，案例法的实施包括四个步骤：学员各自准备阶段；学员阅读案例材料；积极思索；初步形成关于案例中的问题的原因分析和解决方案。

（六）自助培训法

"自助培训法"是目前流行的培训方法。"自助培训法"的理念简单而明确：借助培训光盘软件，企业用户可随时（Any time），随地（Any place）、任意形式（Any form）、任意人数（Any number），任意次数（Any times）地自由组织相关培训活动，所需的硬件条件只是一台电脑，或者 VCD 机＋电视机。

"自助培训法"与传统培训相比，有着以下优点：首先，培训软件化。富有实践经验的专家，按照企业实用性原则设计课程结构，用软件技术制成生动新颖的光盘教程。培训经理可在庞大的自助培训素材库中挑选最适合的题材、最感兴趣的专题，而不用被讲师的可行性所限制，从而从根本上保证了培训的有效性。除常规的视频部分外，另加"讲义""测验讨论题"的配套内容，培训经理可自行编辑打印，并发给学员。为兼顾用户的需要仅用一台 VCD 和一台电视也可进行同样内容的培训。其次，操作自助化。一旦培训教程光盘在手，培训经理可自行决定培训的时间、地点、形式、人数，加上设计简便的操作方式，培训效果自然大不一样。再次，服务网络化。通过互联网提供的课后服务，信息量大、时间周期长、内容广泛、无地域距离障碍，确保培训经理的种种疑惑能迅速有效地处理，从而真正把培训推向成功。最后是真正的低费用。一套优质自助培训教程的售价应不超过300 ～ 500 元，这个价格远低于传统培训的费用。

（七）潜能开发法

1.“拓展训练”课程

“拓展训练”起源于二次世界大战中的海员学校，目的是训练海员的坚强意志和生存能力。现在这种课程已从生存训练拓展到管理训练和心理训练等方面。拓展训练以外化型体能训练为前导，同时触及人的深层心理内涵、以达到心理素质的改善与拓展。在精心设计的各项活动中，学员将被置身于大自然和各种刺激、困惑和艰难的情景之中，在面对挑战、克服困难和解决问题的过程中，使人的心理受到磨炼，人格得到升华。拓展训练的课程内容主要有五种：拓展体验课程，回归自然课程，挑战自我课程，领导才能课程，团队建设课程。

2.“魔鬼”训练课程

“魔鬼”训练起源于日本军营训练，现已被引用到日本企业员工的培训中。“魔鬼”训练以训练的艰苦和严酷著称。这是一种在封闭环境中，极其严格、紧张和艰苦的训练。训练为期六天，其中包括40公里夜行军等12个项目的训练和考核。其目的是通过完成向心理和体能极限的挑战课程，挖掘学员自身的潜能，提高他们的自信心、意志力和承受力。教官通过让学员参加近似于体罚式的极限量体能训练（如大喊发声、限时背诵、深夜长距离急行军等），培养学员百折不挠的拼搏精神、克服困难的勇气和快节奏的工作习惯。另外，该训练通过团体训练和集体考核项目，培养学员的互助友爱和团队精神。

五、未来员工的培训与开发——学习型组织

学习型组织是当今前沿的管理理论，它是现代企业重视培训的产物，构建学习型组织、将使企业的人力资源管理发展到新的阶段。

（一）学习型组织的含义

所谓学习型组织是指全体组织成员在共同目标指引下，注重学习、传播、运用和创新知识，具有持续增长的学习力、创造力和旺盛生命力的组织。

全球畅销书《第五项修炼——学习型组织的艺术与实务》的作者圣吉，曾被美国《商业周刊》推举为当代最杰出的管理大师之一。圣吉认为，学习型组织的根本意义在于阐明了组织生命活力的源泉。学习应包括观念的根本转变及实际运作的改进。学习已经变成吸收知识或者获得信息的手段。通过学习，我们重新创造自我，能够做到从未能做到的事情，重新认识这个世界，扩展创造未来的构想。对于学习型组织来说，单是适应与生存是不够的。这必须与开创性的自我学习与自我完善结合起来，才能让组织中的每个成员从工作中发现生命的意义。学习型组织是力行某些修炼的结果，其中包括自我超越，改善心智模式，建立共同愿景，群体学习和系统思考在内的五项修炼。自我超越是学习型组织的精神基础。

不断创造和超越，是一种植根于组织成员对于学习的意愿和能力。改善心智模式就是将镜子转向自己，反思自己如何了解世界，如何有效地表达自己的想法，同时对他人保持一种更为宽容的心态。建立共同愿景，必须从个人的愿景出发，愿景是组织愿景的基石。组织共同的愿景是组织内部各式各样的个人愿景经过交流协同后的产物。群体学习，可将群体的共识转化为行动。系统思考训练使我们扩大思考的时间和空间，了解系统之所以发生变化背后的整体互动关系。系统思考所要训练的是一种整体的配合能力。只有这样，组织才有真正的活力。

（二）学习型组织的特征

1. 有一个共同的愿景

组织的共同愿景，来源于员工个人的愿景而又高于个人的愿景。它是组织中所有员工共同愿望的景象，是他们的共同理想。它能使不同个性的人凝聚在一起，朝着共同的目标前进。

2. 善于不断学习

这是"学习型组织"的本质特征。所谓"善于不断学习"，主要有四点含义，即终身学习、全员学习、全过程学习及团体学习，总之，学习型组织的成员通过保持学习动力、学习毅力和学习能力，及时铲除发展道路上的障碍，不断突破组织成长的极限，从而保持持续发展的趋势。

3. 具有旺盛的生命力

学习型组织是能让人们体验到工作中生命意义的组织。这是学习型组织非常强调的一点。能让员工到了这个单位，都感到获得了生命意义。这样，他们才能充分发挥他们的能力，这样企业才能辉煌。

4. 具有高度的创造力

学习型组织是通过学习提高创造能力的组织。请注意"能力"二字，学习的目的是为了创造。不管哪行哪业哪个岗位，想成功，必须把创新作为主旋律，把团队的创新力开发出来。

5. 扁平式的组织结构

学习型组织的组织结构是扁平的，即从最上面的决策层到最下面的操作层，中间相隔层次极少。它尽最大可能将决策权向组织结构的下层移动，让最下层单位拥有充分的自主权，并对产生的结果负责，从而形成扁平式的组织结构。在这样的体制下，上下能不断沟通，下层能直接体会到上层的决策思想和智慧光辉，上层能亲自了解到下层的动态，吸取第一线的营养，从而形成互相理解、互相学习、整体互动思考、协调合作的群体，才能产生巨大的、持久的发展动力。

6. 自主管理

在学习型组织中强调"自主管理"。自主管理是使组织成员能边工作边学习并使工作和学习紧密结合的方法。通过自主管理，可由组织成员自己发现工作中的问题，自己选择伙伴组成团队，自己选定改革进取的目标，自己进行现状调查，自己分析原因，自己制定对策，自己组织实施，自己检查效果，自己评定总结。团队成员在"自主管理"的过程中，能形成共同愿景，能以开放求实的心态互相切磋，不断学习新知识，不断进行创新，从而增加组织快速应变、创造未来的能量。

7. 领导者的新角色

在学习型组织中，领导者是设计师、仆人和教师。领导者的设计工作是一个对组织要素进行整合的过程，他不只是设计组织的结构和组织政策、策略，更重要的是设计组织发展的基本理念；领导者的仆人角色表现在他对实现愿景的使命感，他自觉地接受愿景的召唤；领导者作为教师的首要任务是界定真实情况，协助人们对真实情况进行正确、深刻的把握，提高他们对组织系统的了解能力，促进每个员工的学习。

第五节　员工绩效考评

员工考评是人力资源管理的一项重要工作。它与人力资源管理的全过程紧密联系。招聘需要考评应聘者的素质、能力和过去的业绩，定岗要考评能力与岗位的匹配程度，培训要考评专业知识和技能，报酬要考评贡献和业绩，晋升要考评能力、素质、业绩态度和敬业精神，奖惩要考评贡献或错误的程度和大小。考评能使领导者做事公平，奖惩分明，决策正确，选人用人调度有方。因此，加强员工考评理论特别是绩效考评理论的研究，并把它应用于企业管理实践中，十分必要。

一、绩效考评的含义和原则

（一）绩效考评的含义

考评是考核和评价的总称。考核是为评价提供事实依据，只有基于客观的考核基础上的评价才是公平合理的。

绩效考核是应用科学的方法对员工业绩进行客观的描述过程。绩效评价是应用考核结果的描述，来确定业绩的高低，做出评价。绩效考评是指针对每个员工所承担的工作，应用各种科学的方法，对员工行为的实际效果及其对企业的贡献或价值进行考核和评价。

员工绩效考评是人力资源管理的重要组成部分，它的作用在于通过公平合理的评价手段来确定每位员工对组织的贡献，判断员工是否称职，并作为报酬决策等依据，同时，也对其他的管理活动做出评价，促使这些活动往更优化方向发展，从而提高企业整体效率。员工绩效考评的主要任务是为人力资源管理和开发提供信息，为人事决策提供依据。

（二）绩效考评的原则

在进行绩效考评的时候，一定要注意做到科学公正客观，这样的绩效考评才有意义。为此，应该遵守以下的六项原则：

1. 公开化的原则

考评制度、考评的内容标准、考评结果要公开，使员工认识到所有的考评对大家都是一样的，这样才能使员工对绩效考评工作产生信任感和对组织的归属感，各部门和各员工之间就不会造成人为矛盾。同时，每个员工都可以按照考评的标准来要求自己，提高工作绩效。

2. 客观性的原则

要做到考评标准客观、组织评价客观、自我评价客观，不能带有考评人的个人观点，尽量避免掺入主观性和感情色彩。必须用公认的标准，进行客观的评价。

3. 同一性和差别性原则

在考评相同类别的员工时要用同一标准、同一尺度去衡量。如企业中不同部门的秘书工作，工作内容大致是相同的，可以用同一种绩效考评标准来进行绩效考评。在考评不同类别的员工时，要注意用不同的标准和尺度去衡量。如生产部门可以用产品的产量、合格率、物耗等指标，而销售部门则用销售额、销售费用、回款率等指标来进行衡量。

4. 全面原则

员工绩效表现在许多方面具有多维性。所以考评时既要考评员工产量指标、质量指标及原材料和成本的节约情况，还要考评员工平时的工作状况、人生观和价值观。这就要求绩效考评标准的指标应全面化，既有定性指标又要有定量指标，考核方式应多层次、多角度、多元化。既有上级考核又要有下级考核、同级考核、自我考核，只有这样才能防止主观片面性，使考核结果尽可能做到客观和全面。

5. 反馈的原则

在业绩考评之后，要把考评结果反馈给员工，使员工能明白自己工作的成绩和不足，同时要向其提供今后努力方向的参考意见。还应及时地将绩效考评的结果反馈给公司培训部门，以便有针对性地加强员工培训工作。

6. 制度化的原则

企业的绩效考评要作为企业的一项制度固定下来，同时绩效考评的标准、程序、责任等都要有明确的制度规定，并在操作中严格地按照制度的规定进行。

（三）绩效考评的职责分工

人力资源部在绩效考评中的职责：制定考核原则方针和政策；拟定考核制度和考核计划；对实施考评人员进行培训；督促、检查和协助各部门按计划实施考评；收集考评信息，并进行整理和分析；根据考评结果向高层领导提供人事决策的依据和建议；负责评估资料的档案管理。

非人力资源管理部门在绩效评估中的职责：负责实施本部门的评估工作；审核本部门员工的评估结果，并对评估结果负责；负责面谈反馈，与员工商讨改进绩效计划。根据评估结果做出本部门职权范围之内的人事决策。

二、绩效考评的操作程序

绩效考评应按照规范合理的程序进行，以确保考评的科学性和有效性。一般来说，员工绩效考评可以通过以下步骤进行：

（一）计划准备

1. 成立考评领导小组

考评领导小组应由以下几方面人士组成：企业主要领导人、主要职能管理部门主管、人力资源管理专家、员工代表等。其必要性在于：绩效考评工作是为了更好地实现组织目标，帮助员工更好发展自我。成立考评领导小组能指导绩效考评工作更为有效地开展，更为有序地进行。

2. 制订考评计划

为了保证绩效考评的顺利进行，人力资源部门必须事先制订计划。在计划中要明确考评的目的和对象；确定考评内容、确定考评时间。

不同的考评目的，有不同的考评对象。例如，为晋升职称而进行的考评，其对象是专业技术人员；为选拔干部而进行的考评，考评的范围就比较小；而评选先进的考评往往在全体员工中进行。

员工绩效考评的内容多种多样，一般来说，员工的工作绩效评价大致可以分为德、能、勤、绩四个方面。

德。德是指员工的工作态度和职业道德。对德方面的考核，主要就是考核员工的敬业精神和责任心，以及社会主义觉悟和相应的法律道德意识。

能。能是指工从事工作的能力。具体包括体能、学识、智能和专业技能等内容。能力不能抽象地、孤立地存在。体能指人的身体素质，包括人的力量、速度、耐力、反应力。它取决于年龄、性别和健康状况等因素。学识，包括文化水平、专业知识水平、工作经验等项目。智能，包括记忆、分析、综合、判断、创新能力，即人认识客观事物获取知识并运用知识解决实际问题的能力。技能，包括操作、表达、组织等能力。

勤。勤是指员工的积极性和工作中的敬业精神，主要指员工的工作积极性、创造性、主动性、纪律性和出勤率。

绩。绩是指员工的工作效率及效果。对此，人们又称之为绩效。绩效主要包括员工完成工作的数量、质量、效益以及为组织做出的其他贡献，包括岗位上取得的绩效和岗位之外取得的绩效。

员工绩效评价的内容也可以分为以下三个方面：

第一，业绩考评。主要是评定员工的工作业绩。

第二，态度考评。从工作态度方面把握其工作完成过程。

第三，能力考评。评定员工在何种条件下达到了企业所期待的技能水平。

不同的考评目的和对象，考评的重点内容也不同。例如，为发放奖金的考评，应以业绩为主，按业绩的高低发放奖金以鼓励员工改进绩效。而晋升职务前的考评，要重视以往业绩，更要注意其品德及能力，其着眼点是发展潜力。

不同的考评目的、对象和内容，考评的时间也有所不同。例如，工作能力相对比较稳固，考评间隔期可长一些，通常1年1次；而工作态度及业绩变化较快，间隔可短些，以便随时调整管理措施。当然也要视考评对象而异：生产、销售人员的绩效可每月考评；而技术人员、管理人员的工作短期内不易见效，以一年一次至多半年一次为好。

3. 建立考评标准

在绩效管理体系中最重要的环节就在于制定如下考评标准：

（1）绩效标准。以工作成果来考评员工的标准，就是绩效标准。

（2）行为标准。以行为作为考评标准，即行为标准。行为标准是以某种行为与某种工作结果之间存在对应性假设为基础。

（3）任职资格标准。这是用担任某职务应具备的要求来考评员工。

绩效考评的标准要有严格的制度规定，在操作中严格按照制度的规定进行。

4. 选择考评方法

根据考评目的确定需要哪些人事信息，从何处获取这些信息，采用何种方法收集这些信息，这就是选择、设计考评方法与工具所要解决的问题。考评的方法与考评目的、内容有关。例如，评选先进的考评往往通过相互比较、择优推举。

5. 培训考评人员

为了保证考评工作的质量，对考评者应该进行培训，使他们重视这项工作并增强成功的信心。通过培训，使考评者掌握相关技能，熟悉考评的各个环节，并积累一定的实践经验。掌握考评方法、克服常见偏差的目的。此外，有必要使考评者认识到考评中的敏感因素或指标，以便能够顺利地开展工作。

（二）考评实施

实施考评是指对员工的工作绩效考核、测定和记录。这一阶段的主要任务是了解被考评者的工作行为和工作结果的实际情况。在了解实际情况的过程中，一定要实事求是，全面准确地收集反映员工工作绩效的有关资料。主要做好以下工作：

1. 收集信息资料

收集信息资料是考评实施阶段的中心工作。应根据考核目的确定需要哪些信息，从何处获取这些信息采用何种方法收集这些信息。传统的收集、记录考核信息的方法有：考勤记录（上下班打卡记录、签到簿、请假记录、抽查记录等）、工作日记、生产报表、主管备忘录、现场观察记录、立功记录、事故报告等。

为使员工绩效考评得到充分的可靠的信息依据，我国吸收国外特别是日本的经验，注重随时收集，形成制度。主要做法包括：

（1）生产记录法。生产、加工、销售、运输、服务的数量、质量、成本等，按规定填写原始记录和统计。

（2）定期抽查法。定期抽查生产、加工、服务的数量、质量，用以评定考核期间内的工作情况。

（3）考勤记录法。出勤及原因，是否请假，一一记录在案。

（4）项目评定法。采用问卷调查形式，指定专人对员工逐项评定。

（5）减分抽查法。按岗位要求规定应遵守的项目，定出违反规定扣分办法，定期进行登记。

（6）限度事例法。对优秀行为（如在完成自己的工作的同时，主动给予同事帮助）或不良行为（不但不能完成自己的工作任务，还干扰他人的工作）予以记录。

（7）指导记录法。不仅记录部下的行动，而且将其主管的意见及部下的反应也记录下来，这样既可考察部下，又可以考察主管的领导工作。

评价人员要迅速收集，准确掌握员工绩效的信息资料和工作表现。

2. 进行绩效考核

（1）员工对照考核标准进行自我考核做出述职报告，并将自我考核结果反馈到考核小组。

（2）考核人员根据自己掌握的评价记录和被考核者自评资料，汇总得出被考核人员的全部真实记录。

（3）在每一次单独的考核后，考核完的数据要由考核主持人统一进行回收。如果是集中考核，考核主持人应把收集到的全部数据当众进行封装，减少被考核人员的顾虑。如果不是采用集中考核的方式，在发出考核表格时，要发给每位考核人员一个信袋。考核完的数据，由每位考核人员自己装进信袋并进行封装，之后再交给考核主持人，或由考核主持人向各位考核人员索取信袋。回收考核数据一定要按照回收考核数据的程序和规定进行。否则，将影响考核人员的积极性。

3. 绩效分析评价

这一阶段的任务是对员工个人的德、能、勤、绩等做出综合性的评价。分析评价是一个由定性到定量再到定性的过程，其过程如下所述。

（1）划分等级

对员工每一个评价指标，如工作态度、出勤等评定，一般可分为 3 ~ 5 等。

（2）评价指标的量化

为了将不同性质的项目综合，就必须分别予以量化，即赋予不同评价等级以不同数值。

（3）同一指标不同考评结果的综合

有时同一指标由若干人对某一员工同时进行考核，得出不同的结果。为综合大家的意见，可采用算术平均法或加权平均法综合。

（4）不同指标考评结果的综合

要从总体上评价一个人的业绩时，人力资源主管就要将其工作数量、工作质量、效益等综合起来考虑。这里也需将各个指标分配权数。确定各考核项目的权数值，主要根据考核的主要目的、职务。

考核的目的不同，同一指标在整个评价体系中的地位就不同，例如，性格对于职务的安排有较重要意义。一个性格内向、不善交际的人难以胜任销售部经理职务。但性格对于提薪奖励不应有什么影响，一个不适合当销售经理的人未必不能当研究部主任，其贡献未必小于性格开朗、善于交际者。

具体职务不同，同一指标要素地位也不同。例如营业部门容易取得成绩，人力资源管理部门则不容易看出来。这样工作成绩对营业部门的权数就比人事部门大。

（5）考核结果的评定

评价者要根据评价的记录与既定评价标准进行对照来分析与评判，从而获得考评的结论。评价结论一般包括被评价者的成绩（优点）、缺点（需要改进的地方）以及有关评价建议等内容。要做到客观、公正地进行评定，最好是把评价工作交给一个专门的机构去做，这样就不会带有个人感情色彩，影响评价结果的正确性。评定的结果在未公开之前，评价小组人员不得私下向员工透露，以免员工找麻烦。

（三）结果反馈

绩效考核的重要目的之一就是员工技能的开发与提高，因此，绩效评价的信息应及时反馈给被评价者，让被评价者了解组织对他的看法与评价，从而发扬优点，克服缺点。评价结论一般应采用表格或书面形式，通知被考评者，并由被考评者写出意见交考评小组。若被考评者不接受考评结论，则可交考评小组重新复评或者最高管理者最后裁定。

1. 召开考评总结会

在绩效考评结果出来后，企业要公开考评结果，要召开考评总结会，总结经验，表彰先进，鞭策后进。对于表现特别突出者要给予嘉奖，对于表现特别差的要按照末位淘汰制给予相应的处理。

2. 反馈面谈

在绩效考评结果出来后，通常主管要与被评价者进行面谈。面谈是业绩考评结果的反馈手段。

主管将考评结果和下属进行讨论，在讨论过程中，需正确掌握谈话技巧，运用一些心理学原理，则能使得考评工作起到激励的作用。主管应明确面谈需达到的目的。诱导面谈对方达到一致看法，而不是寻找训斥的机会；认识下属在工作中的优缺点，拟定某项缺点的改进计划，确定下期考核的工作要项和绩效标准。在面谈过程中，主管诱导下属讲出对自身的看法，不可采取训斥的做法，应该是双方平等讨论的形式，使得最终达成对业绩评估的一致看法。在面谈过程，要注意的两个方面是：考核面谈的目的在于讨论工作业绩而不是人格的问题；是注意未来要做的事，而不是已做的事。

（四）结果运用

结果运用阶段是绩效考评的最后阶段，也是考评作用发挥的阶段。其目标是将考评结果用于绩效改进、用于人事决策、员工职业发展以及企业诊断中去。考评结果运用阶段具体包括如下内容：

1. 制订绩效改进计划

在主管与被评价者的面谈取得对业绩一致看法后，双方就工作的弱项或升迁等人事调整进行讨论，提出相应的措施，制订绩效改进计划。改进计划是指采取一系列具体行动来改进下属的工作，它包括做什么、谁来做和何时做等。改进计划要求具有实际性、时间性、具体性的特征。在实施改进计划过程，主管采取积极的态度加以辅导，在约定期限之前提醒部下按计划进行训练，保持面谈过程所建立起来的信赖关系。

2. 制订员工培训计划、薪酬管理计划和人事调整计划

根据考评结果的分析报告，针对在考核中暴露出的问题，制订员工培训计划、薪酬管理计划和人事调整计划。

3. 修正考核标准

根据具体情况，修正考核标准、程序和内容。

使用考评结果时，应同其他的人事资料相结合，不能以此作为人员选拔或晋升的唯一依据。考核结果同经济利益挂钩时应慎重，以防影响考核的客观性和公正性。无论用于哪个环节，都不要忘记将考核结果作为员工培训和提高企业人员素质的有力工具，发挥考评的开发性功能。

三、绩效考评方法

绩效考评的方法有很多种，总体上可分为主观考评和客观考评两大类。应当根据考核对象和考核内容的特点进行选择，达到考核的客观性、正确性。

（一）主观考评法

主观考评法是当绩效指标难以量化时采用，没有准确的标准，主要依赖于考评者的经验判断。其优点是经济省时，缺点是随意性较大，考评者的主观因素会导致考评结果产生误差。

1. 评语法

评语法是一种最常见的以一篇简短的书面鉴定来进行考评的方法。考评者以一篇简洁的记叙文的形式来描述员工的业绩。考评的内容、格式、篇幅、重点等全由考评者自由掌握，不存在标准规范。通常要反映被考评者的优点和缺点，成绩和不足，改进的建议等。评语法的优点在于操作简单，对员工的评价有深度，对员工今后的绩效改善有所帮助。评语法的缺点在于考核结果在很大程度上取决于考核者的主观意愿和文字水平。此外，由于没有统一的标准，不同员工之间难做相互对比。但因为它明确灵活，反馈简捷，所以至今仍颇受欢迎。

2. 简单排序法

它是按被考核员工每人绩效相对的优劣程度，通过比较，确定每人的相对等级或名次。排出全体被考核员工的绩效优劣顺序。在全体被考核员工中先挑选出绩效最出色的一个列于序首，再找出次优列作第二名，如此排序，直到最差的一个列于序尾。

3. 交替排序法

首先列出所有评估对象名单，然后把表现最好的人和最差的人选出来，在剩下的人员中再选出最好的和一名最差的。这样依次选择最好和最差的人员，直到把全部评估对象排列完毕为止。

4. 配对比较法

此法要将每一位员工与其他员工逐一配对比较，按照逐对比较中被评为较优的总次数来确定等级名次。此法通常只考核总体状况，其结果仅有相对等级顺序。当被考评者达10人以上时，对偶比较次数太多，实际上就不可行了。

5. 强制分布法

强制分布实际上也是将员工进行相互比较的一种员工排序方法，只不过它是对员工按照组别进行排序，而不是将员工个人进行排序。这一方法的理论依据是数据统计中的正态分布概念，认为员工的业绩水平遵从正态分布，因此可以将所有员工分为优、良、中、差、劣五个等级，则每等级分别占 10%，20%，40%，20% 和 10%。然后按照每人绩效的相对优劣程度，强制列入其中的一定等级。强制分布的优点是可以克服评价者过分宽容或过分严厉的结果，也可以克服所有员工不分优劣的平均主义。但是其缺点是如果员工的业绩水平事实上不遵从所设定的分布样式，那么按照评价者的设想对员工进行强制区别容易引起员工不满。一般而言，当被评价的员工人数比较多，而且评价者不只一人时，用强制分布可能比较有效。

（二）客观考评法

根据客观标准对员工的行为进行评价的方法即客观考评法。其实质是对员工的行为按照评价的标准给出一个量化的分数或者程度判断，然后再对员工在各个方面的得分进行加总，得到一个员工绩效的综合评价结果。它体现了前述的客观性、全面性的考评原则。

1. 量表考评法

此法用得最为普遍，它也称为等级评价法。它通常作维度分解，并沿各维度划分等级，设置量表（即尺度）可实现量化考评，即将各种考核因素分为优、良、中、差、劣（或其他相应等级）进行评定。可以是由主管、同事、下级的评分，也可以是自评与其他评分相结合。

下面以中层管理干部的工作考评来介绍工作绩效考评的量表法。一般地，中层管理干部的工作评价主要从四个方面，即从管理人员的工作能力、工作表现、管理部下的能力及个人品质四大方面来进行测评。按被考评者的具体情况打分，算出每个人的最后得分，分数越高，得到的评价也越高。

量表考评法的优点是操作简便易行，易于量化。而且量表法通常只用纯数字而不附文字说明，令考评者适当选择就行了。其缺点是容易出现主观偏差，等级宽泛，难以把握尺度。

2. 关键事件法

关键事件指那些对部门效益产生重大积极或消极影响的行为。在关键事件法中，管理者要将员工在考核期间内所有的关键事件都真实记录下来。此法需对每一待考评员工每人保持一本"绩效考核日记"，由被考评者直属上级记载。主管人员将每一位下属员工在工作活动中所表现出来的非同寻常的好行为或不良行为记录下来。在半年左右时间里，主管人员和其下属人员见一次面，根据所记录的特殊事件来讨论后者的工作绩效。

关键事件法的优点在于针对性强，结论不易受主观因素的影响。关键事件法对事件的记录本身不是评语，只是素材的积累；但有了这些具体事实作依据，经归纳、整理，便可得出可信的考评结论；从这些素材中不难得出有关被考评者的长处与不足，有利于以后的改进。

关键事件法的缺点在于基层工作量大。并要求管理者在记录中不能带有主观意愿，这往往难以做到。实际工作中可以运用员工自己的周报的形式来记录。

3. 行为锚定等级评价法

行为锚定等级评价法是把量表考评法与关键事件法结合起来，使之兼具两者之长。它为每一职务的各考核维度都设计出一个评分量表，并有一些典型的行为描述说明词与量表上的分数相对应和联系（即所谓锚定），供操作中为被考核者实际表现评分时做参考依据。有了量表上的这些典型行为锚定点，考核者给分时便有了分寸感。这些代表了从最劣到最佳典型绩效的、有具体行为描述的锚定说明词，不但使被考核者能较深刻而信服地了解自身的现状，还可找到具体的改进目标。

建立行为锚定等级评价法通常要求按照以下5个步骤来进行：

（1）获取关键事件。首先要求对工作较为了解的人（通常是工作承担者及其主管人员）对一些代表优良绩效和劣等绩效的关键事件进行描述。

（2）建立绩效评价等级。然后由这些人将关键事件合并为为数不多的几个绩效要素（如5个或10个），并对绩效要素的内容加以界定。

（3）对关键事件重新加以分配。由另外一组同样对工作比较了解的人来对原始的关键事件进行重新排列。

（4）对关键事件进行评定。第二组人会被要求对关键事件中所描述的行为进行评定（一般是7点或9点等级尺度评定法），以判断它们能否有效地代表某一工作绩效要素所要求的绩效水平。

（5）建立最终的工作绩效评价体系。对于每一个工作绩效要素来说，都将会有一组关键事件（通常每组中有 6 ~ 7 个关键事件）来作为其"行为锚"。

行为锚定等级评价法有如下列优点：

①对工作绩效的计量较为精确。

②工作绩效评价标准更为明确。

③具有很好的反馈功能；关键事件可以使评价人更为有效地向被评价人提供反馈。

④各种工作绩效评价要素有着较强的相互独立性。

⑤具有较好的一致性。即由不同评价者对同一个人进行评价时，其结果基本一致。

其缺点是需要较高评价成本，经常需要聘请专家帮助设计，在实施以前需要多次测试和修改，要花费许多金钱和时间。

4. 关联矩阵法

关联矩阵法引进了权重，对各考核要素在总体评价中的作用进行了区别对待，因而更加科学和实用。而且考核相关数据都利用计算机系统进行迅速处理，减少了人为的因素。

（1）单项评价通常有下述两种方法：

①专家评定法。由 6 ~ 10 人组成的专家委员会按照考核指标体系和权重体系对被考核者进行全面的考核然后计算得分。

②德尔菲法。即利用专家们的知识和经验，通过保密的、背对背的方式进行循环打分，

确定考核结果。

（2）综合评价根据各人在各单项的得分，按照权重体系计算出每个人的综合得分。

四、360度考核法

360度考核法也叫立体考核法、全方位考核法，又称"360度绩效考核制度"。它是一种从多个角度对组织成员的工作绩效、工作能力和工作态度进行考评的方法。员工的考核人不仅是直接上司，还包括同事、直接下属、自己，甚至客户与供应商等，从全方位的各个角度来了解个人的绩效和能力，由于其信息来源的多样性，从而保证了反馈的准确性、客观性、全面性。通过这种方法的绩效考核，被考核者不仅可以从自己的上司、部属、同事甚至顾客处获得多种角度的反馈，也可从这些不同的反馈清楚地知道自己的不足、长处与发展需求，使以后的职业发展更为顺畅。

对360度考核法涉及的每一个评价方面进行细致的分析，有助于我们更好地了解其优缺点，以及认识其在实际运用应该注意的事项。

（一）自我评价

所谓的自我评价是指让被考核人对自己在考核期间的绩效表现进行自我评价，评估自己的能力，并以此设定未来的目标。由于员工直接参与考核，增加了员工对考核的投入程度；而不是被动地接受上级的评价，所以降低了员工的抗拒心理，从而了解自己，进而愿意加强自己的不足之处。

自我评价法所存在的问题是，员工们对他们自己的工作绩效所做出的评价，一般总是比他们的主管人员或同事对他们所得出的绩效等级要高。比如，一项研究显示，当员工被要求对自己的工作绩效进行判断时，所有各种类型员工有40%的人们把他们自己放到绩效最好的10%之中；剩下的人要么是将自己列入前50%之列。通常情况下只有1%或2%的人将自己列入低绩效等级范围之中，而那些总是将自己列入高绩效等级的员工，在很多时候则往往是低于一般绩效水平的。因此，使用自我评估应该特别小心。而上级在要求部属自我评估时，应知道其评估和员工的自我评价可能会有差异，而且可能形成双方立场的僵化，这也是使用自评时应特别注意的事项。

目前，企业在考评方法中，在述职基础上引入自我考评机制，通过其自我评价，总结经验，发现问题。同时，直接上级可依据下属的自我评价进行的指导和教育，从而把考核有目的的引向提高、改进被考核者的业绩和能力上。

（二）同事评价

同事的评价，是指由同事互评绩效的方式，来达到绩效考核的目的。同事彼此间工作在一起的时间很长，所以他们相互间的了解一般会比上级与部属更多。员工总是会在主管人员面前尽量地避免自己的缺点，而将自己最好的一面展示出来，但在同事之间一般来说表现的都是比较真实的一面。同时，员工的同事评估可以观察到此人的人际交往能力和领导能力，其评估结果可以有效地预测该人将来是否会在管理方面获得成功。从一项关于部队军官的研究中我们可以看出，同事之间的相互评价在预测谁能够得到提升方面也具有类似的功能。他们之间的互评，反而能比较客观。而且同事之间的互评，可以让彼此知道自己在人际沟通这方面的能力。

同事评估也可能存在以下问题，比如同事可能会依据在现实生活中的关系的亲密远疏来进行评估；而且在员工之间处于相互竞争状态的时候，用同事评估的方法会与实际的绩效情况有很大的出入；在同事评价中还经常发生这样的情况，那就是所有的同事串通起来，互相将对方的工作绩效评价为较高的等级；同时使用同事评估还可能会在员工之间产生戒备心理和敌意的情绪，伤害员工之间的感情。

（三）下属评价

在评估经理人员时，员工是非常有资格发言的，因为他们经常与其上司接触，并站在一个独特的角度观察许多与工作有关的行为。因此，下属非常适合去评价其上司在工作方面的业绩，比如领导能力、口头表达能力、授权、团队协调能力、对下属的关注程度等。随着知识经济的发展，有越来越多的企业让员工评价其上级主管的绩效。管理者可以通过下属的反馈，清楚地知道自己的管理能力有什么地方需要加强。这会对其管理才能的发展有很大的裨益。同时，从下属的评价角度也能反映出上级廉洁性、公正性等人品、职业道德方面，这是其他的考核方法所没有的优势。下属参与对上级的评定，则上级会在工作中更加注意下属的意见，而不会对下属的要求和抱怨置之不理。下属评估应该采用匿名提交的形式，并将多人的评估结果综合考虑。

（四）客户评价

客户的评价对从事服务业、销售业的人员特别重要。因为唯有客户最清楚员工在客房服务关系、行销技巧等方面的表现与态度如何。他们能提供非常有用的信息，这样的信息可用于人事决策或人事研究。国内很多公司（例如：金融业、餐饮业等服务业）在绩效考核的制度上常常将客户的评价列入考核系统之中，如评选最佳服务人员。因为服务人员的服务品质、服务态度唯有顾客最清楚。客户服务部门可以定期抽样的方式，请顾客评估该公司客户服务成绩。

（五）上级评价

通常都是由员工的直接主管来实行考核评价，直接主管的评估是绩效考核中最常见的，也是最传统的方法。它是大多数情况下，主管都是执行该项任务的最佳人选，他对员工工作的内容最为熟悉。同时，在获取其下属员工的工作情况时也较其他的评估人员容易。因此，上级评估在绩效考核中占有较为明显的优势，很多企业都会采取这种办法。

在上司独立地对员工进行评估之后，企业通常规定由上司的上司对评估做出复核。这有助于减少肤浅的或有偏见的评估结果，因为，间接上司在进行复核时，通常比直接上司更客观，并且能够对员工的工作做出更全面的了解。

（六）360度考评的工具

360度考评的工具主要是问卷调查。问卷的设计应考虑以下几个方面：

1. 问卷项目的筛选

问卷项目的筛选应遵循下面几项标准：（1）问卷的设计应以工作分析的结果为标准，测量特定工作行为，而不是一般的行为；（2）问卷项目所描述的行为应符合企业的价值观，即企业所认同和期待的工作行为等等。

2. 问卷设计的程序

企业应让组织成员参与问卷设计。这样做的好处，一是可以利用组织成员的才智来设计恰当的行为评价项目，二是可以提高组织成员对开展此项管理活动的满意度。

3. 问卷的长度

问卷的设计不能过长，否则会加大评定者的考核误差。但问卷也不能过短，否则不能包含所有行为的项目，影响了问卷的效率。问卷的长度一般以评定者能在10～15分钟内完成为标准。

4. 项目的评定

在评定项目等级的设计上，一般认为应该用偶数等级，避免用奇数等级，以避免评定者的趋中效应，而影响评定的实际效果。

5. 反馈形式

360度反馈是用作组织成员效绩评估，必须坚持反馈的匿名原则。如果反馈不是匿名的话，一些人将会更改对其上级或同事的评价。多数研究者都建议用第三方来分析数据和准备反馈报告，如外部咨询或专业的管理顾问公司。

第六节　薪酬管理

薪酬是影响员工工作满意度的重要因素，是员工对公司提供服务的一项有形的回报，同时又是一种对员工工作的认可和生活保障。员工期望得到的薪酬是公平的，同时应该与他们的技能和期望相一致，而且薪酬常常被看作地位高低和事业成败的标志。因此，薪酬成为人力资源管理的一项主要课题。

一、薪酬管理概述

（一）报酬与薪酬

报酬是指员工作为个人劳动的回报而从企业得到的各种类型的酬劳，报酬包括经济报酬和非经济报酬。经济报酬也称为薪酬，薪酬是企业因使用员工的劳动而付给员工的钱或实物。一般可以分为直接薪酬和间接薪酬。直接薪酬是指员工以工资、奖金、津贴、股权等形式获得的全部报酬；间接薪酬是指除直接报酬以外的其他各种经济回报。例如养老保险、医疗保险、失业保险、伤病补助、带薪假期等，也就是通常讲的福利。

除了薪酬以外，报酬还包括非经济报酬，它是指员工对工作本身或工作环境的满足感，例如有趣的工作、挑战性、责任感、成就感、发展的机会、舒适的工作条件等。这种非经济报酬涉及工作的心理与物质环境。所有这些酬劳构成了总体报酬方案。为了保持竞争性，组织必须对那些达到其主要目标所必需的行为结果支付酬劳。在确定有效的酬劳时，必须要考虑员工的特点。人们工作的理由有多种，其中最主要的理由就是为了取得各种报酬，当一个人正在竭尽全力地为其家庭提供衣、食、住、行时，金钱对他来说则可能是最重要的奖赏。然而，有些人每天工作很长时间，薪酬并不高，但他却很热爱他的工作。从很大程度上说，合理的报酬取决于员工的理解，通常它不仅仅是取得工资的经济报偿。

（二）薪酬的内容

1. 工资

工资是根据劳动者所提供的劳动的数量和质量，按照事先规定的标准付给劳动者的劳动报酬，也就是劳动的价格。这是总体上工资的定义。工资有两种基本形式：计件工资和计时工资。

2. 奖金

奖金是对员工超额劳动的报酬。企业中常见的有全勤奖金、生产奖金、年终奖金、效益奖金和改善提案奖等。

3. 津贴

津贴是对劳动者在特殊劳动条件、工作环境中的额外劳动消耗和生活费用的额外支出的一种补偿。其作用是保护员工的身体健康，稳定特殊岗位、艰苦岗位、户外工作岗位的职工队伍。主要形式有：地区津贴、野外作业津贴、井下津贴、夜班津贴、放射性或有毒气体津贴。

4. 股权

以企业的股权作为对员工的薪酬，作为一种长期的激励手段是十分有效的，这能把员工的切身利益与企业的经济效益紧密结合，从而促使员工为企业长期利润最大化而努力。

5. 福利

福利是劳动的间接报酬。一般包括养老保险、医疗保险、失业保险、伤病补助、带薪假期、伤病补助、住房补贴、交通补贴、通信设备等，还包括安全保护、各种文化娱乐设施等。

（三）薪酬管理的含义与作用

薪酬管理就是为了能够发挥员工的积极性并促进其发展，将员工的薪酬与组织的目标有机地结合起来的一系列管理活动。薪酬管理的作用可概括为：保持在劳动力市场上的竞争力，吸引和留住企业需要的优秀员工。鼓励员工努力学习科学文化知识，提高工作能力。激励员工提高工作积极性，高效率地工作。建立一个公平合理的组织气氛，创造良好的工作环境。控制人工成本。

二、企业工资制度的设计程序

工资是直接薪酬的主要组成部分。制定合理的工资制度是企业人力资源管理中的一项重大决策与基本建设。一项合理的工资制度必须满足两项目标和要求：一是其内在公平性。这是指该制度应保证各职务的工资按照统一的、一致的客观原则制定；二是该制度的外在公平性。这是指员工们将本企业的工资与其他同类企业中类似职务的工资作比较时，能感到满意。

（一）制定企业付酬原则与策略

付酬原则的确定是企业文化建设的重要内容，是工资制度设计的前提。它包括公平性原则，竞争性原则，激励性原则，经济原则，企业要制定有关工资分配的政策和策略，如工资拉开差距的分寸、差距标准、工资、奖励与福利费用的分配比例。

（二）职务分析

职务分析是确定薪酬的基础。结合企业经营目标，企业管理层要在业务分析和人员分析的基础上，明确部门职能和职务关系，人力资源部和各部门主管合作编写职务说明书。通过这一步就能够明确职务的职责、组织的定位、所需人员的技能等等情况。

（三）职务评价

职务评价主要是找出企业内各种职务的共同付酬因素，根据一定的评价方法，按每项职务对企业贡献的大小，确定其具体的价值。职务评价重在解决薪酬的对内公平性问题。它有两个目的：一是比较企业内部各个职务的相对重要性，得出职务等级序列；二是为进行薪酬调查建立统一的职务评价标准，消除不同企业之间由于职务名称不同，或即使职务名称相同但实际工作要求和工作内容不同所导致的职务难度差异，使不同职务之间具有可比性，为确保工资的公平性奠定基础。它是职务分析的自然结果，同时又以职务说明书为依据。

职务评价是在确定各职务内容的基础上对其进行相互比较。即是对于职务薪酬因素进行比较、分析、衡量。职务评价的方法将在后面专门说明。

（四）工资结构设计

经过职务评价这一步骤，无论采用哪种方法，总可以得到表明每一职务对本企业相对价值的顺序、等级、分数或象征性的金额。职务工作的完成难度越大，对企业的贡献也越大，对企业的重要性也就越高，这就意味着它的相对价值越大。使企业内所有职务的工资都按同一贡献率原则定薪，便保证了企业工资制度的内在公平性。但找出了这样的理论上的价值后，还必须据此转换成实际的工资值，才能有实用价值。这便需要进行工资结构设计。

所谓工资结构，是指一个企业的组织结构中各项职务的相对价值及其对应的实付工资间保持着什么样的关系。这种关系不是随意的，是服从以某种原则为依据的一定规律的。这种关系和规律通常多以"工资结构线"来表示，因为这种方式更直观、更清晰、更易于分析和控制，更易于理解。

工资结构线是一个企业的工资结构的直观表现形式，它清晰地显示出企业内各个职务的相对价值与其对应的实付工资之间的关系。工资结构线是二维的，即绘制在以职务评价所获得的表示其相对价值的分数为横坐标，以所付工资值为纵坐标的工资结构图上。

理论上，工资结构线可呈任何一种曲线形式，但实际上它们多呈直线或由若干直线段构成的一种折线形式。这是因为工资结构首先要求具有内在公平性，谁的贡献越大，对企业的价值相对越高，所获报酬应越多。因为报酬正比于贡献，正比的关系是线性的，是一种直线性关系，其对应的关系线便会呈直线形式。

（五）工资调查

工资调查就是通过各种正常的手段获取相关企业各职务的工资水平及相关信息。对工资调查的结果进行统计和分析，就会成为企业工资管理决策的有效依据。这一步骤其实并不应列在上一步骤之后，两者应同时进行，甚至应在考虑内在公平性而对工资结构线进行调整之前。这项活动主要需研究两个问题：要调查些什么；怎样去调查和作数据收集。调查的内容，当然首先是本地区、本行业，尤其是主要竞争对手的工资状况。工资调查的数据，要有上年度的工资增长状况、不同工资结构对比、不同职务和不同级别的职务工资数据、奖金和福利状况、长期激励措施以及未来工资走势分析等。

薪资调查的渠道有哪些呢？通常包括：企业之间的相互调查；委托专业机构进行调查；从公开的信息中了解。数据来源渠道首先是公开的资料，如国家及地区统计部门，劳动人事机构，工会等公开发布的资料，图书及档案馆中年鉴等统计工具书，人才交流市场与组织、有关高等学府，研究机构及咨询单位等；其次则是通过抽样采访或散发专门问卷进行收集。但目前在我国，工资管理政策及数据在许多企业属于企业的商业机密，均不愿意让其他企业了解。所以在进行工资调查时，要由企业人力资源部门与对方对应部门或总经理联系或利用其他方式获取信息。只有采用相同的标准进行职务评估，并各自提供真实的工资数据，才能保证工资调查的准确性。通过新招聘的员工和前来应聘的人员，也能获得有关其他企业的工资情况。各企业发布的招聘广告和招聘信息中也常常披露其工资和福利政策，不失为资料来源之一。

根据调查信息和职务评价结果，将职务和市场工资一一对应，就可绘制出市场工资曲线，用以表示市场工资水平与通过职务评价所确定的职务价值两者之间的关系。参照同行或同地区其他企业的现有工资来调整本企业对应职务的工资，便保证了企业工资制度的外在公平性。

另外，调查的资料要随时更新。随着市场经济的发展和人力资源市场的完善，企业的薪资情况经常变化，要使调查的资料及时更新才有参考价值。

（六）工资分级与定薪

这一步骤是指在职务评价后，企业根据其确定的工资结构线，将众多类型的职务工资归并组合成若干等级，形成一个工资等级系列。通过这一步骤，就可以确定企业内每一职务具体的工资范围，保证员工个人的公平性。

1. 工资等级

如果要对应于每个职务的相对价值来发放工资，那么可能出现成百个职务都有着不同的工资率的情形。为此组织先要将类似职务归入同一工资等级，使工资管理有可操作性。如果用套级法进行职务评价，那么其中心就是划分等级，可与工资等级相对应；如果用评分法进行职务评价，同一个工资等级包括的会是分值接近的职务。一般情况下，企业多采用10~15个工资等级。

2. 工资幅度

工资幅度是指同一工资等级内工资上、下限之间的差距。企业通常选择市场工资曲线或点阵图上对应的点作为上下限之间的中心，上、下限与中心的差值一般取中心值的某个百分数，比如取15%或20%，也就是说工资等级越高，同一等级内最高工资与最低工资的差距也越大。

同一工资等级内的工资水平必须存在差距，因为除了职务特征以外，员工报酬水平还应与资历、能力及工作绩效相关。有良好工作绩效的资深员工，所得报酬可能是其职务所在工资等级的上限值，工作能力一般的新员工所得报酬则可能处于工资等级的下限。差距的存在还增加了工资调整的灵活性，给员工增加工资就可以在原有与职务对应的工资等级内进行，而不必上升到一个新的工资等级。

当工资等级幅度大到一定程度时，就会出现某一工资等级的上限值比高于它的工资等级的下限值要高的结果。这种工资结构可能产生的激励效果是：员工会付出更多的努力和热情做好自己的本职工作，而并不是对晋升更感兴趣。

（七）工资制度的管理和控制

企业工资制度一经建立，就要进行适当的控制与管理，使其发挥应有的功能。

1. 使员工关心、了解并接受工资制度，尤其是职务评价的结果。

2. 工资应当及时调整。为此，工资制度中必须对每一职级的起薪点和顶薪点之间的工资幅度中，明确划分出一定的工资等级，规定加薪标准和规则，并有适当的考核程序与之相配。

3. 控制工资成本。在国外，员工定薪有三种方法：

（1）预算法。先确定工资总额预算，各级干部与员工的定额必须控制在此总额范围之内。

（2）下行法。即按劳动力市场状况，先确定本企业第一把手的工资，再据此逐级向下定薪。

（3）上行法。先给基层非管理类职务定薪，然后逐级向上确定。此法的关键是作为基准的第一个职务的薪金要确定适当，否则其余的都会跟着乱套。

4. 工资支付形式的透明度。我国员工的工资支付是公开的。但现在在一些外资、合资企业中流行秘密付酬方式，其理由是人们习惯平均主义，对相互间收入的差距，心理承受力差，容易导致矛盾的产生。反对者则认为按劳付酬是合理的，具有强大的激励作用，如若保密，会削弱激励机制等。

其实付薪方式应该是公开的，但必须让员工了解企业的工资政策及定薪的基本原理，接受员工的批评与监督，最大限度地发挥工资制度的激励作用。

三、职务评价方法

职务评价主要是找出企业内各种职务的共同付酬因素，根据一定的评价方法，按每项职务对企业贡献的大小，确定其具体的价值。职务评价的方法主要有以下几种。

（一）排序法

排序法是最简单的职务评价方法，它通常依据"工作复杂程度"等总体指标，对每个职务的相对价值予以排序。它包括有以下几个步骤。

（1）获取职务信息

首先进行职务分析。要对每个职务制定工作规范，这种方法是根据"职务总体情况"而不是根据一系列薪酬因素对职务进行排序，因而对于职务说明书并不像在其他的评价方法中那样不可或缺。

（2）选择等级参照物并对职务分等

在实际操作中，常见的是按部门或不同的职业种类（比如，生产工人、监督人员、行政人员等）进行职务排序。这就避免了将生产工人与行政人员直接比较。

（3）选择薪酬因素

在排序法中，通常是在职务总体情况的基础上，仅使用一个因素将工作进行排序。因此不论你选择了什么薪酬因素，要对评价人员仔细解释这项薪酬因素的具体含义，以保证评价工作的一致性。

（4）对职务进行排序

最简单的做法是给每个等级建一套索引卡片，每套卡片都要对职务进行一个简短的说明，然后把这些卡片按其代表的职务的价值从低到高进行排序。为了取得更精确的结果可使用"交替排序法"。具体做法是，先拿出等级最高的卡片，然后拿出等级最低的卡片；再是第二高的卡片，然后是第二低的卡片，依次类推，直至把所有的卡片都排好序号。

（5）综合排序结果

对职务排序时，通常还要分别使用几种等级标准。于是，一旦排序工作完成，企业只需简单的取其平均值。

排序法的优点是简单、容易、操作花费的时间最少。它的弊端是实际操作中过分地依赖"主观估计"。

（二）套级法

套级法与排序法的区别在于，此方法需预先指定一套供参照用的等级标准，再将待定级的职务与之对照，从而确定该职务的相应级别。标准的制定，通常是将企业中所有职务划分为若干类型，如管理人员类、技术人员类等等。每类职务再分为若干等级，等级数的多少取决于职务的复杂性。

对每类每级职务，要选出一个具有典型性的关键职务，附上相应的职务说明书和规格，这些关键职务及其相应说明及规格，便构成了供套比用的等级标准。把待定级的职务与这些标准相对照，即可为大部分职务找到对应的级别。此法只能作整体的综合性的评价，难于进行精确评比，难免相邻等级间有重叠之处，而且等级间是非等距的，因而不能明确赋予它们以对应数值，因此同样不能进行定量分析。这种方法仍仅适用于小型的、结构较简单的企业。

（三）评分法

评分法，又称记点法，这是运用得最普遍的职务评价法，大中小企业均可使用。它与套级法的相同之处在于，先开发出一套可供比较评价标准的尺度。其区别在于，它不是对各待评职务作总体评价，而是找出这些职务中共同包含的"付酬因素"，即与履行的职责有关，因而企业认为应当并愿意为之支付报酬的因素。这些因素反映了企业对职务占有者的要求。典型的付酬因素有学历、工作经验、所承担的责任、劳动条件等。付酬因素应是在衡量职务时企业的价值中较重要的。确定了付酬因素后，还必须把各因素适当地分为若干等级。等级的多少取决于赋予各因素的权重。因素越重要，权重越大，等级越容易确定，则级数也应越多。一般可分为 3 ~ 5 级。找出付酬因素并分好等级后，还必须对每一因素的整体及各等级分别以简要说明予以界定。以便于在职务评价过程中据此评定每项职务在一定因素方面的等级。制定等级标准的最后一步是决定对每一付酬因素赋予多少总分，以及这些分数在各等级间应如何分配。最常见的一种评分标准的总分取 500 分。总分在一种因素的各等级之间的分配，应由专家依据统计学原理来制定。

这种方法成本高，过程复杂。但是其标准一旦建立，职务评价即评级的操作就会变得简单易行，只需将待评的诸职务，就评级标准中每一付酬因素，逐一对照每一等级的说明，评出相应分数，并将各因素所评分数值求出，这项计分便代表了该职务对本企业的相对价值，然后根据转换表便能转换出相应的工资金额。

（四）因素比较法

它与评分法有相同之处，也是要先找出适当的付酬因素。它们的不同之处，首先是因素比较法无须预先开发出一个"评价标尺"，而是先在本企业中找出若干有代表性的关键职务作为职务评价时的参照物。这些职务的数量应有较大的涵盖面，足以代表本企业内各种类型的职务，因而通常需要 15~20 个，它们都是员工们普遍熟悉和了解并为企业外部公认具有典型性的。此外，因素比较法舍弃了代表职务相对价值的抽象分数，而直接用相应的具体工具来标示各职务的价值，省略了分数——工资的转换过程。用因素比较法进行职务评价的过程如下：

（1）选择付酬因素。最典型的是所需技能高低、所费智力水平、所耗体力大小、所担责任轻重及工作的优劣五种因素。

（2）确定关键职务。

（3）依次按所选各付酬因素，将各关键职务，从其相对价值最高到最低，排出顺序。

（4）为各关键职务按各付酬因素分配工资值。

（5）比较按工资和按因素价值排出的两种顺序，如若不吻合，就必须重新进行调整，或重新按因素排序，或将各职务的因素月薪重新分配。

（6）对照因素比较表，对非关键待评职务进行职务评价。

综上可见，因素比较法是比较系统而完善的，它不仅可靠性高，而且可由职务内容直接求得具体的价值金额。又因每种因素没有赋值上限和下限，因此比较灵活，可根据各企业特点及行业特点作相应的特殊处理。

第四章　企业人力资源管理

第一节　我国企业人力资源管理的现状及发展趋势

如今的时代无疑是以人为本的时代，人是最重要的生产力，是社会物质财富与精神财富的创造者，是经济发展的核心竞争力。改革开放后的几十年时间里，社会环境发生了巨大改变，而这改变的推动者是人，人成了社会发展的主力军，人们用知识与头脑改变着世界，改变着自己生产与生活方式：机械化作业，智能化沟通，虚拟化交易，移动办公……我们的社会进入了全新的时代。在这样一个时代大背景下，企业生存与发展的核心竞争力是拥有强大的知识资本，这是企业不断创新与前进的主要技能，而拥有知识资本的正是现在企业管理理念中具有标志性竞争优势的人力资源。可见，人力资源在现如今飞速发展的时代扮演着多么重要的角色。现如今，企业发展方向也已经从只关注于生产转变为即关注生产，更关注市场动向上来，企业已经认识到人力资源对企业生存与发展的重要意义，企业也必将不惜一切代价投入到"抢夺人才"的大战中来，如何去寻找人才，留住人才，这也是企业人力资源管理所面临的最核心问题。经济全球化、信息网络化、社会知识化及组织形态变化给生活和工作带来挑战和冲击，人力资源管理有其时代特点，同时也面临着巨大问题，这些问题将阻碍人才发展，也必将阻碍社会进步。因此，寻求人力资源科学化、创新性管理势在必行。遵循人力资源管理发展规律，充分认识与把握人力资源管理发展趋势，这是企业寻求生存与发展的战略性选择。

一、我国企业人力资源管理的特点

每个时代人力资源都拥有与自己时代相适应的特点。随着社会经济大环境的变革，人力资源管理也形成了自己的特点，例如，现代人力资源管理越来越重视"人"的作用，将"人"的全面发展放在了核心位置；越来越多人才流入薪资福利待遇等各方面条件都很好的民营企业，他们看中的是富有挑战性的工作内容，灵活多变的工作形式以及良好的职业生涯规划，与此同时，也就造成了人力资本大规模、高频率的流动，从这些方面我们也不难发现人力资源管理存在的诸多问题。

（一）现代人力资源管理以"人"为核心

现代企业人力资源管理已经充分认识到了"人"对企业生存与发展的重要性，充分认识到了"人"是企业的经济命脉，是企业的核心竞争力，是企业可持续发展的唯一支柱。因此，企业将"人"作为核心，视为企业第一"资本"，充分地开发人的潜在价值，以求取得更大效益。企业在人力资源管理过程中，不仅因岗择人，而且因人设岗，充分调动员工工作积极性，使员工更努力地为企业创造价值。现代企业人力资源管理"以人为本""着眼于人"，充分利用个体在知识层面与性格层面的差异来满足企业对员工的不同要求，同时，企业的人力资源得到了充分合理利用，使企业各项资源得到了优化配置，为企业取得了更大经济效益与社会效益。

现代企业人力资源管理充分考虑"人"的核心价值，采用理性与感性的方式进行人力资源优化配置。现代企业人力资源管理具有理性管理的特点，因为任何一个企业选择与培养员工都是为企业服务的，任何一个员工的存在都必须要为企业带来效益的，都是要体现存在价值的。人力资源理性管理不仅是企业内部发展规律的要求，也是社会优胜劣汰生存法则的必然规律。任何一个企业不遵循这样的规律都将被瞬息万变的社会所淘汰，最终湮没在历史的尘埃里。之所以说企业人力资源管理具有感性管理的特点，是因为企业在选人与用人上较多地考虑了人的个体差异、情感归属、自尊、价值等方面的需要，使人在工作中得到更多成就感与幸福感。多激励，少束缚；多肯定，少打击；多援助，少命令；多奉献，少索取；多团结，少孤立。充分发挥每个个体在集体中的特长，为集体创造更大的价值，反过来，集体为个体成长与成才提供更广阔的平台，全力地支持个体的发展，从而实现共赢。这就是企业与员工共生共赢的生存法则，也是企业人力资源管理将理性与感性相结合发挥作用的最显著成果。

（二）企业人力资源管理拥有灵活的用人机制

市场经济条件下，大多数企业产权明晰，受到政府干预比较少，能够独立自主的选择企业所需要的人才。结合企业发展目标与人员自身情况，进行人力资源的动态管理，不断地进行人力资源心理调节与开发，选择适合企业发展的员工。在选择与培养企业员工的过程中，通过对员工进行职业生涯规划，不断培训，不断地进行岗位调整与重组，使"物尽其用，人尽其才"。在企业与员工互相适应与磨合的过程中，企业培养出了最适合企业发展的员工，淘汰不适合的员工。人力资源管理灵活的用人机制不仅体现在选拔人才与培养人才上，还体现在薪酬制度上。现代企业拥有灵活多变的薪资标准与奖惩制度，根据员工的工作业绩、能力大小、职位高低等制定弹性的薪酬标准，鼓励勇于付出，敢于创新，表现优异的人才。在薪酬发放形式上也体现了灵活多变的特点，除了物质性的奖金与福利外，还会有精神上的肯定与鼓励，荣誉证书、光荣称号就是最好的精神性奖励。另外，除了物质上与精神上的薪酬标准外，企业还会通过晋升手段，给有业绩、有能力的员工于肯定，赋予他们更多的管理权力与职责范畴，以此来激励他们为企业创造更大价值。

与传统用人机制相比，现代企业人力资源管理的灵活用人机制还体现在企业与雇员之间的自主选择权。在计划经济时代，人们追求"包分配""铁饭碗"，排斥自主创业，自主创业企业很难招到持续稳定的员工。现如今，市场经济条件下，人们的观念发生了很大的转变，不再一味地追求稳定与安逸，而是寻求合适的企业平台去实现自身价值。企业选择适合人才，人才认同企业文化，在团结奋进的氛围中，企业与雇员之间的双向选择使人力资源得到了优化配置，促进了企业发展，促进了人才进步，更促进了社会可持续前进。

（三）企业人员流动性明显加强

与传统的人力资源管理相比，目前我国企业人力资源管理任务更艰巨，工作内容更丰富，工作量更大。随着经济的发展，人们受教育程度的提高，人才对工作环境与内容的要求也越来越高。例如，一些高层次管理人员与技术人员，当他们所在的企业不能满足他们越来越宽广的视野，越来越高的物质与权力要求时，他们会毫不犹豫地转身离开，去更大的舞台寻找他们的发展空间。又如，刚毕业没有工作经验的毕业生面临他们第一份工作的时候，带着懵懂与闯劲小心翼翼地对待这份工作，当他们渐渐地了解了业务内容与工作环境之后，他们对工作又有了全新的判断，对自己的定位又有了新认识，这无疑又增加了企业人员的流动性。在人力资源双向选择的情形下，企业对员工的选择也变得更加"挑剔"。学历要求是企业选择员工的硬性要件，能力要求是企业使用员工的考核标准，品德行为是企业文化对员工的价值判断准则，在这一系列的要求下，寻求适合企业发展的员工也必将付出一定的人力、物力与财力。

总结来说，人才流动是社会发展的必然现象，人才通过流动使自身增值是人才流动最主要的内驱力；高精尖人才缺乏与市场需求是人才流动的诱因；人才视野的开阔与企业各种手段的吸引是人才流动的直接原因。人才的盲目流动有其弊端，一方面人才的盲目流动增加了企业人力资源管理成本，减慢了企业发展速度，减弱了企业的市场竞争力；另一方面，人才的盲目流动，动摇了人才知识与经验储备的根基，增加了人才自身的时间成本与机会成本。从企业发展与人才自身成长的角度来看，人才流动有其无可比拟的优越性，这使企业人力资源得到优化配置，使人才有更广阔的发展平台。正确认识人才流动，合理开发与利用人才，是企业人力资源管理所面临的新课题。

（四）知识型员工需求多元化给企业提出了更高的挑战

在我们所处时代的社会大背景下，人才的需求明显呈现出多元化态势，这将给现代企业人力资源管理带来巨大的挑战。如何满足知识型员工的多元化需求，如何留住有多元化需求的高精尖知识型人才，是企业应思考的问题。制定切实可行的激励机制是企业人力资源管理至关重要的环节，越是完善的激励机制越能吸引人才，留住人才。那么，在制定与实施激励机制之前，企业首先要考虑的就是知识型员工的多元化需求体现在哪些方面。首先，必要的劳动报酬是必不可少的员工付出劳动之后的所得。但现代雇佣关系中，报酬已经不仅仅是一种生理层面的需求，而且也是员工个人价值实现与社会身份、地位的明显标志。例如，一名员工在某家企业里的工资是2000元，那么他一般情况下不会是企业的中高层管理人员，也不一定是不可替代的"高、精、尖"型人才。其次，知识型员工在获得劳动报酬的同时，更要分享企业某一时间段所创造的价值成果，如股权分红、奖金等。第三，除获得报酬与分享公司价值成果外，知识型员工又有了与传统型员工不同的需求，如知识与信息的分享需求，个人获得培训与培养以寻求成长与发展的需求，工作环境与形式交流增值的需求，等等。第四，虽然知识型人才就职于某企业里，但他们仍然希望主宰自己的命运，掌握自己的发展方向。大多数知识型员工都会根据自身的特点、愿景、实际情况来规划自己的职业发展道路，当自身的状况与企业规划发生冲突时，大多数员工不会受外界束缚而独立自主地做出自己的选择。面对知识型员工如此多元化的需求，现代企业人力资源管理在制定激励机制时更加注重创新与多元，更多地考虑员工的多元化需求就是为企业的长远发展奠定坚实的基础。

二、我国企业人力资源管理存在的问题

我国人力资源管理对企业的生存与发展起到了至关重要的作用，尤其是在人才是核心竞争力的今天。企业的发展离不开四要素：资金、技术、管理、人才。而如今社会经济发展水平突飞猛进，金融市场各项政策不断开放，企业融资与贷款已经不是难事，资金对于企业来说已经不是最主要制约发展的决定性要素了；技术与管理需要人才来完成。因此，人才是企业不断向前迈进的主力军。我国的很多企业因机构设置简单、管理部门偏少、人员数量不多等特点，使企业人力资源管理工作存在很大的灵活性；但从另一个角度看，我国企业人力资源管理又存在很大问题，例如人力资源管理体系不完善，管理模式相对陈旧；企业对于人力资源管理投入不足；人力资源管理部门职能单一；人力资源约束与激励机制不健全；管理方法与手段不科学等等。

（一）人力资源管理模式陈旧

人力资源管理是企业战略发展必不可少的环节，是企业人才吸收、整合、维持、激励、开发的可靠保证。但目前我国很多企业人力资源管理仍然走不出传统人事管理的影响，仍然延续传统人事管理对人才的事务性管理，并没有建立全面、系统的人力资源管理体系。具体表现在：

1. 缺少对人力资源长远的规划目标。大多数企业由于缺少企业发展的战略性规划，只是忙于眼前的业务工作，致使人力资源管理工作不得不局限于眼前的事务性工作；另一方面，人力资源管理不能与企业长远发展战略更好地结合，可能导致人才需求计划跟不上企业的发展步伐，导致企业的人才结构不能有效地支撑企业的发展壮大。究其原因，企业所有权人的思维与眼光是决定性因素，中高层管理者的知识结构、文化素养、战略眼光、全

局掌控能力等也对人力资源管理水平起着至关重要的作用。

2. 家族式人力资源管理模式仍普遍存在。企业内部规章制度的制定与实施掌握在少数管理者手中，在人力资源管理过程中任人唯亲、朝令夕改。这种管理模式极容易在企业内部形成不良风气，严重影响员工工作的热情与积极性。

3. 人力资源管理程序缺乏系统性和法制性。目前我国的中小企业占据市场的半壁江山，很多企业在人力资源管理的过程中缺少程序性与法制性。例如，招聘与使用人才过程中，缺少对员工的培训与考核，一经录用，立即上岗，边工作边摸索。又如，很多中小企业约定过长的试用期，签订的劳动合同缺少法律规定的内容或者不签订劳动合同，不为员工缴纳国家规定企业必须为员工缴纳的保险等。

（二）企业人力资源管理投入不足

我国大部分企业对人力资源管理的投入相对于其他管理部门而言较少，体现在两个方面：一是战略与管理方面的不重视；二是人员配备不到位与资金投入不足。大多数企业没有把人力资源管理放在企业发展的战略高度上去加以重视。企业经营者与管理者将主要精力投入到生产与销售等流通领域的业务上，忽视了人力资源对企业发展的重要作用。没有健全的人力资源配备就不可能在经济飞速发展的时代大背景下取得人才竞争的胜利。很多企业的人力资源管理人员不具备专业基础知识与从业经验，对企业人力资源管理不能从整体上和宏观上把握。企业管理者的主观因素与管理专员的业务素质对企业人力资源管理起着决定性作用。面对这样的问题，企业管理者如何将人力资源管理放在企业发展的首要位置，如何选聘具有丰富经验的人力资源管理从业者，值得深入探究与实践。

（三）人力资源管理部门职能过于简化

在我国，很多企业把人力资源管理部门定位于低职能的从属部门。很多企业人力资源管理部门的工作职责仍然停留在简单的考勤管理，档案与合同管理，这些事务性工作仍然延续着传统人力资源管理工作的内容。人力资源规划、绩效管理、奖惩与激励机制、人才评价、员工培训等事务名存实亡，一纸空文，束之高阁。企业里这样的人力资源管理部门形同虚设，并没有对企业的经营发展起到多大作用，而这样的企业也往往做不大做不强。其次，目前我国大多数中小企业人力资源管理部门仍然是企业中职位最低的一个辅助性部门，不能从战略高度去统筹整个企业的人力资源状况，不能及时有效地分析与掌握企业对人才的战略性需求。人力资源部门这样的处境多数是由于经营者的眼光与思维，跳不出眼球局限的小环境就不会成就企业发展的大视野。

（四）人力资源管理约束与激励机制不完善

公司遇到困境时，业务人员与销售人员纷纷辞职，如此散漫的人力资源管理是导致人员流失的最主要原因。马斯洛的需要层次理论认为，人的需要层次是逐渐升高的，当人的低一层次的需要被满足时，就需要寻求高一层次需要的满足。当人的生理、安全、社交需要满足之后，就开始寻求尊重与自我实现需要的满足，这也正是人的社会属性当中一个最重要的部分。同样的，企业经营管理中，所要应对的正是如何满足人的尊重与自我实现的需要，如何调动员工的积极性与主动性，如何将员工自身特点与需要与企业的运营与发展合理融合。企业的生存与发展需要人才的一系列行为支撑，人才的自我实现价值需要企业提供广阔的平台，此时，如何运用人力资源管理的手段来约束与激励人的行为，尊重人的价值，合理配置人力资源是人力资源管理要解决的关乎企业生存与发展的战略性的问题。

目前，我国人力资源管理的约束与激励机制存在严重问题。第一，约束与激励机制体系不健全。很多企业没有认识到约束与激励机制的重要性，没有相应的约束与激励机制体系，或者约束与激励体制不健全。很多企业将评价指标定位为业务指标或者财务指标，忽视了人才指标。很多单位只给员工发放基本工资，国家法律规定的基本养老保险、医疗保险、工伤保险、生育保险以及住房公积金并没有落实，更别提住房补贴、交通补贴、吃饭补贴、电话补贴等一系列补贴性待遇了。第二，约束与激励机制形同虚设。很多企业有一系列的约束与激励制度，但这些制度只存在于书面，并没有落实到行动上。这又体现在两个方面，一方面企业管理者只是通过表面的许诺来吸引优秀人才进入企业，之后又以各种各样的借口不兑现承诺，例如保险、福利、补贴、奖金、股权等；另一方面员工在执行的时候并没有领会其中的意思，或者有意不为。无论哪一个方面不执行都会导致约束与激励机制成为一纸空文。

（五）人力资源管理方法不科学

我国很早引进了人力资源管理的概念，并在实践中取得了很好的效果。特别是在具有一定规模的企业中得到了很好的应用与发展，但在很多中小企业中却缺乏科学的人力资源管理方法。具体表现在：第一，在人力资源管理过程中缺乏对人力资源的合理规划。很多用人单位并没有制定人力资源规划，而是随时用人随时组织招聘，对企业的人才需求并没有准确地预测与把握，也没有建立人才库以备不时之需；第二，人才招聘过于注重形式。很多企业人才招聘流于表面，并没有通过科学方法选择真正适合企业的人才，这就为人才的引入与管理增加了很大的麻烦，也增加了企业人力资源管理成本；第三，缺少科学实用的培训。培训指的是企业文化与业务能力方面的培训，很多企业的企业文化培训"假、大、空"，业务能力培训过于理论化，这并不能从思想层面和实际操作层面给予员工正确的引导，以至于优秀人才流失；第四，绩效考核方面存在很大主观性。在绩效考核方面，很多企业单纯地通过出勤与可见性业务利润评价员工的绩效，并且在考核中以管理者或考核人的主观判断来评价员工，这往往会给员工带来情感上的伤害与实际利益方面的损失，也会间接地影响公司的发展；第五，薪酬管理与劳动关系方面也存在很大问题。很多企业没有与员工订立劳动合同，约定试用期过长，决定员工去留问题上以主观判断为准，拖欠工资等。很多企业由于资金短缺、企业规模小、业务进展困难，以上问题大量存在，并且复合型存在。

三、我国企业人力资源管理发展趋势

随着经济的高速发展，科技的快速变革，对专业人才质量的要求将会越来越高，对复合型人才的需求将会越来越多，人力资源管理也必将呈现出多元化趋势。突出表现为：第一，人力资源管理部门工作量弱化。例如，人力资源部门只负责所招聘岗位人才的筛选工作，笔试、面试、录用考核、薪资标准、绩效等直接由人才录用部门负责，人力资源管理部门只对各部门人力资源整体把握，综合管理；第二，人力资源管理工作外包。由于经济发展，社会分工的细化，人力资源的很多工作进行外包，例如社会保险，档案管理，人才招聘等工作。人力资源中介机构对企业人力资源起到很大辅助性作用；第三，人力资源战略性管理工作强化。例如，制定与公司发展战略完美契合的人力资源管理规划；帮助员工设计职业生涯发展规划，从行为上和心理上与员工共同发展、一起成长；第四，计算机辅助管理。科技化与自动化是人力资源管理的一大发展趋势。计算机会帮助企业进行人力资源数据的整合与筛选，员工管理，绩效评估等，从而解放了人力资源管理者，使人力资源管理者将注意力更多地放在战略与制度层面。通过日本松下电器的人力资源管理的成功案例来分析人力资源管理发展的趋势。松下电器的成功与其成功的人力资源管理密切相关，其成功经验值得正处于经济转型期的我国中小企业经营管理者学习和借鉴，先进的管理理念，切实可行的管理实践将助力企业的发展。

（一）人力资源规划的系统性与全面性

成型的人力资源规划将对企业的生存发展产生重大影响。公司创办自己的研修所和培训班对员工进行职业技能与未来发展规划，这是人才愿意长期效力于该企业的原因之一，也是未来人力资源管理发展趋势之一。未来的人力资源管理规划将比目前国内人力资源管理规划整体水平更上一个台阶。各企业将拥有自己的人力资源管理信息平台，及时有效地补充企业所需各项人才，并对企业人力资源管理的一系列工作流程进行监督与管理，包括人才选择、岗前与定期培训、薪酬福利管理、绩效考核、员工关系、劳动合同与档案管理、职业生涯规划与人才晋升等一系列涉及人力资源管理的工作。一方面，人力资源规划的系统性与全面性不仅仅是从企业角度出发的，更重要的是从人才的角度出发的，充分尊重人才的岗位需求与人才需求，充分考虑人才对企业文化的认同感与岗位职责的匹配度，充分利用约束与激励机制调动人才的积极性与归属感，充分尊重企业发展与社会发展规律等；另一方面，对人力资源各项工作进行动态管理，进行事前、事中与事后控制，全方位、多角度地做好管理工作。制订人力资源管理计划，在实际操作中收集人力资源管理过程的实际值，将实际值与计划值进行比较，当实际值优于计划值时，继续保持良好发展势头；当实际值严重偏离计划值时，采取纠偏措施，及时调整各工作环节的工作方法和状态，力争用最小的成本、最短的时间解决问题。人力资源的动态控制属于过程控制法，更要做好各项管理工作的预测与分析工作，针对各种可能发生的风险进行风险预测，风险评估，风险响应与风险控制，将风险消灭于萌芽中。对于不可避免的风险，采取风险规避或转移的处理方法，减少风险对企业发展的影响。

（二）关注知识型员工，建立新型员工关系

随着社会经济的发展，分工的细化，人力资源管理也将从宏观调控角度细化到微观层面。人力资源管理某个层面外包将是大势所趋，例如，人员招聘外包猎头公司，人员培训外包培训公司，人员档案外包人才市场，保险福利交由保险公司，薪酬税务交由会计公司等等。但无论人力资源管理工作如何外包，企业员工关系必将由企业自身进行管理。员工关系管理好坏将直接影响企业的生存与发展。沃尔玛创始人山姆·沃尔顿在他的《自传》中就讲过这样一句耐人寻味的话："公司飞速发展的真正源泉在于我们的管理者同我们的员工的良好关系，这是我们公司能够不断在竞争中获胜，甚至获得自己意料之外的成果的唯一原因。"也就是说，员工关系处理得好，企业将更上一个台阶；员工关系处理得不好，企业有可能面临破产。可见，员工关系对企业发展的重要性。从这一点上，我们不难看出，员工关系涉及企业与员工，而员工是企业发展的源泉，因此，企业在选择与管理员工上需要花费更多的精力。传统员工关系基本上是劳资关系，而未来的员工关系绝不仅仅停留在劳资关系上。传统员工关系由于是劳资关系，而劳资关系双方的利益出发点和落脚点存在极大差异性，因此往往站在彼此的对立面去运营与服务公司，自然地，员工关系维持与发展存在很大弊端。而且，围绕劳资关系的员工关心的无非是工作报酬、薪资福利、休息休假等问题，无法上升到企业发展与人员素质提升的层面上来。与传统员工关系相比，未来员工关系管理的内容更加丰富，手段更加科学，成效更加显著。从企业发展来讲，企业将为有能力的员工提供更广阔的发展平台，让员工参与企业经营与管理，为员工量身定做职业发展规划与晋升标准；从员工自身来讲，以主人翁的身份参加企业运营管理将提升自身工作的积极性与主动性，获得价值实现的满足感。此时的员工关系将是一种合作关系的管理，将是统一战线的管理，将是企业战略共赢的管理。案例2中松下公司非常重视员工的培养，为员工的职业技能与职业生涯做了很好的规划，为员工提供内部晋升的平台与外部拓展的空间。松下公司将员工的发展比作企业的发展，把企业的发展与员工的集体智慧相联系。从这点上来看，未来员工关系的特点也就体现出来：第一，企业的生存与发展是企业所有者与经营者共同的责任；第二，企业与员工实现信息与资源共享；第三，企业与员工有效合作，互惠互利，成果共享。

（三）利用信息技术，实现虚拟化管理

科技改变世界，科技改变生活。网络时代给我们的工作与生活带来了天翻地覆的变化，足不出户知晓天下事，足不出户解决衣食住行。传统的工作方式是时间、地点、人物三合一，而现代工作方式是远隔千里、穿越时空仍然可以面对面地沟通交流，例如电话会议、视频会议、网上交易等等。那么，对于人力资源管理来说，虚拟化管理也是一种发展趋势。

例如，招聘流程的虚拟化与简约化，薪酬、福利、绩效管理的虚拟化与科学化，工作方式的虚拟化兼顾效率，效果评价的虚拟化与数据化等等。未来人力资源管理虚拟化的可能性变革将会以我们始料未及的变化趋势影响着企业与员工的生存与发展。因此，牢固掌握人力资源管理全套理论体系。切实结合社会经济、文化等的发展情况，深入分析人力资源管理发展趋势，将会助力企业腾飞。

第二节　企业人力资源管理创新策略

如今的时代是信息与技术高速发展的时代，是以人为创造主体的时代。如今的时代对人的要求已经不仅仅局限于体能与知识层面，还要求人的发现、创造、突破等一系列涉及社会进步与发展的智力性因素。如今时代下的社会环境对人的要求越来越高，如何使人的主动性与积极性得到充分发挥，如何做好人力资源管理工作，是现行体制下所要考虑的问题。现代人力资源管理所取得的成绩毋庸置疑，例如人力资源管理国际化、现代化、简约化；现代人力资源管理相较于传统人力资源管理的高投入、高产出、高流动、高风险等。在肯定现代人力资源管理所取得成绩的同时，我们也深刻地体会到了现代企业中人力资源管理存在的问题对企业发展的影响。例如家族式管理使企业人才晋升受到极大的限制，投入不足使企业无缘高素质人才，人才高频流动使企业效率降低，不科学的管理方法使企业发展陷入僵局。那么，如何科学地进行人力资源管理，创新人力资源管理是最迫切的要求。也就是说，中国人力资源管理理论与实践创新迫在眉睫。

一、我国企业人力资源管理创新概述

如今的时代是"以人为本"的时代，"人才强国""科技兴国"的战略正如火如荼地进行中。如何充分发挥人的作用，更好地落实"人才强国""科技兴国"战略，就要不断创新，与时俱进，就要坚持"以人为本"，以战略眼光对人才实行科学化管理。

（一）"以人为本"是人力资源管理创新的基础

呼唤人本主义的回归是人力资源管理理论创新所要研究的内容，如何将人本主义理论运用到实践中就是企业人力资源管理创新策略所要研究的内容。以人为本，是科学发展观的核心。"坚持以人为本"，是中国共产党十六届三中全会《决定》提出的新要求。"以人为本"在全国性会议上被提出来以后，受到了社会各领域的广泛运用。以人为本管理思想中最基本的要素是"人"；基本目标是创造良好的环境促进人的发展和企业的发展；基本核心是人的全面发展，人的发展是企业与社会发展的前提条件。在以人为本的管理思想中，个人目标与企业目标是相互依存的，可以协调的，一个学习型企业可以使员工实现自己的目标，而员工目标的实现也是企业目标达成的有效见证。

实现"以人为本"的人力资源管理创新，就是要坚持以人为本的理念，实现企业与人才的共同成长。首先，以人为本的管理需要培养的是一种亲密的、和谐的人际关系，人际关系和谐稳定才是敬业、进取、宽容的工作氛围得以实现的前提条件。因此，企业所有者的理念将决定企业管理者的执行方向，企业管理者的执行方向将关乎企业文化的形成与维护。人才对企业文化的认同程度在某种程度上影响着个人目标与企业目标的实现，人才对企业文化的认同程度越高，双方目标越容易达成。因此，企业在文化形成与塑造过程中，要充分考虑到员工的个性习惯与企业的创造性与包容性，与员工一起塑造积极向上的、锐意进取的、兼容并蓄的共同的文化与价值规范。其次，"以人为本"的人力资源管理创新就是要重视人的发展，为每个人提供个性化的、专门化的、系统化的发展平台与晋升机会。不是"因岗设人"，而是"因人设岗，有的放矢"。这里所说的"因人设岗"，是指充分挖掘人才潜能，在他最适合的岗位上，给他最大限度的自由，发挥他最大价值。这就要求企业领导者要有"识人才"的眼光，要有"大肚能容"的气魄，要有"放手让他一搏"的胆识，更要有周密的策略与万全的补救措施。从这一点上看，专门性人才培养也是贯彻"以人为本"管理思想的根本理念之一。

实现"以人为本"的人力资源管理创新，就是要实行柔性化管理。真正才华横溢的人往往像脱了疆的野马一样难以驾驭，但恰恰是这种风格成就了他们的创造力与想象力，这就要求人力资源管理运用组织共同的价值观与经营理念去进行柔性管理，抛弃规范性、制度化、教条式的传统管理模式，给人才创造宽松、自由的工作环境，给人才更多的便利与授权，让他们在工作领域尽情地展示才华、发挥作用，最终达到企业目标与人才目标的共同实现。

（二）"战略性模式"是人力资源管理创新的保障

现代企业管理者已经充分认识到了人力资源管理的重要性。将人力资源管理与企业发展战略相结合，是企业可持续发展的必然选择，不仅能够充分发挥企业在市场竞争环境下不可替代的作用，还可以充分调动员工的积极性与创造性，。将人力资源管理放在企业发展的战略高度是实现人力资源管理创新的重要保证，是实现企业发展目标的有效措施，人力资源管理的"战略性模式"包括以下几个方面：

1. 全球化战略模式。随着经济全球化的发展，市场竞争日趋激烈，战略人力资源管理初见端倪。在全球化背景下，企业要想生存与发展，就要将用人的眼光放在全球范围内。人才的国际化流动加剧了企业用人成本，也使企业人才流动过于频繁，为了规避风险，减少因不确定的人才流动导致的损失，企业就应将区域性的用人模式转换成全球化的、战略性的用人模式。

2. 跨文化的人力资源管理俨然成了一种趋势，顺应趋势才能取得人力资源管理的成功。民族文化与社会文化构成了人的文化内核，充分尊重与认可每个个体的文化构成才能塑造新的文化构成，才能将企业文化融入个体文化当中去。文化交融是经济全球化的一个表征，顺应文化交融的大趋势，努力做到不同文化相交融并为企业所用才是赢家。

3. 网络化管理模式。当前信息技术的快速发展已经导致了不可逆的企业组织结构的重组模式，如果企业依然沿用传统模式将会被社会发展大潮所淘汰。以往的线性组织结构模式、职能组织结构模式需要及时改组。传统人力资源管理模式也会加大人力资源管理的物质成本与精神成本，容易导致官僚作风，容易使企业在用人方面"感情用事"。为了改变现状，规避风险，借助网络的力量进行人力资源管理是最好的选择，不但可以减少成本，回避官僚主义作风，而且可以提高工作效率，提高员工的积极性与主动性。

（三）"科学化管理"是人力资源管理创新实现的必要因素

我们所处的时代背景下，任何管理都需要以专业理论知识为依托，以科学方法为指导，以先进理念为方向，追求自我不断完善与创新。人力资源管理创新更需要科学的管理思想，个性化的人才定制模式。我国企业为实现人力资源管理创新如何进行科学化管理应从以下几个方面入手：

1. 营造企业创新文化

现代人力资源管理的一个本质特征就是：创新。创新是企业发展的不竭动力，也是企业走可持续发展的有力保证。现代互联网的发展带动了很多行业的发展，传统实体行业借助互联网实现了企业发展的又一个高峰期，例如传统服装行业、餐饮行业、家装行业等等，借助网络销售实现了突破性的进展。这是就企业主营发展而言的，那么对企业人力资源管理也具有同样的道理。创新文化是人力资源管理创新的前提条件，也是吸引和留住创新人才的首要条件。创新与时尚是当今社会两大主题，面对接受新时期高等教育的优秀人才来说，他们具有灵活的思维、专业的技术、时尚的眼光、独当一面的能力、开疆拓土的魄力，如何将创新与时尚融入人力资源管理中来成了企业最关注的问题之一。企业应该致力于创造一个充满激情活力的、充满创新氛围的、充满时尚气息的、充满人文情怀的工作环境与竞争空间，使人才愿意参与企业成长，愿意奉献自己的时间与精力，愿意将企业的发展目标与自己的个人价值实现相结合，只有这样，企业的发展才能适应社会的需要。

2. 完善企业业绩管理

企业业绩管理最主要的目的就是充分挖掘企业员工的工作潜力，实现企业发展目标的最大满足。企业实现业绩管理应该建立在人性化的基础上，以科学、合理、公平、公正为原则，通过有效的激励手段来提高员工工作的积极性与主动性，实现企业目标的最大实现与员工自我价值的实现。在企业业绩管理过程中，首先要做的就是与企业员工商议共同制定业绩管理规划，共同拟定业绩管理实施细则，共同就企业与员工关注的问题共同讨论，最大限度地满足企业与员工的需要；其次，要为员工努力工作，完成业绩提供良好的工作平台与环境，并满足员工提出的就工作范围内的合理要求；第三，科学合理的实施业绩评价机制，并给予员工适当激励；第四，阶段性的业绩评价之后要鼓励有利偏差，纠正不利偏差，根据实际情况制定下一阶段业绩管理规划。

3. 实施知识管理

所谓知识管理就是企业将聚集于员工自身零散的智慧通过科学方法整合到一起而发挥最大效用的一种人力资源管理方法。知识管理的目的是希望通过管理手段，集中众人智慧，实现知识创新，共谋企业发展。在知识管理过程中，首先要对员工所具有的知识进行评估，并分门别类的进行培训与整合，实现系统化与资源共享；其次要引导与鼓励员工在自身具有知识的基础上不断归纳与创新，充分挖掘自身的潜力；第三，在人力资源管理过程中要重视对员工自身知识提升与价值实现地重视，及时改进员工职业生涯规划；最后，将企业发展战略与员工自身目标相结合，实现企业与员工的共赢。

二、我国企业人力资源管理理论创新

我国企业人力资源管理的目标定位是：人才是企业人力资源管理的基础。企业人力资源管理开发的重点应放在知识型与综合型人才的开发与管理上。随着经济的发展，社会环境的变化，人类整体素质的提高，现代人所追求的已经不仅仅局限在稳定的生活与工作状态上。在求稳的同时，人们更希望稳中有变，更注重广阔的平台，寻求能力的提升、价值的实现。企业对人才的要求呈现多元化趋势，同样，人才在选择自己落脚点时也变得更加的慎重与"挑剔"。基于以上观点，如何深刻剖析人力资源管理理论的发展变化过程，如何将人力资源管理与新经济时代各方面变革相联系，如何在原有人力资源管理理论基础上创新出的更具前瞻性、战略性、实用性的理论，将是研究的重点之所在。

（一）现代管理科学理论的创新

现代管理科学理论是基础性理论，是指导人力资源管理理论向前发展的基础性理论体系。因此，现代管理科学理论创新也势必影响人力资源管理理论的不断发展。管理理论研究者与各系统的专家学者正致力于管理科学理论的创新工作，他们的研究成果将进一步丰富与完善我国现代管理科学理论。现代管理科学理论应从三个方面入手：第一，现代管理科学理论的内容不断丰富与创新。例如，管理的着眼点要从企业物质性资源转移到人力资源上面，将人作为最现实的生产力；管理的重点要从企业内部的生产运营转到外部市场与客户关系的维护与开发上面；管理的规划要跳出重计划轻战略的传统误区等等；第二，现代管理科学理论研究的形式更加多样化与科技化。传统理论研究更多的是对文献资料的分析、整合与拓展，对传统理论研究的借鉴与参考可以使现代管理理论基础更加坚实与稳固，但推陈出新、与时俱进，适应时代的发展更是现代管理科学理论所要做到的。因此，结合我国各学科理论与实践的发展现状，运用现代化科技信息手段辅助研究，将会实现现代科学管理理论新的跨越式发展。现代管理科学理论创新需要专家、学者强大的理论基础做支撑，更需要各行各业人才全新的理论视角、实践经验与创新思维模式的全力投入，只有这样，理论才会突破传统，发展创新。

（二）企业组织理论的创新

随着我国经济的发展与社会的进步，企业成了社会发展过程中重要的组织，人们对企业组织功能的认识也有所不同。随着企业经营的规模化与复杂化，企业组织借鉴了军事和政治组织理论，而后形成了自己的理论，并且企业组织也逐渐成了企业运营与发展过程中需要考虑的首要对象。现代企业组织理论从结构、环境与功能的角度分为三类：第一类：从结构角度对组织理论进行分类。这类理论重视的是组织结构应该据外界的变化而变化，应该对外界的变化有良好的适应能力与应变能力，重视对员工潜能的开发，重视对员工能力的培养，重视员工的学习与应变能力；第二类：从环境思路来分类的企业组织理论认为，企业是一个封闭的系统，孔茨将企业组织说成是职务结构，这种组织重视的是劳动分工与工作效率的高低，强调监督与被监督的关系；第三类：从功能思路来分类的企业组织理论重视人与人之间的利益与合作关系，巴纳德认为这种组织是人与人之间有意识地去协调与配合的合作系统，这样的组织可以充分调动企业员工的积极性与主动性。

针对以上三种企业组织理论，不能单纯地评价好坏，更重要的是在分析现实环境与企业现状的基础上将三种理论融合、创新，寻求适合企业可持续发展的理论体系。企业组织理论创新可以体现在以下几个方面：第一，学习型企业组织理论。任何企业的可持续发展都离不开知识的不断更新换代，而知识更新换代的载体是人，因此创造学习型企业组织理论是必不可少的。从管理者到普通员工，从高精尖技术、管理工作到基础性、事务性工作，企业所有人员都处于不断学习的过程中，所有工作都有人不断地研究与完善，整合所有员工的工作与学习，提升企业的整体素质，正是学习型企业组织理论需要探讨的问题；第二，工作环节再造式组织理论。任何企业的任何工作流程都不是一成不变的，如何建立能够随机应变的、适应社会与企业发展的、高效率的新型员工队伍是企业所面临的重要挑战。

（三）人本主义的回归

传统的人力资源管理偏重对人的工作时间与效率的管理，很少考虑到人的全面发展与人的价值实现。因此，人力资源管理就更应该与时俱进，不断创新，将管理重点放在关注人的全面发展与价值实现上来。传统人力资源管理将管理的重点放在了教条式规章制度的管理上，例如对企业员工工作时间的要求，对工作场地与形式的要求，对业务指标的要求等等。传统人力资源管理的出发点是以企业为本位的，企业发展的重点是生产与销售，而非人力资源；一切以企业利益为准，将员工利益放在了企业利益之后，这一点也被现代人力资源管理所继承。而在现代社会要求人的全面发展的大环境下，企业提倡人全面发展，帮助人全面发展，才能顺应发展规律，促进自身发展。从这一点上来讲，我们就不得不呼唤现代人力资源管理理论的人本主义回归。

"人"是相对于"神"和"物"来讲的，从马克思主义哲学角度看，"神"是人的精神世界虚无的东西，因此这里排除"神"来讨论"人"与"物"。"本"有两种解释，一个是本源，一个是根本，取"根本"的意思是与"末"相对的。很显然，人本主义的"本"是取"根本"的意思。人本主义是"以人为本"的思想基础与来源，是将"人"作为"根本"的意思。也就是说"人"相对于"物"来说是更重要的，是根本，不能本末倒置。了解了"人本主义"的含义之后，我们就更加呼唤现代企业人力资源管理理论中人本主义的回归。人本主义的回归并不是要求企业无条件牺牲自身发展利益以满足人的利益，也不是要求企业无条件的放宽规章制度对人的要求，而是要求企业将人放在企业发展的核心位置，将关怀、信任、尊重、依靠等充满暖意的词语真诚的与员工相联系。实质上，人本主义的人力资源管理是一种管理理论与管理实践相结合的创新管理概念，这种创新实际上也是依靠传递的力量来促进企业发展的模式。换句话说，人是社会化的动物，人更是情感的动物，企业给人的是平台、信任、尊重、满足、价值实现，那么，人回馈给企业的将是成果、创新、财富与可持续发展。

呼唤人本主义回归就是要求企业以实现人的全面发展为目标，从人的价值实现角度规划企业生存发展之路；以重视人的需要，鼓励人，培养人，以人为根本出发点为原则；以人的发展为根本目的；以"依靠谁""为了谁"为行动指南，真正将企业与人结合起来，充分凝聚二者的力量，充分发挥二者的优势，在促进人的全面发展的同时实现企业的可持续发展。

（四）多学科相结合的人力资源管理理论

现代人力资源管理不仅仅也不应该是单纯的一门学科理论，而是融合了多种学科知识共同实现人力资源优化配置的一门理论。当人力资源管理理论对企业人力资源管理过程进行指导的过程中，还要融合心理学理论、政治学理论、教育学理论、社会学理论、经济学理论等等，各学科理论有机融合才能将复杂的人力资源管理达到最佳效果。

心理学在人力资源管理中的应用有效地实现了人力资源管理从心理的角度进行人才管理的途径。哈佛大学的梅约教授和他的团队共同完成了霍桑实验，该实验是心理学知识在企业管理领域最早的、最成功的应用。后来的研究者们也发现：企业工作环境好坏、工资高低等外在环境并不是影响员工工作效率高低的直接因素，而员工情绪、状态、与领导或其他同事之间的关系等因素成了影响工作效率的最主要因素。因此，关注人的心理状态，关注人的内在需求，关注企业文化的人性化与和谐性，关注人的价值实现与全面发展是人力资源管理需要心理学理论辅助指导的方面。人力资源管理是一门实践性很强的学科，需要各学科理论的综合指导，西方心理学中的精神分析心理学流派、人本主义心理学流派、行为主义心理学流派对人力资源管理理论发展有很大影响。现代社会，随着社会竞争加剧，企业生存面临着巨大挑战，这种压力也会传递到员工身上，生活压力与工作压力难免会使员工产生焦虑与紧张，此时，适当的心理干预、轻松愉快的工作氛围、和谐的工作团队将会缓解员工的压力。如何将心理学知识运用到人力资源管理中，如何用心理学理论辅助人力资源管理过程，需要企业经营管理者潜心研究；如何适应社会的发展节奏，如何调节心理状态，如何保持良好情绪，需要每个人的努力。

人力资源管理是个复杂的活动过程，包括选择人才、储备人才、培养人才、使用人才、留住人才等等，这一系列管理过程的实质是调节人与人之间的关系。思想政治教育的核心就是理顺人与人之间的关系，调动人的积极性与能动性。在人力资源管理过程中充分发挥思想政治教育的作用，调动人的积极性，激发人的主观能动性，会更有利于企业发展战略的实现。

（五）战略人力资源管理

企业人力资源管理研究不断向纵深方面发展，战略性人力资源管理已经提上日程，并取得了显著成绩。战略性人力资源管理与传统人力资源管理模式相比有其时代性特征：一是强调战略实施而非战略制定；二是立足于人力资本的角度去制定战略，而不是有了战略再去配备人力资源。战略人力资源管理理论研究已经达到了很高的层次，专家学者们从不同角度去研究，例如，制度层面角度、权变理论视角、生命周期层面、弹性与匹配比较层面、实施与执行层面等等。但这些理论研究仅仅存在于应用型研究，缺少一定理论系统，更缺少实践的可行性。因此，在应用理论研究的同时应该更加注重系统性、指标性、指导性、可操作性和实践性的研究与拓展。

目前，战略人力资源管理一直被提到，但在实际企业经营发展中的实施效果并不理想，究其原因不难看出：一、战略人力资源管理缺乏系统理论，企业实际操作过程中缺乏系统理论指导；二、企业经营管理者缺乏战略性眼光与专业知识，不能有效地将企业发展战略与人力资源管理相结合；三、企业人力资源管理走不出传统人力资源管理模式，不能走出也不想走出；四、战略性人力资源管理只存在于理论层面，缺少理论创新与实践创新。因此，为确保战略人力资源管理真正为企业所用，真正助力企业腾飞，就必须有所突破，有所创新。未来战略性人力资源管理理论应该有如下创新：第一，战略性人力资源管理理论系统需要丰富与完善，需要更多理论家与实践者们共同努力，让战略人力资源管理理论能够有效地指导实践；第二，战略性人力资源管理流程需要得到优化与创新，如何将人力资源与企业战略很好融合，需要企业经营管理者与人才之间更好的交流协商，使资源达到优化配置；第三，战略人力资源管理理论要走出企业的范畴，拓展到整个产业、整个社会区域，在更大的背景下去统筹全局，着眼企业未来发展；第四，战略性人力资源管理更应着眼于国际领域，将人才战略放在全球化大背景下去实施，放眼全球，广纳贤才。

三、我国企业人力资源管理实践创新

人力资源管理理论为企业人力资源管理活动提供了理论上的借鉴与指导，为人力资源管理活动指明了方向。人力资源管理理论创新给企业人力资源管理活动增添了活力，同时也带动了人力资源管理实践创新。在人员培训、绩效管理、激励方法、人力资源保养与维护等方面进行了积极探索。

（一）人员培训创新——企业总动员

企业人力资源管理的基础性工作就是企业员工培训，但传统人员培训往往因为投入不足、管理者不重视、培训师水平不足、员工积极性不高等原因流于形式，陷入僵局。要想在人员培训中有所作为，发挥培训对企业发展的最大效用，就应该从以下几个方面进行创新：第一，培训理念方面的创新。我国大多数企业不重视人员培训，一味招聘有同岗位工作经验的新员工，殊不知，同样的岗位却因为不同的外部环境、工作部门、人员机构、对接群体等等因素而有着千差万别的工作内容，因此，企业管理者拥有人员培训的工作理念并付诸实践是多么的重要。培训理念的创新不仅体现在职业技能、岗位职能、企业文化、团队意识等的培训内容创新，还体现在培训方式的创新。第二，培训责任从人事到各部门的转移。我国很多企业将人力资源培训的责任放到了人事部门，人事部门承担了企业员工的岗前培训、技能培训、企业文化培训等多方面培训内容。这种传统培训责任的划分是不合理的：一方面，人事部门的培训师不可能面面俱到地培训各个方面的技能与技巧，与直接参与管理与实践的人相比并不能给予新员工更实际可行的培训；另一方面，人事部门培训出的岗位从业人员可能会在实际工作岗位上遇到重重困难，例如与部门直属领导意见不一致，与岗位要求不相匹配等等。因此，人事部门负责对员工进行企业文化的培训，部门负责人对员工进行从理论到实践的职业技能培训，这是企业人员培训最明智的选择。部门负责人对员工的培训关乎员工岗位职责与责任的履行，关乎工作效果的好坏；人事部门对员工企业文化的培训关乎企业的凝聚力与灵魂，缺一不可，二者的有效配合才能使企业大团体高效运转；第三，引导员工从培训的被动接受者到主动参与者。传统培训中，员工往往是被动接受者，接受从培训讲师那里得来指令，被动执行，培训形式往往是培训师唱主角，通过讲演或者视频形式使员工接受所要培训的内容。在这种情况下，员工往往会对培训师产生依赖，懒于思考。真正有效的培训就是要调动员工的积极性，使员工主动参与其中，并在培训中找到乐趣，学到技能，提升自己。如果真正地想调动员工的积极性，不妨让员工成为培训的主角，征求员工意见，为员工制定有利于员工自身职业生涯规划并符合公司发展战略的合理培训内容与方法；第四，培训方式的转变。传统培训方式是将员工集中到某个封闭的屋子里进行讲授式培训，这种培训方式远远达不到培训的最终目的，因此，培训方式需要进行创新。我国很多企业已经认识到了这一点，将培训形式从讲课式转变到实践中来，但还处于不完善阶段，培训形式设计远远达不到想要的效果。培训形式创新需要考虑到职业技能学习、合作意识养成、团队风气建设、自我价值提升等方面。例如，将室内培训转移到室外，将整个培训员工分成比例合适的小组，设计题目进行竞争，最后对结果进行讨论与点评。

（二）绩效管理创新——综合评分管理法

企业绩效管理是企业管理最重要的环节之一。以财务数据为中心的传统业绩考核体系已经不再适合现代企业业绩管理模式。以数据为中心的业绩考核体系只关注财务方面的信息，不能全面地对企业未来发展做出准确预测，因此，改变传统业绩考核体系势在必行。在经济高速发展，环境复杂多变的社会大背景下，应该找出综合的绩效评价指标，更准确、高效地总结过去，把握现在，预测未来。综合考虑企业所面临的社会大环境、行业背景、内部环境、发展现状、未来走向等多因素，从生产能力、财务状况、顾客满意度以及学习能力等方面实现企业绩效综合评价。第一，从企业生产能力看企业的根基。生产能力是企业立足社会、稳定发展、满足需求的最基础条件之一，良好的生产能力是企业长远发展的必备条件，是企业需要加大力度投入，并要保质保量的第一要素。第二，从财务状况角度考虑企业对员工利益的满足情况。通过一系列财务指标可以看出公司发展战略目标是否实现、资金运转是否灵活有效、股东利益是否得到保证、企业未来走向等等。财务指标也是绩效评价管理体系中最直观、最有效的评价指标之一，要将财务指标放在重要位置，但不是唯一重要位置，还要综合考虑其他因素。第三，顾客满意度是绩效评价的又一重要指标。任何产品或服务面对的对象都是顾客，顾客是产品或服务的直接体验者，因此，顾客满意度是企业需要特别关注的一点。通过顾客满意度调查与数据分析得出顾客满意度评价表，根据各方面比例对产品和服务进行调整。只有生产适合顾客的产品和服务，才有企业的未来。第四，学习能力与创新能力是企业长远发展最重要的因素，评价一个企业是否能在激烈的市场竞争环境下长久的发展，就要看这个企业是否有优秀的团队，是否有足够的学习能力与创新能力，一味地模仿不足以支撑企业发展，也会使企业最终走向灭亡。

（三）激励方法创新——企业经营参与法

我国目前人力资源薪资成本相对发达国家要低很多，一些外资企业进入中国后，大量雇用我国业务水平和经验丰富的管理人才和技术人才，这就突显了本土企业在人才竞争方面的劣势。那么，本土企业就应强大自身实力，增强激励措施，防止优秀人才外流。

我国大多数中小企业在人力资源管理激励方法方面仍然延续传统方法，缺少创新。毋庸置疑，激励机制对企业人力资源管理有巨大作用：第一，可以吸引优秀人才；第二，有利于留住优秀人才；第三，有利于开发员工潜能；第四，有利于良性竞争环境的养成。激励机制有如此大的作用，那么，企业在日常管理实践中要将传统激励方法与现代激励方法相结合，充分发挥激励机制对人力资源管理的作用。

在管理实践中应不断创新激励方法，一方面，要将物质激励做到实处，满足员工生存与发展的需要。基本的薪资激励与福利激励可为员工提供基本生活保障与稳定的收入来源，合理的薪酬福利设计可以增强企业的凝聚力，使人才能够长久的服务于企业，这里的薪资福利包括养老保险、生育保险、医疗保险、工伤保险、失业保险、住房公积金、住房补贴、交通补贴、通讯补贴、教育补贴、企业补充养老保险等。股权激励可以让员工有归属感，可以与企业经营者共同参与企业战略规划与发展，共享企业发展成果。股权激励可以使企业利益与经营者利益最大限度地统一起来，企业盈亏与否关系到股权拥有者的利益，这样可以激励经营者共同为公司发展尽最大的努力。另一方面，非物质性激励是企业人力资源管理的又一有效方法，也是最容易创新的方法之一。带薪休假是我国企业最常见的激励方式，可以使工作过于繁忙、压力过大的员工得到放松；荣誉激励可以提高员工的责任感与荣誉感，提高工作的积极性与主动性；情感激励可以加强管理者与员工之间、员工与员工之间的感情交流，心灵沟通，可以增进团队的合作意识与和谐氛围，可以升华企业文化的灵魂，激励机制从非物质措施层面上讲还有很大的创新空间，勇于创新才能开发员工的潜能，助力企业发展。

（四）人力资源保养与维护创新——健康与安全管理法

人力资源保养维护并不仅仅体现在对员工的福利保障、养老保险、医疗保险、工伤保险等一系列关乎疾病与衰老的保障，还要对员工日常工作与身心健康给出相应的保障措施。人力资源保养与维护不应也不能仅仅体现在事后，事中保养与维护也极其重要。人在生产劳作的过程中，无论是体力劳动者还是脑力劳动者都会产生疲劳，例如腰椎、颈肩、关节、眼睛等身体各器官的疲劳，而这些疲劳不被人们所重视，久而久之会影响到身体健康，会影响到工作效率。会影响到精神状态等等。另一种疲劳是精神上的疲劳，长时间重复、烦琐、单调的工作内容极易使人产生极度的精神疲劳，这种精神疲劳所带来的影响要比身体疲劳严重得多。这种劳动过程中的疲劳往往得不到企业重视，原因有很多，例如，企业经营状况不佳，无暇顾及此层面问题；劳动组织制度对企业员工工作时间与内容分配不合理；全民对身体健康与精神健康的预防和保护还没有普及；市场竞争大环境没有给人以轻松愉快的工作氛围。

如何引导企业重视人力资源管理与维护过程中的不断创新，如何加强人们对身体与精神健康的重视程度，需要做到如下几点：第一，将人力资源管理保养与维护写进法律，规范企业员工身体与精神健康的劳动安全检查制度；第二，规范企业组织制度，加强劳动时间与休息制度管理，引导企业关注员工劳逸结合；第三，加大劳动安全宣传力度，提高安全防范意识，呼吁人们关注自身健康。身体健康与精神愉悦才是创造的源泉，才是可持续发展的基础性要素。关注劳动安全，关注职工的身体与精神健康，才有企业的可持续发展。

（五）管理方法创新——分层竞争法

处于纷繁复杂的国际经济大环境中，企业处于各种竞争的漩涡中，包括经济、文化、品牌、市场、人才等方面的竞争。外部竞争使企业不断提升自己的产品质量与服务理念，内部竞争不断提升企业的核心竞争力。内部竞争的核心是人才的竞争，人才的良性竞争就对企业的管理方法提出了新的要求。传统的人力资源管理方法已经不适应现代人力资源管理的新模式，分层竞争法的使用可以有效地提升企业人力资源管理的质量与效率，提升人才的积极性与主动性。

分层竞争法分为横向和纵向两个层次，横向上的竞争表现为部门内部的竞争，例如工作业绩、服务态度、学习能力、团队写作能力等，这些竞争管理指标与薪资待遇相关联，但不与最基本的企业福利与基础性补助相联系；纵向上的竞争是部门与部门之间、上级部门与下级部门之间的竞争，此维度上的竞争管理指标包括团队协作能力、创新能力、晋升潜力、客户满意度、业绩等。分层竞争法在不同的企业有不同的使用方式，职能型企业、线性型企业、矩阵型企业的管理模式各不相同，如何针对企业目前状况制定适合企业发展的分层竞争管理模式需要认真研究并经实践检验。

分层竞争法要遵循以下原则：第一，针对不同类型的企业，提出不同的目标要求；第二，要面向企业全部人力资源，使全体人力资源得到发展，高层次的人才与基础性的人才要有不同的竞争管理标准，不能千篇一律；第三，分层竞争法的实施要遵循可接受性的原则，在员工可接受、通过努力能实现的维护上进行竞争办法的制定与实行。

通过分层竞争法对企业人力资源进行管理有很多优势：第一，显著提高人力资源管理的质量。通过计算机辅助分层竞争法的推行，可以帮助人力资源提高工作效率、提升工作业绩、提高客户满意度；第二，可以满足不同层次员工对于职业生涯规划的要求。交互性、动态性、竞争性的人力资源管理有助于最大限度地挖掘员工的潜能，提升员工的业务能力与创新能力；第三，有利于增强企业在同行业中的竞争力，提升企业的品牌价值。但分层竞争人力资源管理法也有其自身的弊端，例如，分层经法容易形成企业紧张、高压的气氛，容易因利益与权力之争而产生恶性竞争等。因此，分层竞争法要助力企业的发展就必须与时俱进，不断创新，只有适合的才是最好的。

第三节　国有企业人力资源管理

随着人力资源管理地位的不断提升，人力资源管理越来越受到企业的重视。更多的企业为了提升竞争能力、管理能力。将战略人力资源管理引进企业实现了又一次跨越。我国国有企业也已经将战略人才管理纳入营运环节中的一个重要组成部分，并且正在积极学习借鉴外国比较成功的战略人力资源管理案例，但是在实际操作中我国国有企业仍然缺乏如何具体对企业战略进行匹配的模式，在战略人力资源管理中理论远远大于实际，缺乏系统，管理更是流于形式。因此在这样的背景下，有了撰写关于国有企业战略人力资源管理模式探究这篇论文的构想。

一、国有企业战略人力资源管理的研究意义

1. 有利于国有企业提高组织绩效，可以从根本上解决国有企业的绩效问题多的难题。
2. 有利于企业通过绩效激发鼓励员工，提高人力资源优势。
3. 有利于国有企业在战略人力资源管理的基础上，提高国有企业的竞争优势。

4.通过有效的战略人力资源系统的根本转变，有利于激发潜在的国有企业人力资本的存量，从而提高经营绩效。这四个有利于对于国有企业来说具有十分重要的研究意义。

二、战略人力资源管理概述

（一）战略人力资源管理定义

相对于传统人力资源管理，战略人力资源管理定位于在支持企业的战略中人力资源管理的作用和职能。战略性人力资源管理是现代人力资源管理发展到高级阶段，以全新的管理理念，在健全完善企业人力资源各项管理基础工作的前提下，将人力资源管理提升到企业战略管理的高度，实现了管理职能和角色的根本性转变，最终确立以可持续发展为目标，以提高核心竞争力为主导的具有指向性、系统性和可行性的现代企业人力资源管理体系。

（二）战略人力资源管理特征

战略人力资源管理相对于传统的人力资源来说，它具有战略性、系统性、人本性、价值导向性、知识性等特征。具体的来说战略人力资源的战略性是指人力资源战略与企业组织战略相匹配，系统性表现在将人力资源管理构建成一个系统，从整体出发，着重注重人力资源管理者的整体思想，以便更好地组织服务，人本性，注重以人为本，主要表现在对员工的态度的转变，注重与员工的沟通。价值导向性突出人力资源管理对组织的价值贡献，人力资源管理是组织价值创造的重要途径。战略人力资源管理的知识性是指知识成为人力资源管理最重要的一个核心要素，知识型员工成为人力资源管理的重要对象，知识性管理成为人力资源管理重要组成部分。

三、国有企业战略人力资源管理现状

（一）国有企业绩效管理现状

随着近些年来市场经济的飞速发展，在我国的各个国有企业中都陆续地拉开了有关绩效管理的序幕。一般来说，各实施情况和考评结果基本可以达到预期目的，但经过调查不难发现，一些企业目前在绩效管理方面由于种种原因，还存在着很多问题，致使绩效考核结果不理想。如多数绩效管理体系尚不完整，没有形成健全体系；有关绩效考评方面尚不完善，绩效考评在绩效管理中占有很重要的作用；有关执行的力度不够，其监督方面的机制相对非常薄弱。

（二）国有企业现行激励机制

我国国有企业实行的激励机制主要有三种，即精神激励、物质激励和精神激励与物质激励相结合。而现行的激励机制则是在精神激励和物质激励相结合情况下，根据具体情况，分为工资激励机制，即将工资与企业经营者的行政级别联系在一起，行政级别高者工资就高；奖金激励机制，奖金为企业给职工支付的劳动报酬之外的奖励，即额外报酬；经营者持股激励机制，适用于上市公司，可以激发职工的主人翁意识和其工作的积极性；年薪制激励机制，是以年为单位确定劳动报酬的分配方式。

（三）国有企业员工培训现状

我国国有企业员工培训目前存在很多问题，其现状如下：1.培训没有整体的安排，各地方各企业都各自为政；2.培训的课程与实际需求落差较大，其内容不紧贴实际；3.其管理机制不健全，造成培训时的到课率低；4.硬件建设达不到培训需求；5.培训教师不稳定。

（四）国有企业人员管理概述

有效的人员管理是保证公司内部凝聚力的重要方法，国有企业的人员管理制度从公司的生产制度、企业制度、财务制度和员工制度上体现。一般方法有目标管理、例外管理、系统管理、参与管理、分权管理和漫步管理等。

（五）国有企业战略人力理念

由于全球竞争的商业环境、日趋多元化的个人需求与价值观的改变和信息技术的飞速发展，都给国有企业的发展带来了巨大的挑战，以发展的眼光来说，人力战略理念将是一个国有企业能否继续成功发展的重中之重。因此，国有企业必须将人力资源管理提升至战略高度，在实施人本管理，建立科学的人才选用机制的同时，还要加强员工培训力度，紧扣企业需求培养人力资源。

（六）国有企业文化管理

企业文化管理应当重视精神内容，轻视物质形式，不该重成本而轻人本，重技术管理而轻员工培训。更不能使得文化建设变得庸俗化、教条化，而应该重视形象塑造，是积极向上的，充满正能量的。在我国的国有企业文化管理建设中，绝大多数单位是积极且有效的，他们都是在不断创新发展的，并建立了一些符合时代精神的社会主义市场经济文化。

（七）国有企业价值管理

由于全球激烈竞争的外部环境，造成企业价值管理受到的重视程度越来越高，并且企业价值管理也成了全球竞争力评价的重要指标。国有企业的价值管理体现在必须克服企业在现行的经营管理中存在的业绩考核缺陷，要把全面的价值管理作为重点，将资本价值最大化作为最终的导向，使之与国际化和市场化完全接轨，实现企业价值管理达到最优化。

四、国有企业战略人力资源管理问题

（一）国有企业战略人力机制

人力资源是具有能动性的资源，同时也是企业发展的关键资源。所以，如何有利的对员工采取激励措施，就成为当今国企发展所必须要考虑的问题。

首先，人力资源的激励机制在提高员工的素质方面起到很重要的作用，员工通过企业对其的激励，可以在工作过程中更加有效的了解自身所存在的不足，并不断的加强学习；其次，激励机制能够有效地激发员工的潜质，当今社会，竞争日益激烈，企业唯有不断的提高人力资源的素质才能更好地生存并发展，所以企业就必须通过大力的激励员工，以此来调动员工的积极性，从而使组织能够得到顺利的发展。

（二）国有企业战略人力制度

首先，要将国有企业的目标进行量化和具体化，并且要将企业的实际状况作为依据来进行目标的有效分解，各个部门还要根据情况拟定自己的具体目标；其次，要根据企业内部的具体情况来制定具体的工作规章和绩效评估标准；最后，还要进行有效的反馈。将绩效实施情况作为评判的基础，根据不同的评判标准以及不同的层面展开分析和评价，加强各部门间的沟通，促进企业的良好发展。

（三）国有企业战略人力流程

首先，人力资源部要编制相关的入职培训大纲以及人事管理制度，并上报至管理中心审批。其次，确定各个岗位的任职要求：第一，人力资源部要根据企业要求，组织各部门负责人的《岗位职责及要求》，经审核和复核后由总经理批准；第二，各部门确定该部门的《岗位职责及要求》，经审核批准后备案，并归档；第三，人力资源部将审批后的《岗位职责及要求》作为招聘的主要依据；第四，要根据需要不断地更新《岗位职责及要求》。然后，进行人员招聘，各部门填写"招聘需求申请表"，通过审批后实施，并由人力资源部的招聘组负责人员的招聘工作；再次，进行人员的使用，根据《试用人员管理规定》对试用人员进行考核和试用；最后，决定录用人员。

（四）国有企业战略人力技术

当人力资源在 20 年前首次与技术接触时，它的用途是非常基础的，并且不具备很充足的战略意义。但此后，随着人力资源管理部门引入了资源信息系统的概念之后，人们就尝试着将一些绩效信息通过计算机来处理。人力资源技术的三个重要的趋势是：第一，通过互联网访问主机；第二，社交网络的使用，这种社会化的媒体使员工参与工作的机会增加了不少，并且比传统的方式交流起来更加舒适；第三，使人力资源数据的可分析性比起以前增加了不少，越来越多的企业之外的人要求人力资源来判断费用以及成本，并与外包分析比较，但人力资源系统往往不能掌握足够的复杂性，因此不能很好地帮助他们做决策，更好的分析软件将会使该任务易于管理。

五、国有企业战略人力资源管理提升策略

由于国有企业人力资源管理具有系统性，所以对其进行管理是一个系统化的工作，在

制定国有企业战略人力资源管理提升策略时，首先要实施人力资源战略管理，保证战略制度性执行力度；接着要对企业文化进行塑造，时刻秉着"以人为本"的人力资源管理观念，对企业战略远观进行很好的规划，一方面要探索和建立完善的激励机制，另一方面要建立完善的激励机制和绩效评估机制；最后，要加强企业人员素质的培养与塑造，做好员工的培训工作。

（一）人力资源战略管理

为了更好地对人力资源战略进行管理，完成自己的人力资源管理战略目的，对企业现在和将来的各类人力资源的需求进行科学的预测和规划就是必不可少的。对企业人力资源以及搞好人力资源管理的工作进行科学地规划，不仅能够有效地加强企业管理，同时可以起到极大的调动员工工作积极性的作用，更大程度的提高企业管理水平，因此，对企业人力资源进行规划不仅是国有企业人力资源管理的一项重要内容，同时也是国有企业人力资源管理的一个重要基础。为了突出表现人力资源管理的价值，所以国有企业一定要按照企业自身的战略目标，积极发现人力资源管理现状，规划人力资源管理方向，制定相应的策略，建立多样的组织机构，对岗位进行编制，对人员进行合理的安排，使人力资源管理措施能够很好地实施。

（二）战略制度性执行力度

为了让人力资源管理策略更加有效，就要加强战略制度性执行力度。从这一方面来说，对于制定的相关制度一定要严格的实施，不论是管理人员还是普通员工，都要一视同仁。在执行制度烦人同时，国企不仅要改变平常凭个人印象来评价员工的业绩、员工的工作能力以及工作态度的想法，而且要避免在绩效管理中认知方面所带来的各种认知误差，和员工进行及时、真诚的交流；在员工表现优秀的时候给予及时的表扬和鼓励，为其他员工树立榜样，起到激励其他员工的效应；在员工没有突出的业绩，或者没有完成人物的时候，在进行批评指出的同时，要调查清楚情况，并且提醒、鼓励员工积极的改进正。

（三）企业文化塑造

在企业文化的塑造方面，人力资源的管理必须要树立"以人为本"的思想。"以人为本"的管理思想的中心就是以人为中心，在企业中主要的内容就是将人视为企业最重要的资源，在工作中充分体现和考虑员工的成长和个人价值，充分尊重知识，尊重人才，让员工获得最大的利益。如果企业以这种文化作为基础，就能够很好的利用科学管理方法，进行更好的人力资源管理与开发。

（四）企业战略远景规划

企业战略远景规划首先要建立激励体系。人力资源管理的目标就是要充分调动人的积极性、主动性和创造性，企业想要留住人才、吸引人才，就必须改变以往的按劳分配的制度，用各种有效的激励方式充分调动企业员工的积极性和创造性，开发出员工的潜力，以更快地完成企业目标和个人目标。在运用各种激励方式的同时，国有企业应该按照实际情况，秉着公平、实事求是、物质激励与精神激励并重、激励与约束相结合等原则，多种激励机制综合应用，让适应企业特色、时代特点和员工需求的激励体系的建立与应用成为事实。

除了要建立激励体系以外，还要建立完善的薪酬管理制度。第一，建立以市场为导向的薪酬管理机制，与市场和行情相互照应；第二，加强对绩效的考核，让员工自己的工作业绩决定工资分配；第三，建立以岗位工资为主的工资体系，在坚持多劳多得的原则的同时，也要考虑到职工以前对企业做出的贡献。

（五）企业人员素质培养与塑造

为了培养与塑造企业人员的素质，就要加大职工培训力度。对国有企业来说，为了更加科学的对企业人力资源进行管理，就要对人力资源工作者进行培训。在培训时，要有完整的计划和系统的安排；为了提高员工参与培训的积极性，可以将员工的素质培训与其自身的考核、提升以及晋级等统一起来，尤其对于有发展潜力的员工，让他们担负起更重要的工作就是他们进行培训的目的；更重要的是让培训的内容可以在工作中体现出来，更大的增加企业的效益，达到培训的真正目的。

第四节　民营企业人力资源管理

自改革开放以来，我国民营企业得到蓬勃的发展，成为社会主义市场经济的重要组成部分，并占据着越来越重要的地位。民营企业在改革初期释放活力，迅速发展，但随着国内经济发展环境日益复杂，民营企业也面临着越来越严峻的生存考验。企业生产效率的水平取决于其硬件设施和软件设施，硬件设施是一个企业存在的资本，但其并不能起决定性作用。软件设施就是指管理方面，这正是我国民营企业相对薄弱的方面，无论理论还是人才都严重缺乏，尤其体现在人力资源管理方面。因此，改善现有人力资源管理现状，充分发挥人力资源管理在民营企业发展中的作用，是企业改善生产效率低下的和调整生产结构的关键，也是企业走向现代化新型企业的必经之路。这里将对当今我国民营企业的发展现状进行阐述，并对其存在的问题进行分析研究，进而出谋划策寻找合适的解决途径。

一、我国民营企业人力资源管理面临的问题

（一）员工招聘缺乏规范性

民营企业的招聘规范程度还存在明显的不足，人力资源管理的水平不高、人才招聘的随意性大等因素制约了民营企业的人力资源管理规范性建设。具体表现如下：

职位分析的规范程度不足。人力资源管理中，对于职位分析或者称为工作分析的要求比较高，不同的行业和专业存在一定的差异，但是，职位分析的一般流程基本相似，主要是通过对职位信息的梳理、结合当前的企业特点，综合完成职位工作人员的特征要求和职位责任的相互对应的说明书或报告。这种职位分析主要目的从企业发展的角度来判断，企业需要什么样的职位和工作人员，希望这个职位能够带来一定的设置目的，招聘的时候，企业能够通过职位分析来更加了解企业的需要，并更好判断应聘人员的契合度。这种职位分析的流程和目的需要人力资源管理的水平提高后，不断总结出经验来实现的，而民营企业往往无法科学把握这种职位分析的工作，主要是民营企业人力资源管理的水平不高，同时在认识上存在不足，整体把握性不高，对于企业的职位要求也是很难用书面的形式来规范，如何选拔人才就产生了一定的模糊性。通常情况下，招聘的流程是笔试、面试，同时需要配合不同的应聘测试方式来对招聘人员的进行能力和素质的刷选，比如，面试中可以分为应变能力、表达能力和团队合作能力的区分，面试的过程采取不同的方式来达到目的。对于不同职位的侧重点也存在不同的偏好，比如管理者需要关注管理能力和领导能力，而市场类人员关注开拓市场的性格和能力，这种都是比较常见的招聘职位描述，对于民营企业而言，人力资源管理的招聘不规范，由于管理水平不高，职位分析的工作不够明确，招聘的随意性比较大，个人爱好的表现突出，无法客观有效地规范这种招聘制度，导致招聘人员参差不齐。

系统的招聘规划无法实现。招聘工作如果仅作为满足现在公司人员不足，空缺岗位的需要，那么企业的招聘活动并没有真正意义上帮助企业促进发展。如果存在空缺，再来实施招聘，这种填空式的方式制约了企业的更好发展。所有招聘都是需要规划安排下才能更好地开展。系统的招聘规划，要求人力资源管理将企业发展阶段和发展计划相互结合，形成自身的招聘计划，而且这个计划必须全面覆盖企业的未来发展各个环节，监测岗位人员的流动性，有计划地高质量地完成招聘计划，这种工作是长期性的，而不是短期的。

（二）薪酬管理科学性尚待提升

薪酬管理在我国民营企业初期基本上没有任何的起色，随着改革开放的发展，薪酬管理的理念越来越强，从马斯洛需求来看，物质报酬是贯穿整个需求阶段的不可或缺是因素，薪酬管理在人力资源管理中的地位很高，主要是这个问题对于激励员工效果比较明显，而且关系到企业的长期发展和短期工作的影响。民营企业的薪酬管理主要面临如下问题：

首先，薪酬管理的目标模糊。民营企业目前根本没有设置薪酬管理目标，这种概念都很模糊。薪酬管理制度的建立是具备了一定的目标的，表现为保证企业战略实现、有利于企业内部的公平和经营合法。因此，薪酬管理的目标真正体现了企业的长期发展战略的实现，企业整个规划需要多项环节来配合，人力资源管理措施中，薪酬管理的重要作用很明显，同时，薪酬管理不能破坏内部公平原则和公平竞争的环境，否则很容易扰乱企业的正常经营秩序。薪酬管理是坚持合法经营的基础上，让员工更大程度上得到各种需求的满足，从而激励员工的工作积极性。明确企业的薪酬管理目标，不仅更好地维护企业的战略要求，更明确了企业与员工各自全面发展中的相互配合和支持，模糊的目标只会带来负面作用。

其次，对待薪酬福利的建设还停留在最初阶段。薪酬包含了工资、奖金、工作环境和工作激励等内外薪酬要素，这些要素构成了一个完整的薪酬福利整体，自全面薪酬理论的影响作用下，企业对待员工的各种需求也逐渐开始关注，能够重物质和精神上来不断调整，满足差异化的需求。我国民营企业对待薪酬福利的态度，主要还是停留在薪酬管理的初期阶段，比如强调高工资和高福利，这种短期的激励方式，很难满足现代人力资源管理发展的趋势，忽视内在激励，比如增强归属感，增强荣誉感，团队协助等激励，让员工能够和企业一起成长的激励很少。即使有些企业能够提高薪酬投入，但是现阶段高流动性和流动成本很低的情况下，仅仅依靠外部激励的薪酬福利建设是无法长期持久的。

再次，薪酬缺乏市场竞争力。民营企业在薪酬方面的整体水平存在一定的不足，薪酬竞争力水平不高，主要是跟企业的发展规模和企业管理者对薪酬水平的理解。一方面企业发展初期无法给予更高的薪酬水平，而又不从其他方面来补充，所以导致民营企业在吸引人才方面存在不足；另一方面，民营企业与国有企业在薪酬方面的差异，导致社会普遍认为民营企业薪酬管理无法与国有企业等竞争，人才流向存在一定的偏差，一种观念影响作用是存在的。这种高流动性和低薪酬水平，给人力资源管理实施有效管理带来困难，也很难去落实员工的长期激励和归属感培养。

最后，薪酬对内缺乏公平性。公平理论认为员工对报酬的评定，需要参照绝对量和相对量两方面，其中绝对量就是员工实际获得的报酬多少与优劣，而相对量是与其他员工或者外部相互比较下的报酬多少与优劣，这种情况下，公平性的把握就很重要，否则很容易影响员工的积极性。民营企业方面，正是存在内部公平性的缺失，随着信息网络技术的发展，许多报酬信息很容易被发现，这样增加了员工对薪酬内公平性的判断。

（三）培训管理缺乏针对性

目前，培训管理的成效相对于改革开放民营企业发展初期而言比较明显，但是依然还存在一定的问题，其中比较明显的是培训无系统规划、针对性不足以及培训能够带来的激励效果不明显。

首先，民营企业的培训缺乏系统性。培训作为企业人力资源管理的重要手段之一，关系到企业的发展战略和企业需求，整个过程是系统性比较强的，因此在落实培训过程中，需要根据战略的需求来全面把握。涉及：企业战略、企业需求、培训目标、培训方法、培训安排和培训动态评估等各个环节。当前民营企业能够在实践中开展培训的比较少，而且培训的内容和方法不够系统化，许多培训都是业务知识或者内部通知等，没有经过系统规划来实现，而且培训人员也没有意识到，如何来系统规划培训。另一方面，民营企业的员工有的排斥培训，认为培训占用时间，没有激励作用，效果很差，这种培训的积极性不高影响了培训的效果。同时，民营企业没有建立培训文化环境，在组织上和培训方法上都是比较单一，内容简单，不分层次和内容，灌输培训的操作，都影响培训的效果。从多方面不考虑培训效果，没有系统考虑培训的内在价值。

其次，培训内容针对性不强。调查结果现实，一半参与者认为民营企业培训针对性一般，不存在很明显的作用。据行业调查分析，超过 60% 的人员认为培训对自己的作用效果不明显而抵触培训。民营企业在投入与产出方面的考虑，往往偏离了人力资源管理开发的理念，认为增加机器设备相对于人力资源培训成本投入更加明显，这种情况主要是受到民营企业发展阶段的制约。这种管理经验下，民营企业所有者对培训的态度很不关注，许多培训重要是形式，而内容和实际效果评估不足。

培训针对的不是企业与员工的共同成长，不是追求企业的战略目标的实现，而是仅仅了解业务知识或者内部管理动态等等，这种没有目标和没有针对性的培训缺失，不利于企业的更好发展。最终也会导致企业在培训方面的激励效果大打折扣，管理部门不重视、员工的排斥，最后培训的安排和内容只会越来越偏离计划与目标，或者说没有目标。

（四）人员晋升缺乏公平性

当前民营企业人力资源管理在员工晋升方面存在最大的问题之一就是公平性无法体现。晋升的作用是对工作和贡献表现优异的人员进行激励，提高员工的薪酬水平和员工的自我价值实现，从物质和精神上进行激励。而民营企业在晋升方面的不足，主要表现在：晋升的标准模糊、晋升公开透明的信息模糊、晋升的公平性不足等问题，不利于晋升激励效果的实现。

首先，民营企业晋升的标准不明确。标准不明确表现在两个方面，首先是部分民营企业根本不设置晋升的标准，员工如何晋升无法参考，管理者提拔员工仅依靠经验和喜好来决定，不利于企业的发展。其次是晋升标准与实际工作相互脱节，晋升标准不够明确，许多岗位的晋升对标准的判断和要求太多概念化，无法定量和定性的相互结合。这两种情况都很容易造成晋升工作的失误，并会负面影响员工的积极性。尤其是第一种，民营企业传统的家族式管理方式下，许多员工的选拔都是从自身裙带关系下来实现的，标准明确化的晋升标准没有去实施，打击员工的积极性。

其次，民营企业晋升公开透明信息模糊化。晋升过程的信息公开，对于员工的选拔和公平性的落实起到积极作用，整个过程的程序和监督责任落实，对于员工对企业的信任程度提高有积极帮助。但是许多民营企业对于人力资源管理晋升的态度很模糊，晋升的决定产生不是通过参考标准，而是管理者自行决定，没有考虑其他员工的实际工作和感受，没有严格的晋升标准和监督管理制度。在民营企业很容易被误解"与管理者的关系好坏决定工作的晋升"这种观念，因此，晋升公开透明信息的模糊，很容易导致这种问题的滋生。随着信息传播的便捷，这种非公开的晋升处理，很容易影响到企业的形象和员工所在企业的归属感。

最后，晋升的激励力不够。晋升的作用是激励，满足员工的自我实现的需求，公平、客观、及时的晋升对于员工的激励起到积极效果。反之，很容易引起员工的反感，因为晋升在员工自我实现，获得别人尊重方面产生的影响很大。一方面，民营企业的晋升标准不明确以及晋升信息不够透明，主观性太强，直接导致员工不认可这种晋升方式和晋升者的能力或者人格魅力，对于员工而言是不利于后续工作的开展。另一方面，员工对自身工作的认知产生偏差，往往会依靠这种不严格的晋升方式来实现，或者员工的工作态度和工作关系到转变，会误解这种晋升方式，直接不利于企业内部环境的建设，不利于企业人才战略的发展和实施，对于民营企业而言这种方式，很容易导致人才的高流动性，不利于企业内部稳定和竞争力提高。

（五）人员考核缺乏规范性

民营企业在员工考核上是基本上不够规范的。这种情况对于民营企业产生不利影响，主要表现在如下方面。

首先，绩效考核指标体系不健全。民营企业的绩效考核理念已经有很大的进步，民营企业也在积极实施这种绩效考核的内容和方式，对于建立绩效考核的内容和制度有一定的积极性。问题是民营企业对待绩效考核指标体系建立存在很大的差异。许多民营企业无法建立绩效考核体系，而是通过对某些岗位的固定指标来实现，或者用几个关键指标来替代整个绩效考核的体系。这种粗放模式下的绩效考核方式，不利于人力资源管理水平的提高。我国民营企业从整体上把握绩效考核内在还存在不足，特别是无法有效建立考核体系，定性指标和量化指标的搭配不合理，可操作性不足，均不利于整体的发展和具体的实践操作。随着信息化的发展，这种模仿的程度和范围都有所扩展，但是还无法真正体现出民营企业在绩效考核方面的整体实力。

其次，绩效考核的目的有所偏差，表现在无法通过绩效考核实现沟通，无法通过绩效考核进行及时的反馈跟踪。主要表现在，绩效考核目的不仅仅是评价员工的具体工作效果，同时也是对工作问题的总结和反馈，这种沟通工作需要绩效考核评价来实现，有利于帮助员工更好地认识存在的问题。与此同时，绩效考核结果的反馈需要及时，而不是在考核结束后工作就此结束。民营企业很容把绩效考核的目标定位错误，无法跟员工进行对接，让员工充分认识绩效考核过程中的问题，同时，及时反馈的时效性很差，不利于员工来获取更多的激励作用，或者纠正不足的积极性缺失。许多企业都不重视或者没有意识到绩效考核的目的性，传达绩效考核的结果忽略了问题的总结和反馈。

最后，绩效考核结果应用不充分。绩效考核不能单独地作为一份工作来进行，而是需要配合人力资源管理的各项内容进行整体把握。因此，需要将公司对员工的考核、晋升、激励和福利改善等内在和外在的人力资源管理环节相互配合。充分利用员工绩效考核带来的积极作用。首先，绩效考核可以推动员工认真落实各项工作，提高工作效率。其次，引导管理者和员工重视绩效考核的作用。我国民营企业运用绩效考核是时间很短，目前还无法全面把握绩效考核的整体影响情况，在实施绩效考核过程中遇到的问题，需要更多的时间和精力来完成，并在此过程中来逐步调整和完善绩效考核的实际内容和效果。这个过程是比较长的，很难在短期内颠覆原有的绩效考核带来的影响，但是需要重视和转变观念，提高管理水平，增强实践经验都有助于更好地应用绩效考核这个手段。

（六）人员激励机制不健全

激励机制在我国民营企业人力资源管理方面存在的问题比较严重。激励机制是针对员工和团队如何更加有效地实现工作效益和价值实现而采取的所有激励措施、方案和制度等。激励机制的效果如果发挥良好，能够有效推动企业的发展和员工的发展。民营企业存在激励工作不够重视、激励体系不完善和激励机制配套措施不足的问题，具体如下。

首先，对人员激励工作不够重视。民营企业对待激励工作的建设存在认识不足的问题，进而导致重视程度不够的现状。传统的管理模式下，许多民营企业管理者宁愿增加生产线、公关、广告或者机器设备，也不太愿意增加人力资源的成本投入。

一方面，民营企业的规模和经济实力偏低，能够运用的资金有限，很多企业管理者欠缺对整体战略的把握，尤其是人力资源管理的水平不高的情况下，仅仅形式上对激励工作进行表示，但是实际上进行改革的很少，这种情况下很容易忽视员工的真实需求，造成归属感不足或者流动性比较大的情况。

其次，缺乏完善的激励体系。整体上看，民营企业员工激励体系不完善，这种情况受到的制约因素很多。激励体系不仅仅是薪酬、工作方面，也需要组织和文化等多方面的激励来完善。现阶段的信息网络发展迅速，许多激励手段和方法都是可以复制的，而员工对这些激励手段也比较了解，从认识和需求上看，都存在明显的差异化特点。薪酬激励是在物质上给予员工的保障，也是员工最基本是需求。工作激励是对员工的工作能力的培养和扩展的激励，这种激励对于员工的成就感激励很明显，丰富了员工的工作方式和推动积极性。组织激励是将组织扁平化后给予员工更多组织团队激励，随着组织的调整，可以实现组织架构下的员工的强烈归属感。文化激励是建立企业文化，这种文化能够激励员工和团队来完成工作责任，同时创造更多的价值，员工对文化的认可，相对于其他指标而言，影响深度最广。

最后，缺乏完善的激励机制的配套机制。激励机制的配套机制是指促进员工积极性发挥的策略外，其他配合的管理措施，例如文化建设、员工职业规划等。这种配套的措施如果发挥合适，更容易让员工认可企业，工作效率更高。当前民营企业在这方面相对于激励体系建设而言，就更加缺失。

综上，民营企业人力资源管理的调查结果显示，民营企业很难摆脱原有的管理束缚，同时，存在比较明显的员工培训、招聘、激励和考核等环节的问题，这些问题的真实存在需要民营企业人力资源管理部门认真研究，提高管理水平和效率。

二、我国民营企业人力资源管理存在问题的原因

（一）传统家族式管理的制约

家族式管理是所有权与经营权合一的一种管理模式。民营企业最初多以家庭作坊的模式起步，然后逐渐发展起来的，现阶段依然还有许多家族式的企业，这种企业表现出了明显的特征：管理随意性大，制度化和规范化不足，没有优化的程序来完善。企业因为家庭观念的影响，造成企业管理和员工的任命都含有很重的情感因素和人情味，尤其是职位的员工招聘和晋升都带有很大的内部随意性。传统的家族式管理的影响，导致企业无法构建制度化和程序化的管理内容，组织内部的优化效果不明显，员工对规范的制度内容也认识不足，受到这种背景的影响，很多企业内部的员工都不太满意，因为管理上的随意性太大，总结而言，就是理性因素少，感性的因素比较多。

在很多民营企业中，其核心就是创业者，企业的管理思维和风格就以创业者一人的风格相近，一个人的权利大于其他管理部门或者内部职位，家族式的管理模式最大的优势就是避免了过多文化的复杂混乱，简单而有效的个人推崇的文化推广效率很高，执行方面也存在很高效率。与此同时，这种模式带来的不足就是组织或者团队设置的作用效果不明显，缺乏积极、健康和通畅的组织工作环境，最为严重的就是决策上的理性缺失，个人的决策无法与组织决策相比较，一旦出现决策上的重大失误，整个企业将面临退出市场的威胁。在这种企业管理模式下，外来员工很难进入企业的中高层，或者共享企业发展带来的福利，非常容易引起员工的不满，无法找到信任感，因此，对企业的忠诚度也相应地比较差。

（二）人力资源管理简单化

民营企业在建立系统化的管理制度方面是存在明显不足，尤其是人管人的现象比较明显。另外，虽然有部分的民营企业制定了相应的规章制度，但是这种制度本身是生搬硬套其他大企业的规章制度，而不是根据自己的实际情况制定的，因此，不能拥有实践，使得很多企业的规章制度如同虚设，执行力非常低。

在民营企业调查中，岗位分析和岗位责任不明确的问题很突出。岗位责任的模糊化，直接影响到员工对工作的认识，在工作负责范围内来执行，效率很明显，但是民营企业无法建立这种明晰的岗位责任，很多工作存在推诿的情况，由谁来负责，追究谁的责任和奖励谁，都存在很大的模糊性，员工常常都是根据自己的感觉来的，同时，企业主还常常本着一种"能者多劳"管理思维，很容易造成企业的管理人员直接根据自己的喜好，对员工的工作进行安排，这种情况下，工作的交叉混乱的情况直接造成工作效率低下，工作没有任何计划性，不同的阶段、不同的人员负责，专业性上欠缺，而且很容易造成员工的抵触，重复性安排更容易降低工作效率。

（三）管理制度的不健全

在我国，管理制度的构建对于人力资源管理的效率提高产生直接的影响，民营企业在管理制度建设上，存在明显的不足。健全的人力资源管理制度包括以下几个方面的内容：招聘制度、薪酬制度、培训制度以及激励制度等，其中的每个制度都要健全和完善。然而，在我国民营企业中，由于企业规模比较小，原本应该由人力资源管理部分负责的工作，都通过其他部门，如办公室、行政或者财务来负责；而有部分民营企业虽然建立了人力资源管理部门，但是内部设置不够完善，人员不足，配置的人员素质无法承担该项工作，形式上的管理部门也造成效率低下。此外，许多民营企业对人力资源的工作安排，考勤、核算工资、对迟到的员工采取相应的惩罚措施，以及象征性的对企业员工进行培训等，因此，人力资源管理活动存在严重的不足，缺乏专业性、完整性和有效性。

在招聘制度方面，一些民营企业缺乏完善的招聘制度，开展招聘工作需要提前准备岗位分析和规范的岗位说明书，而民营企业在这方面的实践经验还比较欠缺。招聘的过程中，没有更加有效的方法来区分不同的岗位员工应该具备何种素质或能力，民营企业很容易在招聘员工的时候，根据主考官的意见和偏好来判断，缺乏客观性和科学性，招聘制度的建设不够完善，直接导致招聘效果不明显。与此同时，部分民营企业在招聘员工时，没有详细规划员工的招聘计划，很多情况都是员工短缺后才应急处理，这很容易造成内部组织管理的脱节，连续性和稳定性不强，很少有做长远规划的在招聘的时候缺乏长期的发展规划。招聘制度是人力资源管理工作的第一步，招聘制度的不完善、不健全对人力资源管理工作产生严重的影响，使得招聘中失误率比较高，另外还对人力资源管理工作的其他的各个环节造成一定的影响，使得其他的环节没办法顺利进行。

在薪酬制度方面，民营企业不够重视对薪酬制度的建设，在信息网络技术迅速发展的时代，薪酬制度的信息比较多，而民营企业虽然接触不少此类的信息，但是因为传统上对薪酬认知，仅仅考虑工资，其他薪酬构成要素很多都无法考虑或者不去考虑。薪酬制度需要将员工最基本需求物质报酬纳入，也需要在精神方面的激励等全面考虑，这种综合的薪酬体系是未来民营企业制度建设的重要方向。民营企业现行的薪酬体制过于单一，而员工在信息网络时代下凸显的个性需求很旺盛，这种矛盾下简单的薪酬制度不能起到很好的激励效果。薪酬制度建设，需要体现公平性，民营企业的薪酬现状，很难全面反映这种公平性，首先是表现在内部的绩效考核方面，调查结果也显示了该问题，考核的有效性和公平性不足，员工的实际绩效与工作积极性之间的问题很严重。其次，民营企业的经济基础大部分都存在比较有限的状况，民营企业在设置薪酬制度的过程中，很难通过更完善的薪酬制度来进一步提高员工在此方面的优势，从意识形态上和实际行动上都存在这个问题，民营企业在竞争环境下，需要快速投入资金，管理者忽略薪酬制度的问题与此相关。整个民营企业也没有形成这种构建完善薪酬制度的氛围，因此，制约了该制度的建设。这种情况下，很容易造成员工的积极性受挫，员工的流动意识增强，组织内部稳定性受到影响。

在培训制度和激励制度方面，正是由于民营企业具备的条件有限，且未能形成比较良性的制度安排，民营企业面临生存环境的竞争挑战下，很容易忽视制度建设，无法提供更加全面的培训制度安排和系统的培训，也让激励机制效率很差。其中也有民营企业对人力资源认识的不足，造成这种比较困难的局面。而员工的职业规划制度，这个在民营企业当中就更难实现，从意识到实践行为，都存在管理水平和资金投入有限的制约。

（四）民营企业人员素质偏低

民营企业创造了许多的就业机会，产生了积极的影响。而人力资源管理中面临着人员素质不高的不利局面。人力资源管理本质上就是要挖掘人力资源的价值，人力资源作为特殊资产的特性证明了人才的重要性。传统的人事管理阶段，经济市场的不完善，让民营企业很难有效地把握人力资源的专业素质，因为人事管理工作太过于简单，而且这种简单的工作就能够让企业正常运行且竞争不充分的环境下，依然生存。这种状态下，人事管理工作仅仅是记录考勤、工资结算和简单奖惩的过程，而这个阶段从事人力资源管理的人员专业素质并不高，主要是从企业工作岗位上调转过来的，这些人首次从事人力资源管理岗位，从理论到经验上都存在不足。而且这些岗位的职责简单，工作要求不高，参加岗位的人有部分是民营企业管理者特殊安排的，因此不具备任何的专业素质可言。但是随着经济的发展，民营企业的传统管理模式已经无法适应经济环境的变化，调查结果也证明了这点，不论是管理理念还是制度都向现代人力资源管理的阶段过渡，而这些从事人员需要转变思维，同时必须具备良好的专业素质来提高管理水平，这个阶段就是要求人力资源管理人员必须具备这种素质，才能胜任岗位职责。

民营企业人员素质偏低，主要有两方面的原因，首先是与国有企业相比，民营企业不具备竞争优势，不论从规模还是经济实力上看，国有企业都占据了优势，目前还要继续一段时间，这种状态下，民营企业引进的人才专业素质相对于国有企业而言，整体素质是偏低的；其次，民营企业在配备专业人员上受到自身薪酬等制度上的竞争力不足，招聘、培训和激励等多方面都不具备优势，这种局面促使民营企业无法更好地培养人才，以及挖掘人才，无法得到更好的激励的情况下，员工的积极性不高，责任心不强，工作绩效不高，从业人员的流动性大。员工的自我价值实现与企业共享的可能性不大，也影响到高素质人才的加入，人力资源管理部门的管理水平不高，产生了一个不良的影响效应。

（五）管理方法不科学

人力资源管理方法的简单和错误是民营企业管理水平提高的制约因素之一，特别是人员招聘、薪酬管理、激励机制、职业生涯规划及其员工培训等均需要进一步改善。不科学的管理方法甚至限制企业的进一步发展。

1.在人员招聘中，民营企业对于员工的选拔方法得不到优化。民营企业在河北省表现比较突出的就是，笔试面试的采用率不高，同时，面试阶段维持传统的一对一面试，其他面试技巧没有实施过或者用的太少，比如无领导小组讨论，压力面试等多种方法。现阶段的民营企业还没有掌握其他的面试技巧，仅仅停留在传统模式简单转变的阶段，面试的环节缺乏针对性。

2. 在薪酬管理方面，民营企业未能够全面掌握。首先，不足之处就是没有充分认识薪酬管理的重要性，对薪酬管理的认识偏差很明显。其次，没有积极主动地开展薪酬管理的体系化讨论和方案落实，民营企业也很少开展具有针对性的薪酬调查，对内部和行业的薪酬管理体系进行深入分析，简单地设计薪酬管理内容，比如工资报酬外加奖金这种最简单的薪酬管理模式，忽略了薪酬管理的其他内在因素。薪酬管理没有差别化和没有区别，导致员工的激励效果很差，甚至不存在激励作用。简单的薪酬管理模式，无法将员工的工作贡献程度与绩效紧密联合，挫伤员工的积极性，很难提高民营企业的竞争力。

3. 在员工培训方面，今年来，产生了很多新的培训方法，提升了企业的培训效果。传统的培训方式是企业员工处于被动接受的位置，由培训老师开始讲授，然后被培训者接受的一种模式。而如今采用了近年来在员工培训中产生了很多新的培训方法和手段，大大推动培训的成效。民营企业在培训方面的投入和研究很少，在民营企业仅考虑维持生存的情况下，没有转变观念的情况下，企业是很难去讨论培训模式，和评估培训效果的，更加无法从培训中看出问题所在。员工综合素质的提高也就受到一定的限制。

常见的培训方法有情景模拟、案例分析和角色扮演等，这几种培训方法是比较常见的，民营企业如果运用起来也是比较容易的。首先，在民营企业中，通过情景模拟的方式，可以让参与者有一种身临其境的感觉，从而提升其工作技能然后提升员工处理事情的能力。案例分析能够更加直接地剖析案例的明显问题，让参与者直接了解案例的相关信息和问题所在，这种案例分析能够很容易复制，这种方法的不足就是案例发生是建立在一定条件下的历史案例，而未来的环境变化，需要进一步判断。

4. 在员工激励方面，许多有创意和新意的激励措施，在很多民营企业中还没被采纳，比如员工持股激励，这种具有很强激励的方法很难在河北省乃至全国的民营企业所接收。华为公司的成功其中最主要的激励方式就是股权激励，这种模式的复制也比较困难，毕竟现在的环境和市场都变了，但是从另一方面看，股权激励的有效性，完全可以让民营企业考虑采用这种类似的措施来提高激励效果。同时，民营企业过分强调薪酬的，在激励方面民营企业过于倚重薪酬激励，而忽略了建立良好的组织文化和工作成就激励模式，薪酬投入超过正常规模后，成本增加，但是带来的经济绩效却不高。

三、完善我国民营企业人力资源管理的对策

（一）转变传统的管理模式

在我国，以人为本是提高民营企业的人力资源管理水平的一个重要措施，要转变人力资源管理理念。以往的管理模式，无法正确对待和把握人力资源作为特殊资产的重要战略理念，而只是把人看作是和机器、设备等差不多的生产资料。在现代人力资源管理阶段，

人力资源的储备和开发对于民营企业的深层次发展提供的动力支持。因此，企业要将人力资源的开发和管理工作放到首要的位置。转变观念后，需要树立人力资源为重要资产的理念，以人为本的思维来影响企业的管理与发展，企业想在市场竞争中占住一席之地，要想从激烈的市场竞争中脱颖而出，就要发展人才，尊重人才，并且还要满足人才的需要，注重对人才的培养和开发。

民营企业需要从转变理念开始，才能真正过渡到现代人力资源管理的阶段，理念转变具有非常重要的意义。相对其他企业类型来说，民营企业人力资源管理水平还无法相提并论，专业化的程度低，企业如果想要转变理念，需要改革的力度和投入很大。民营企业视人为企业资本，要为员工设身处地的着想，要站在员工的角度的思考问题，让员工自身的发展与企业的发展同步进行，实现企业和员工之间的共赢。另外，企业在做出重大的决策或者是做出跟员工利益息息相关的决定的时候，要尽可能的征求到员工的意见和建议，要听取他们的需求，尽可能地满足员工的需要，并且要让员工积极地参与到决策中来，使得企业的决策具有人性化，科学性及其有效性。在现代企业管理中，员工参与管理本身也是其中的一个关键环节，参与度越高，对企业把握问题和处理问题的决策科学性和全面性有重要意义，另外一个方面还能充分调动员工的积极性、主动性，发挥他们的主人翁意识，能有效地提升企业的绩效。

（二）差异化的人力资源管理

对组织的研究，通常认为组织内部的个性化与组织的创新能力呈现正相关，这种状态下，发挥组织的个性差异化对于推进组织创造力而言，具有了良好的效应。同时，差异化也给组织带来了分析和识别个性差异化的难题，如何发现和处理成为现阶段组织发展的研究热点之一。

首先，做好人才选拔和岗位匹配的调整。在选拔人才的过程中，利用招聘方法，先行调查员工的个性特征，然后在安排岗位的时候，可以结合岗位的需求与员工的差异化个性，通过匹配的方式，尽量在工作环境中找到推动工作积极性的优势方法，这样不仅可以保证员工能够充分发挥个性化的特质，努力做好岗位职责，同时，保证组织工作效率提高。需要明确指出，这种岗位的匹配调整需要把握一定的频度，不能过于频繁，也不能毫无作为，因此轮岗的方式，可以让许多岗位的职责让员工尽量去挑战，这样的方式处理，可以培养员工，同时可以让员工适应环境。

其次，做好个性化的职业规划。在信息化时代的高速发展下，个性化特征的显露比较直接，员工对个性的追求也比较明显，企业组织为了更好地提高组织凝聚力，可以有针对性地开展个性化职业规划的实施。首先，需要确定员工的个性化特征，然后在员工工作中，通过组织的协调和指导，让员工发挥其专长，让个性鲜明带来更多的创造力，挖掘员工的潜能，优化资源配置。经过不同的发展道路规划，让员工选择技术或者管理为目标的职业规划。根据员工的实际特征和专长，尽量创造一个潜力充分发挥的氛围，区别对待员工的贡献，让员工能够充分认识组织的文化，承担工作职责，并在组织发展中成长和价值自我实现。

差异化人力资源管理模式需要有效判断和认识个性化特征，需要明确这种特征对组织文化的冲击，"适才适岗"是选拔开始需要考虑和准备的，把握员工的个性特点对于人力资源管理工作提出了挑战，这种基础性工作的分析和经验总结，对后续的差异化工作提供了最强大的支持。尊重人才的观念灌输到组织上下，通过积极充分地开展人才培训的工作，也可以让员工更加有效地充分展示其个性和才能，高效组织创建，需要员工的积极配合，更需要员工的充分发挥才能，差异化的管理模式，能够有效地推动。因此，尽量避免出现组织内部文化的冲突，尊重人性化的员工特征，充分展示和利用，发挥创新能力。

（三）健全和完善管理制度

人力资源管理发展的方向是制度化和专业化，因此，在民营企业中也不例外，要发展制度化和专业化。要提升我国民营企业的人力资源管理的水平，首先面临的挑战就是，民营企业的长期的发展规划，人力资源管理制度主要包括以下几个方面：人事管理规划、招聘制度、培训制度、薪酬制度、激励制度、晋升制度、职业规划制度等。规划的目的就是更好地把握未来组织发展的方向，配合企业战略来实现目标，规划的实现需要通过分析行业环境和企业内部状况，集合未来一个时间段，企业的发展策略，完成人力资源管理各项制度的预测。这种预测在一段时间内是基本的指导思路。规划的内容有包括战略分析、环境测评、组织内部需求和供给测评等。规划是基础，通过规划可以根据其他的招聘制度、薪酬和培训等制度，充分发挥人力资源管理的优势。在民营企业中，人事管理规划工作的缺失在民营企业中表现的比较广泛，只有做好了人事管理规划工作才能确保人力资源管理其他环节的科学性及其有效性、有效。

要健全和不断的规范化人员聘用制度。首先，民营企业要对职位进行科学的分析，从而为人员聘用提供一个规范化、合理化的标准。科学的职位分析也是民营企业中普遍缺失的一个主要的问题，科学的职位分析不仅解决民营企业中存在的招聘标准过于模糊的问题，且还可以避免民营企业中出现人员选拔随意的问题。

另外，我国民营企业还要对人员招聘的具体的流程有一个明确的标准，另外还要确定人员招聘的程序。一般情况下，人员招聘要经过以下几个阶段：招募——选拔——录用——评估。招募阶段就是则主要以下几个方面的工作：要首先制订招聘计划，然后根据计划内容，通过多种渠道来发布招聘信息，根据应聘者的计划安排，实行多样化的笔试和面试，从招聘基础上考核员工的能力、素质和差异化特征，经过讨论择优录取，然后在试用期期间开始观察和评估招录人员，评价员工的工作具体表现。这样的一套系统的招聘阶段，具备明确的计划和步骤，一方面尽量避免出现民营企业中通过不规范的途径将应聘者直接安排上岗的问题，另外一方面还能提高招聘活动的效率，降低人力资源招聘的成本。

培训制度的完善，有助于企业更好地提高员工的专业技能和能力，对于提高绩效有积极影响，随着培训体系的系统化建设完成，民营企业在培训方面可以更好地发挥灵活优势。

薪酬制度的建立和完善，对于民营企业而言是至关重要的，河北省调查结果显示，家族式的管理模式依然影响民营企业，薪酬制度的建立需要重新认识和重视起来，民营企业在设计薪酬管理制度时，要以战略为导向进行设计，在企业的不同的发展阶段要设计相应的薪酬管理制度与之相对应，因此，薪酬制度的健全和规范必须获得管理层的认可，并采取措施。首先是民营企业管理层根据自身企业的发展策略和阶段现状，尽可能完成薪酬制度的调查和规范，根据阶段来实施薪酬制度，有利于成本控制和效率提高，比如在民营企业高速发展时期，企业对于人才的需求量比较大，因此，这个阶段实施的薪酬制度需要对外部具有一定竞争力的策略，达到吸引人才加入竞争之中。与此同时，重视现代薪酬制度管理理念，充分把握物质报酬对员工的激励作用，更需要注重企业内部文化和工作激励等精神方面的薪酬制度的构建，或者称之为"内在薪酬"这种调整对于企业而言，能够获得更高的组织运行效率，创造更高的价值。毕竟薪酬制度是员工最为关切的管理措施之一。

内在薪酬有称之为"激励因素"，激励机制和配套机制的建立，包含了工作内容的丰富、轮岗制度的构建、工作成就感的满足、个人价值实现等，这些因素让员工能够充分发挥组织绩效，同时还能充分的发挥员工和工作的主动性，据此，民营企业开始逐渐认识和把握企业内在薪酬的建立，有利于提高员工的积极性，另外还能增强企业的向心力。

（四）全面提升人力资源管理人员素质

管理人员素质的提高对于民营企业发展提供了智力支持，如果管理人员的素质太低，直接影响到企业的人才资源的开发和储备。据此，民营企业通过梳理企业的发展战略，结合实际情况，拟定企业的人力资源管理人员素质培养的计划，通过吸引和培养专业化程度高的管理队伍。首先，管理者需要意识到人力资源管理的重要性，重视人力资源管理的建设，这样转变观念，才能更好地协调参与者之间的意见和矛盾，制订计划才能更好地获得支持，将人力资源管理制度建设上升到企业的管理发展之中，将人力资源管理队伍的素质提升作为目标之一。这样有助企业更好地从整体上制定详细和可操作性的计划。因此，将人力资源投入视为长期发展的战略观念的转变和深刻认识，对开展队伍建设起到积极作用。

现代人力资源管理表现出了以下特点：一是专业性强，从地位上看，是企业战略性部门。区别于传统的人事管理和考勤考核的功能部门；二是，规范化建设，现代人力资源要求的是规范性很强的制度建设，能够依照制度内容来实施操作。因此，专业人才的建设成为人力资源管理的首要环节，一方面，民营企业通过引进人才直接提高管理部门的人才素质，这种方式是最直接和效果最明显的，但是也需要面临着忠诚度的问题，流动性比较强的矛盾。另一方面，是企业开展人力资源管理素质培养的计划，通过内部的选拔和培训，从整体上提升人力资源管理人员的素质，这种情况相对比较缓慢，效果显现比较滞后，需要决策人员的长远战略选择。

（五）完善绩效考核体系和激励等科学管理方法

绩效考核起源于西方，并且是在企业中应用。绩效考核与人力资源管理的多个环节相互影响，因此，如何科学有效地建立和实施绩效考核，对于人力资源管理水平的提高产生至关重要的影响作用。我国民营企业在实施绩效考核的时候，可以借鉴一些发达国家的企业采取的绩效考核的措施，比如可以将以下的一些绩效考核的方法引入到我国民营企业中，比如：360度绩效考核法、关键绩效指标法、关键事件法等方法。

360度绩效考核法目的是通过员工的工作评价，来获取员工的工作表现情况。这种评价的方法是根据考核标准，对上下级和平级同事之间的调查，这种调查的客观程度比较高，结合对员工的自我评价，可以更好地完成绩效考核。员工对此的接收程度也比较高，这种方法需要考虑的范围比较广，调查的对象需要客观公平地评价，才能获取更有效的信息。

关键指标法是当前民营企业实行最为广泛的措施，因为这种方法很容易量化，但是合理的关键指标构建却在民营企业中无法很好地掌握，因此，构建合理的关键指标体系，有利于更好地促进企业的绩效考核，并获得员工的认可，这种方法的运用受到一定的局限性，比如市场营销部门的考核运用效果比较明显，但是对中后台部门的考核可能无法有效进行，因此这种考核方法需要搭配其他的方法来共同实施。

对于民营企业的员工培训，首先是可以采用传统的讲授法，另外还可以引入以下方法，比如：角色扮演法，讨论法，案例分析法，观摩示范法，网络培训法，虚拟现实方法，户外训练、拓展训练等方法。培训方法是为了更好地实现培训目的，对于培训方法的掌握，民营企业可能还有一段距离，但是摆脱传统的培训方法是整个转变的开始，以往的传统培训方法仅仅是灌输性的将员工被动接收，这种方法的效果有限。民营企业需要充分发挥信息网络化，信息知识共享的良好优势，培训方法的经验积累需要调动各种手段，在成本有限的情况下，需要发挥人力资源管理专业水平，尽可能地掌握更多的培训方法。跟传统的培训方法比，角色扮演法、讨论法、案例分析法等方法的特点就是让员工充分参与培训其中。这种方式的优势是员工的积极性提高了，培训效果更加明显，人力资源管理需要搭配使用各种方法，结合实际的工作需求，充分调动员工的积极性，以增强企业的凝聚力而实施，比如拓展训练就是一种很好的团队协助能力培养的方法，员工在培养方法上可以充分提出意见，将自身的发展与企业相互联系，有助于整体的提高。

许多实际案例表明，在员工在受到激励后，能更加出色地完成本职工作，反之没有经过激励的员工，自身潜能并未有效地挖掘。简而言之，对员工的激励，需要充分认识员工的内外需求，员工的个性特征的发挥，对激励组织创新有重要意义，员工的积极性提高，自身需求的满足，可以带动企业的发展，在这种作用下，公司绩效会得到有效的提升。当然，每个不同员工会因各种因素的不同而导致内在和外在需求的不一致，由此考虑，当企业在进行员工激励时，要综合各种不同因素而针对性地采取不同激励措施。对于刚毕业的参加工作的大学生，结合他们进入社会时间较短，没有完全脱离学生气息，对未来充满期待和斗志，这时候可以针对他们的兴趣爱好、专业背景以及能力特长等进行职业生涯规划，针对这一阶段的员工，科学的激励方法能够有效地引导他们对待职业生涯。然而对于一些参加工作时间较长，积累了一定工作经验和物质基础，年龄阶段出于35~40岁的职工群，显然进行职业生涯规划激励已经不适合了，这时可以考虑其他途径来进行有效激励，比如通过职位晋升，满足其职业追求。在采取激励措施时，我们要结合员工的年龄、需求、特点等等因素综合考虑，以确保在需要、刺激、绩效提升之间形成一个良性的循环，相辅相成，最后实现企业绩效全面提升的积极效应。

第五节　小型企业人力资源管理

一、小型企业的人力资源管理

（一）我国小型企业战略人力资源管理的现状

一直以来，由于战略人力资源管理本身所具有的宏观性和全面性，致使绝大部分企业管理者认为对企业实施战略人力资源管理应该是大中型企业要做的事情，小型企业人数比较少，规模较小，所要处理的人事业务比较简单，没有必要花费大量的时间和精力去实施战略人力资源管理。对于以上现象，笔者在对53家小型企业调查之后，发现调查对象中有47家小型企业没有制定自身的人力资源发展战略，更加没有在企业中实施战略人力资源管理。笔者根据调查结果，做出了如下总结：

我国小型企业战略人力资源管理存在以下不足。第一，绝大部分小型企业的管理者缺乏在小型企业中实施战略管理的意识。在笔者的调查中，发现有38家企业管理者对于企业的发展没有明确的战略目标，他们认为市场具有诸多变化，企业的发展大多是走一步看一步，如果过早的制定了长期的规划，周围环境的变化速度很快，最终会造成不断重新制定远期规划的现象，这是对管理者时间的一种浪费。更有甚至，这38人中有20人明确的提到老俗话"计划不如变化"，认为制定中期和短期计划是必要的，但是长期计划可有可无。第二，在战略意识匮乏的支配下，绝大部分小型企业的管理者没有制订长期的人才计划。小型企业人才流失一直是很多小型企业主内在的痛，尤其是高层次人才的流失会为小型企业的发展增加巨大的成本，在这种人才流失的现状下，很多小型企业的管理者从公司的制度、员工的薪水及公司总体发展等多方面进行探寻，但是，一直没有找到答案。其实，笔者在对离职人员的调查后发现，很多人离职是因为在企业中找不到明确的成长方向，对企业的信任力薄弱等造成的，这些原因产生的根源在于企业没有使员工看到企业未来的发展前途，没有对员工的职业精神进行建设和塑造，没有为自己的员工提供更加广阔的发展空间，总结起来也就是企业管理者没有重视员工职业生涯的发展，也即没有对员工在公司的发展做出长期的战略性的规划。第三，绝大部分小型企业管理者混淆了人力资源战略和战略人力管理概念的区别。他们把人力资源战略和战略人力资源管理看作是基本上保持统一的一种事物，没有明白战略人力资源规划是为企业的人力资源战略的实施而服务的，是人力资源战略实施的督促着和引导者。在概念混淆的情况下，这部分企业的管理者并不能对战略人力资源管理的职能进行明确的划分，从而使企业发展过程中缺乏了引导者和督促者，最终致使企业人力资源的能力不能形成有效地聚集，不能使企业的员工"人尽其才"。从马斯洛需要层次理论来看，中高层管理者对自尊、自我实现的需求更大，他们希望能够"大展拳脚，创造佳绩"，但是，由于上述现象的存在，其理想、意志和情趣不能得到有效地实现，最终也将离职。

综合上述，笔者认为我国小型企业的战略人力资源管理存在相当大的缺口，这将极大阻碍我国小型企业对于人才的招聘、培训和保留机制的构建，最终将造成小型企业人才尤其是高层次人才流失率大，增加企业的发展成本，最终也将导致我国小型企业因为受制于人才队伍的匮乏而出现成长到一定阶段后长时间或永远停滞不前的现象，为小型企业的发展带来巨大的障碍。

（二）战略人力资源管理对于小型企业发展的重要作用

经过上述分析，可以看到小型企业战略人力资源管理机制还非常不成熟，并且因为这种不成熟为小型企业规模的增长带来了极大的障碍。为了便于对小型企业战略人力资源管理模式的塑造，笔者将先简单地谈一下战略人力资源管理对于小型企业的重要性。

首先，战略人力资源为小型企业的人才队伍的建设指明方向。小型企业的这种作用主要表现在，战略人力资源管理模式的塑造，可以督促企业制定自己的人才战略，并监督和引导企业人才战略的实现。其次，战略性人力资源管理可以减少企业人才流失率。战略性人力资源管理可以促使企业制定和实施人才战略，从而使管理者能够站在宏观和长远的角度去进行人才招聘、培育和保留，在这种视角下制定的各项人才制度更加符合中高层人才的尊重和自我实现的需求，从而能降低人才流失率。再次，战略人力资源管理能够增强企业员工的向心力和凝聚力。战略人力资源管理是从宏观的角度去管理企业的人才战略，这将使企业管理人员意识到对员工精神文化培育的重要性，能够强化员工对于公司企业文化和企业战略目标的信度，最终在企业中形成一种更加有效的社交氛围，满足更多员工的社交需求。最后，战略人力资源管理能够增强小型企业的抗风险能力。小型企业在激烈的竞争中抗风向能力弱，这是一直以来都存在的问题。而战略性人力资源管理可以增强企业对于未来市场的预测能力，从而能够帮助小型企业更早的发现企业中存在的问题，及早制定预防措施规避风险。除此之外，由于战略人力资源管理的存在减少了人才的流失率，为企业保留了更多有实力的人才，而企业中团队的凝聚力和员工对企业的信度增强，这将使小型企业在激烈竞争中最强大的依靠。

（三）改善小型企业战略性人力资源管理存在不足的措施

通过对调查数据的对比及对成功企业的研究，笔者认为改变小型企业战略人力资源管理不足的措施有四种，具体如下：

第一，小型企业高层管理者改变意识，增强对于小型企业战略的认知。建议小型企业的管理者增强管理知识，使自己的管理更加专业化和科学化，并增强自身的宏观意义、战略思维意识，对企业人才战略形成一个正确的认知，在对人才战略形成正确认知的基础上，制定公司宏观的人才规划，并积极的推动战略人力资源管理模式在人事制度构建中的运用。

第二，小型企业管理者要重视员工的远期需求，为员工量身打造在企业的职业生涯规划。随着社会的发展，员工的基本的生理需求和安全需求已经不能成为影响人的职业选择的主要因素，而影响人的精神发展的社交需求、尊重需求和自我实现的需求在人们进行职业选择的过程中起到的作用越来越大，故站在公司总体战略的角度，和员工一起制定员工的个人的职业生涯规划，增强员工对于自我在企业发展的信心，最终增强员工对于企业的信任度，这些结果的实现都是建构在对公司的人力资源进行战略管理的基础上，

第三，要重视对员工的培训，从而为员工的职业生涯的发展提供便利条件，最终增强员工与企业的关联性。对于员工的培训是员工和企业进行融合的必要环节，小型企业不能因为员工的流失率高就减少甚至取消对于员工的培训，这将极大的减弱员工的个人发展空间和减少自我成长的机会，员工个人发展空间缩小和自我成长机会的减少，会提升员工的流失率，流失率的提升会使企业更加不愿意对员工进行培训，这将形成一个恶性循环，故从企业环节开始，要有所改变，重视对员工的培训。重视对员工的培训不仅仅表现在重视对员工技能和工作能力培训，还表现在重视对于员工精神明文的培训，从而增强员工对公司的奉献警声和忠诚度。在培训的过程中，企业要有正确的态度，以保证每一次培训都是有效的，无效的培训会对员工态度的改变起到反向作用。

第四，企业管理者要重视人力资源，不能将人力资源和物力、财力资源同等看待。人力资源使比物力、财力资源更高级的资源，他是一种有情感的资源，故对人力资源的重视一方面要表现在对人力资源的尊重上；另一方面要表现在为人力资源的成长提供更加广阔的空间上。

二、小型企业人力资源管理系统的设计

（一）系统的开发背景及意义

现代科技计算机技术的进步带动着科技时代的进步，信息化和计算机的发展在现代社会飞速进步的同时，各个企业不断扩大与发展，企业员工数量的增加与流动行增加，传统的人力资源管理模式越来越难适应新的社会条件下的企业管理需求。相对于传统的企业人力资源管理，该人力资源管理系统不仅节约人力、物力，降低成本，而且数据更精确化，

操作更便捷化。让管理者与用户不再局限于人员、时间、空间的限制，可以通过网络进行人力资源信息查询和管理，深受广大企业人力资源管理者的好评。因此，基于以上出发点而设计开发一款便于企业人力资源管理的系统。

小型企业人力资源管理系统是采用网络管理手段来对企业内员工信息进行控制和管理的一种先进的信息管理系统。采用信息管理系统可以帮助各行各业提高工作效率，降低人力资源成本。利用信息管理系统可以实现对各种信息进行科学，高效的管理。信息管理系统是随着计算机信息管理技术的发展而不断在进行发展，越来越多的前提条件对开发信息管理系统在不断地提供强大的支持。为用户提供更好、更快的企业及员工管理服务，实现人力资源管理的基本功能，大大提高人力资源管理的管理效率、节约成本，提高员工工作效率。

（二）系统开发的可行性分析

可行性分析主要包括技术可行性、经济可行性与法律可行性，通过可行性分析对设计开发时所用到的技术、经济以及法律方面进行一个合理、客观的分析，以便合理地利用资源，科学的做出决策。对小型企业人力资源管理系统从技术上、经济上、操作上进行可行性研究调查，这样既能够保证资源的合理利用，也方便我们快速高效的设计实现系统。

技术可行性：小型企业人力资源管理系统是以 Tomcat 与 JDK 为开发环境，使用 JSP 技术和 MySQL 数据库作为工具来实现系统的。在 JSP 技术和 MySQL 数据库是当前比较流行的开发软件和技术。因此，本系统的设计与实现在技术上是可行的。

经济可行性：人力资源管理系统采用 JSP 技术与 MySQL 数据库，这些软件可以自行在互联网免费下载，下载完成后便可以开始对所下载的工具进行安装与开发。系统开发过程中的主要付出是在系统的框架搭建和功能是实现以及后期使用过程。

法律可行性：本系统是方便小型企业人事方面管理开发的，通过本系统可以实现企业人力资源的信息化管理，使用户可以通过本人力资源管理系统查看并修改个人信息、查看及个人简历信息、考勤及工资等，管理员可以本系统后台对部门管理、员工信息、员工考勤及员工工资信息等进行管理。为用户提供更好、更快的企业及员工管理服务，实现人力资源管理的基本功能，大大提高人力资源管理的管理效率、节约成本，提高员工工作效率。开发出的系统主要用于对企业的人事方面的管理，不会违反法律，因此本系统的设计在法律方面是可行的。

（三）系统需求分析及功能设计

通过对中小型企业人力资源管理相关内容及工作流程的调查分析，确定人力资源管理系统，主要包括人力资源系统管理员端模块和用户端模块。人力资源系统管理员端将具备管理员登录、部门管理、员工管理、工资管理、系统管理与退出功能，普通用户端将具备用户登录、我的个人信息、我的简历设置、我的考勤信息、我的工资信息与修改密码功

1. 管理员管理模块。

管理员管理模块主要实现管理员对本系统的管理与维护功能，具体功能如下：

（1）管理员登录：管理员登录后台时需输入用户名和密码，身份，通过系统验证成功后方可进入。

（2）部门管理：实现管理员对部门信息管理的查看、添加、编辑、删除功能。

（3）员工管理：实现管理员对员工简历信息的查看、添加、编辑、删除功能

（4）考勤管理：实现管理员对员工考勤信息的查看、添加、编辑、删除功能。

（5）工资管理：实现管理员对员工工资信息的查看、添加、编辑、删除功能。

（6）登录密码：实现管理员对系统登录密码的修改，修改前需先输入原密码方可修改改新密码。

2. 用户管理模块

实现的主要功能包括用户登录、个人简历信息和个人考勤、工资信息的查询、修改和保存功能，以及用户个人登录密码的修改，修改新密码前需先输入原密码，具体功能如下：

（1）用户登录：用户登录时需输入用户名和密码，身份，通过系统验证成功后方可进入；（2）个人信息：实现用户对个人信息及简历的查看、修改并保存功能；（3）个人简历设置：实现用户对个人简历的查看、修改功能；（4）我的考勤信息：实现用户对个人考勤信息的查看功能；（5）我的工资信息：实现用户对个人工资信息的查看功能；（6）修改登录密码：实现用户对个人登录密码的修改，修改新密码前先输入原密码方可修改。

第五章 企业组织建设

第一节 企业组织与架构

一、企业组织

企业组织一词出自 19 世纪末 20 世纪初西方大企业的划分。有分 U 型组织结构、M 型组织结构、矩阵制结构、多维制和超级事业部制结构、H 型组织结构和模拟分权制结构。

组织是指在共同的目标指导下协同工作的人群社会实体单位；它建立在一定的机构，成为独立的法人；它又是通过分工合作而协调配合人们行为的组织活动过程。

企业组织是动态的组合活动过程，是企业经营活动过程中形成的一种管理结构；在企业中组织又分正式组织和非正式组织两种。

二、企业组织架构

企业组织结构是进行企业流程运转、部门设置及职能规划等最基本的结构依据，常见组织结构形式包括中央集权、分权、直线以及矩阵式等。

企业的组织架构就是一种决策权的划分体系以及各部门的分工协作体系。组织架构需要根据企业总目标，把企业管理要素配置在一定的方位上，确定其活动条件，规定其活动范围，形成相对稳定的科学的管理体系。

没有组织架构的企业将是一盘散沙，组织架构不合理会严重阻碍企业的正常运作，甚至导致企业经营的彻底失败。相反，适宜、高效的组织架构能够最大限度地释放企业的能量，使组织更好发挥协同效应，达到"1+1 > 2"的合理运营状态。

很多企业正承受着组织架构不合理所带来的损失与困惑。组织内部信息传导效率降低、失真严重；企业做出的决策低效甚至错误；组织部门设置臃肿；部门间责任划分不清，导致工作中互相推诿、互相掣肘；企业内耗严重，等等。要清除这些企业病，只有通过组织架构变革来实现。

（一）架构类型

1. 扁平式结构

由彼得圣吉五项修炼的基础上，通过大量的个人学习特别是团队学习，形成的一种能够认识环境、适应环境、进而能够能动地作用于环境的有效组织。也可以说是通过培养弥漫于整个组织的学习气氛，充分发挥员工的创造性思维能力而建立起来的一种有机的、高度柔性的、扁平的、符合人性的、能持续发展的组织。学习型组织为扁平化的圆锥形组织结构，金字塔式的棱角和等级没有了，管理者与被管理者的界限变得不再清晰，权力分层和等级差别的弱化，使个人或部门在一定程度上有了相对自由的空间，能有效地解决企业内部沟通的问题，因而学习型组织使企业面对市场的变化，不再是机械的和僵化的，而是"动"了起来。不过，随着全球经济一体化和社会分工的趋势化，扁平化组织也会遇到越来越多的问题，在不断的分析问题、解决问题的过程当中，学习型组织"学习"的本质对人的要求将越来越高。

2. 智慧型结构

也称为 C 管理模式。《C 管理模式》的理论价值：许多初读《C 管理模式》的专家和学者则认为，C 管理模式立足道、儒、法的中国传统文化，将西方现代企业管理学与中国国学及中医智慧融于一体，其理论结合人的身体机能，提出了"天人合一""道法自然"的经营理念和管理哲学。《C 管理模式》的政治价值：2009 年以来，全球金融风暴持续蔓延，一大批欧美企业纷纷陷入破产倒闭的危机，与此同时，国内企业也愈加感受到全球性经济萧条带来的股股寒意。在此轮国际经济危机中，一些我们曾经耳熟能详、顶礼膜拜的全球知名企业，在一夜之间如巨人般轰然倒下，在剧烈的震撼中，国内众多专家、学者和企业界纷纷对西方现代企业管理模式进行了深刻的反思。C 管理模式研究的课题，将引发对资本主义完全的自由市场经济的反思，对现行企业管理模式的反思，并将重新聚焦世界对中国特色社会主义市场经济模式的更多思考，这正是 C 模式的价值所在。

3. 金字塔型结构

直线制。直线制是一种最早也是最简单的组织形式。它的特点是企业各级行政单位从上到下实行垂直领导，下属部门只接受一个上级的指令，各级主管负责人对所属单位的一切问题负责。厂部不另设职能机构（可设职能人员协助主管人工作），一切管理职能基本上都由行政主管自己执行。直线制组织结构的优点是：结构比较简单，责任分明，命令统一。缺点是：它要求行政负责人通晓多种知识和技能，亲自处理各种业务。这在业务比较复杂、企业规模比较大的情况下，把所有管理职能都集中到最高主管一人身上，显然是难以胜任的。因此，直线制只适用于规模较小，生产技术比较简单的企业，对生产技术和经营管理比较复杂的企业并不适宜。

职能制。职能制组织结构，是各级行政单位除主管负责人外，还相应地设立一些职能机构。如在厂长下面设立职能机构和人员，协助厂长从事职能管理工作。这种结构要求行政主管把相应的管理职责和权力交给相关的职能机构，各职能机构就有权在自己业务范围内向下级行政单位发号施令。因此，下级行政负责人除了接受上级行政主管人指挥外，还必须接受上级各职能机构的领导。

职能制的优点是能适应现代化工业企业生产技术比较复杂，管理工作比较精细的特点；能充分发挥职能机构的专业管理作用，减轻直线领导人员的工作负担。但缺点也很明显：它妨碍了必要的集中领导和统一指挥，形成了多头领导；不利于建立和健全各级行政负责人和职能科室的责任制，在中间管理层往往会出现有功大家抢，有过大家推的现象；另外，在上级行政领导和职能机构的指导和命令发生矛盾时，下级就无所适从，影响工作的正常进行，容易造成纪律松弛，生产管理秩序混乱。由于这种组织结构形式的明显的缺陷，现代企业一般都不采用职能制。

直线－职能制 直线－职能制，也叫生产区域制，或直线参谋制。它是在直线制和职能制的基础上，取长补短，吸取这两种形式的优点而建立起来的。目前，我们绝大多数企业都采用这种组织结构形式。这种组织结构形式是把企业管理机构和人员分为两类，一类是直线领导机构和人员，按命令统一原则对各级组织行使指挥权；另一类是职能机构和人员，按专业化原则，从事组织的各项职能管理工作。直线领导机构和人员在自己的职责范围内有一定的决定权和对所属下级的指挥权，并对自己部门的工作负全部责任。而职能机构和人员，则是直线指挥人员的参谋，不能对直接部门发号施令，只能进行业务指导。

直线－职能制的优点是：既保证了企业管理体系的集中统一，又可以在各级行政负责人的领导下，充分发挥各专业管理机构的作用。其缺点是：职能部门之间的协作和配合性较差，职能部门的许多工作要直接向上层领导报告请示才能处理，这一方面加重了上层领导的工作负担；另一方面也造成办事效率低。为了克服这些缺点，可以设立各种综合委员会，或建立各种会议制度，以协调各方面的工作，起到沟通作用，帮助高层领导出谋划策。

事业部制。事业部制最早是由美国通用汽车公司总裁斯隆于1924年提出的，故有"斯隆模型"之称，也叫"联邦分权化"，是一种高度（层）集权下的分权管理体制。它适用于规模庞大，品种繁多，技术复杂的大型企业，是国外较大的联合公司所采用的一种组织形式，近几年我国一些大型企业集团或公司也引进了这种组织结构形式。事业部制是分级管理、分级核算、自负盈亏的一种形式，即一个公司按地区或按产品类别分成若干个事业部，从产品的设计，原料采购，成本核算，产品制造，一直到产品销售，均由事业部及所属工厂负责，实行单独核算，独立经营，公司总部只保留人事决策，预算控制和监督大权，并通过利润等指标对事业部进行控制。也有的事业部只负责指挥和组织生产，不负责采购和销售，实行生产和供销分立，但这种事业部正在被产品事业部所取代。还有的事业部则按区域来划分。

模拟分权制这是一种介于直线职能制和事业部制之间的结构形式。许多大型企业，如连续生产的钢铁、化工企业由于产品品种或生产工艺过程所限，难以分解成几个独立的事业部。又由于企业的规模庞大，以致高层管理者感到采用其他组织形态都不容易管理，这时就出现了模拟分权组织结构形式。所谓模拟，就是要模拟事业部制的独立经营，单独核算，而不是真正的事业部，实际上是一个个"生产单位"。这些生产单位有自己的职能机构，享有尽可能大的自主权，负有"模拟性"的盈亏责任，目的是要调动他们的生产经营积极性，达到改善企业生产经营管理的目的。需要指出的是，各生产单位由于生产上的连续性，很难将它们截然分开，就以连续生产的石油化工为例，甲单位生产出来的"产品"直接就成了生产单位的原料，这当中无须停顿和中转。因此，它们之间的经济核算，只能依据企业内部的价格，而不是市场价格，也就是说这些生产单位没有自己独立的外部市场，这也是与事业部的差别所在。

模拟分权制的优点除了调动各生产单位的积极性外，就是解决企业规模过大不易管理的问题。高层管理人员将部分权力分给生产单位，减少了自己的行政事务，从而把精力集中到战略问题上来。其缺点是，不易为模拟的生产单位明确任务，造成考核上的困难；各生产单位领导人不易了解企业的全貌，在信息沟通和决策权力方面也存在着明显的缺陷。

矩阵制在组织结构上，把既有按职能划分的垂直领导系统，又有按产品（项目）划分的横向领导关系的结构，称为矩阵组织结构。

矩阵制组织是为了改进直线职能制横向联系差，缺乏弹性的缺点而形成的一种组织形式。它的特点表现在围绕某项专门任务成立跨职能部门的专门机构上，例如组成一个专门的产品（项目）小组去从事新产品开发工作，在研究、设计、试验、制造各个不同阶段，由有关部门派人参加，力图做到条块结合，以协调有关部门的活动，保证任务的完成。这种组织结构形式是固定的，人员却是变动的，需要谁，谁就来，任务完成后就可以离开。项目小组和负责人也是临时组织和委任的。任务完成后就解散，有关人员回原单位工作。因此，这种组织结构非常适用于横向协作和攻关项目。

矩阵结构的优点是：机动、灵活，可随项目的开发与结束进行组织或解散；由于这种结构是根据项目组织的，任务清楚，目的明确，各方面有专长的人都是有备而来。因此在新的工作小组里，能沟通、融合，能把自己的工作同整体工作联系在一起，为攻克难关，解决问题而献计献策，由于从各方面抽调来的人员有信任感、荣誉感，使他们增加了责任感，激发了工作热情，促进了项目的实现；它还加强了不同部门之间的配合和信息交流，克服了直线职能结构中各部门互相脱节的现象。

矩阵结构的缺点是：项目负责人的责任大于权力，因为参加项目的人员都来自不同部门，隶属关系仍在原单位，只是为"会战"而来，所以项目负责人对他们管理困难，没有足够的激励手段与惩治手段，这种人员上的双重管理是矩阵结构的先天缺陷；由于项目组成人员来自各个职能部门，当任务完成以后，仍要回原单位，因而容易产生临时观念，对工作有一定影响。

矩阵结构适用于一些重大攻关项目。企业可用来完成涉及面广的、临时性的、复杂的重大工程项目或管理改革任务。特别适用于以开发与实验为主的单位，例如科学研究，尤其是应用性研究单位等。

（二）四要素

企业组织架构设计没有固定的模式，根据企业生产技术特点及内外部条件而有所不同。但是，组织架构变革的思路与章法还是能够借鉴的。

组织架构变革应该解决好以下四个结构：

职能结构，一项业务的成功运作需要多项职能共同发挥作用，因此在组织架构设计时首先应该确定企业经营到底需要哪几个职能，然后确定各职能间的比例与相互之间的关系。

层次结构，即各管理层次的构成，也就是组织在纵向上需要设置几个管理层级。

部门结构，即各管理部门的构成，也就是组织在横向需要设置多少部门。

职权结构，即各层次、各部门在权力和责任方面的分工及相互关系。

（三）影响因素

1. 企业环境

企业要生存和发展，就必须不断地适应环境的变化、满足环境对组织提出的各种要求。因此，环境是决定管理者采取何种类型组织架构的一个关键因素。

外部环境指企业所处的行业特征、市场特点、经济形势、政府关系及自然环境等。环境因素可以从两个方面影响组织架构的设计，即环境的复杂性和环境稳定性。外部环境对组织的职能结构、层次结构、部门结构以及职权结构都会产生影响。

环境越复杂多变，组织设计就越要强调适应性，加强非程序化决策能力。这也就是为什么在这种情况下结构简单的小规模企业的适应力反而比大企业强的原因。处于高干扰性环境的组织需要减少管理层级，加强部门间的协调与部门授权，减弱组织内部的控制力。在结构上需维持一定程度的灵活与弹性，这样才能使企业更具适应性。

当经济环境相对稳定时，企业追求成本效益，往往规模大，组织架构复杂。在稳定的环境中采用机械式组织架构即可应付，组织内部的规章、程序和权力层级较为明显，组织的集权化程度明显增强。

2. 企业战略

企业的组织架构是其实现经营战略的主要工具，不同的战略要求不同的结构。一旦战略形成，组织架构应做出相应的调整，以适应战略实施的要求。著名管理学者钱德勒指出：战略决定结构。

战略选择的不同能在两个层次上影响组织的结构：不同的战略要求开展不同的业务活动，这会影响管理的职能结构；战略重点的改变，会引起组织的工作重点转变以及各部门在组织中重要程度的改变，因此要求对各管理部门之间的关系作相应的调整。

企业实行多元化战略，意味着企业的经营内容涉及多方面业务，高度多元化的战略要求组织架构更加灵活。这就需要分权式的组织架构，这种结构是相对松散的，具有更多的不同步和灵活性。在这种组织架构下，各多元化业务之间联系相对较少，核心流程可以并行管理。这样才能从总体上推进多元化战略的实施，如事业部制。

而单一经营战略或企业推行低成本战略时，就要求组织架构降低运营成本并提高整体运作效率，这时企业可选择集权度较高的组织架构，如直线职能制，这样的组织架构通常具有更多的机械性。

3. 企业规模

企业规模是影响企业组织设计的重要因素。企业的规模不同，其内部结构也存在明显的差异。随着企业规模的不断扩大，企业活动的内容日趋复杂，人数逐渐增多，专业分工不断细化，部门和职务的数量逐渐增加。这些都会直接导致组织架构复杂性的增加。

企业规模越大，需要协调与决策的事物将会不断增加，管理幅度就会越大。但是，管理者的时间和精力是有限的。这一矛盾将促使企业增加管理层级并进行更多的分权。因此，企业规模的扩大将会使组织的层级结构、部门结构与职能结构都会发生相应的变化。

值得注意的是，企业规模的扩大会相应的增加组织运作的刚性，降低其灵活性。人员与部门不断增多，要求企业进行规范管理。企业将会制定详细的规章制度，并通过严格的程序和书面工作实现标准化对员工和部门进行控制，公司就容易采用机械性的组织架构。

4. 业务特点

如果企业业务种类众多，就要求组织有相应的资源和管理手段与之对应，来满足业务的需要，因此部门或岗位设置上就会更多，所需要的人员就更多，组织相对就复杂一些。一般情况下，业务种类越多组织内部部门或岗位设置就要越多。

企业的各个业务联系越紧密，组织机构设计越需要考虑部门及部门内部的业务之间的相互作用，越不能采用分散的组织机构，这种情况下采用直线职能制或矩阵式组织机构更合适。一般而言，业务相关程度越大，越要进行综合管理。

如果企业业务之间联系不紧密，或业务之间的离散度很高，那么组织各部门或岗位之间的联系就越少，部门或岗位的独立性就越强。这种运作状况下，企业宜采用事业部制组织架构，给下属部门更多的权力。业务相关程度较低时，可以分别对每一个业务采用不同的政策、不同的管理要求，进行分散管理。

5. 技术水平

组织的活动需要利用一定的技术和反映一定技术水平的特殊手段来进行。技术以及技术设备的水平，不仅影响组织活动的效果和效率，还会作用于组织活动的内容划分、职务设置等方面。

有些企业技术力量较强，他们以技术创新和发展作为企业发展的根本，这时候组织机构关键是考虑技术发展问题，组织设计也以技术及其发展创新为主。当技术能够带来高额利润时，技术管理和利用就显得相当重要，技术管理成为企业组织机构设置的核心问题，成为组织机构设置的主线。生产技术越复杂，组织架构垂直分工越复杂，这将导致组织的部门结构增加，从而也增加了企业横向协调的工作量。

在传统企业中，各个企业的技术都差不多，企业的主要利润点不在技术上，那么技术就不会过多地影响企业组织机构的设置，组织机构的设置更多地考虑诸如渠道管理、成本降低等，并以这些因素作为组织机构设计的主线。因此，这类惯性高的工作可考虑采标准化协调与控制结构，组织架构具有较高的正式性和集权性。

6. 人力资源

人力资源是组织架构顺利实施的基础。在组织架构设计中，对人员素质的影响考虑不够会产生较严重的问题。员工素质包括价值观、智力、理解能力、自控能力和工作能力。当员工素质提高时，其本身的工作能力和需求就会发生变化。对于高素质的员工，管理制度应有较大的灵活性。例如弹性的工作时间、灵活的工作场所（例如家庭办公）、较多的决策参与权以及有吸引力的薪资福利计划等。

人力资源状况会对企业的层级结构产生影响，管理者的专业水平、领导经验、组织能力较强，就可以适当地扩大管理幅度，相应的，就会导致管理层级的减少。

人力资源状况会对企业的部门结构产生影响，如实行事业部制，就需要有比较全面领导能力的人选担任事业部经理；若实行矩阵结构，项目经理人选要求较高的威信和良好的人际关系，以适应其责多权少的特点。

人力资源状况还会对企业的职权结构产生影响，企业管理人员管理水平高，管理知识全面，经验丰富，有良好的职业道德，管理权力可较多地下放。

7. 信息化建设

网络技术的普及和发展使企业组织机构的存在基础发生巨大的变化，电子商务技术的发展使信息处理效率大幅提高，企业网络内每一终端都可以同时获得全面的数据与信息，各种计算机辅助手段的应用使中层管理人员的作用日渐式微，网络技术使企业高层管理人员通过网络系统低成本的及时过滤各个基层机构形成的原始信息。因此当企业建成高水平的信息系统后，应及时调整其组织架构，采用扁平化的组织架构来适应新兴电子商务经营方式，以减少中层管理人员，提高效率，降低企业内部管理成本。

信息技术使企业的业务流程发生根本性的变化，改革了企业经营所需的资源结构和人们之间劳动组合的关系，信息资源的重要性大大提升。组织架构的设计应该从原来庞大、复杂、刚性的状态中解脱出来，这样的组织更有利于信息的流动并趋于简化。

第二节　企业组织形式

一、企业组织形式概述

企业组织形式是指企业存在的形态和类型，主要有独资企业、合伙企业和公司制企业三种形式。无论企业采用何种组织形式，都应具有两种基本的经济权利，即所有权和经营权，它们是企业从事经济运作和财务运作的基础。企业采用何种组织形式，对企业理财工作有重大的影响。

（一）分类

现代企业的组织形式与企业组织形式不同的税收影响；根据市场经济的要求，现代企业的组织形式按照财产的组织形式和所承担的法律责任划分。国际上通常分类为：独资企业、合伙企业和公司企业。

1. 独资

独资企业，西方也称"单人业主制"。它是由某个人出资创办的，有很大的自由度，只要不违法，爱怎么经营就怎么经营，要雇多少人，贷多少款，全由业主自己决定。赚了钱，交了税，一切听从业主的分配；赔了本，欠了债，全由业主的资产来抵偿。我国的个体户和私营企业很多属于此类企业。

2. 合伙

合伙企业是由几个人、几十人，甚至几百人联合起来共同出资创办的企业。它不同于所有权和管理权分离的公司企业。它通常是依合同或协议凑合组织起来的，结构较不稳定。合伙人对整个合伙企业所欠的债务负有无限的责任。合伙企业不如独资企业自由，决策通常要合伙人集体做出，但它具有一定的企业规模优势。

以上两类企业属自然人企业，出资者对企业承担无限责任。

合伙企业的特点：

（1）合伙企业法规定每个合伙人对企业债务须承担无限、连带责任（如果一个合伙人没有能力偿还其应分担的债务，其他合伙人须承担连带责任）

（2）法律还规定合伙人转让其所有权时需要取得其他合伙人的同意，有时甚至还需要修改合伙协议，因此其所有权的转让比较困难。

3. 公司

公司企业是按所有权和管理权分离，出资者按出资额对公司承担有限责任创办的企业。主要包括有限责任公司和股份有限公司。

有限责任公司指不通过发行股票，而由为数不多的股东集资组建的公司（一般由 2 人以上 50 人以下股东共同出资设立），其资本无须划分为等额股份，股东在出让股权时受到一定的限制。在有限责任公司中，董事和高层经理人员往往具有股东身份，使所有权和管理权的分离程度不如股份有限公司那样高。有限责任公司的财务状况不必向社会披露，公司的设立和解散程序比较简单，管理机构也比较简单，比较适合中小型企业。

股份有限公司全部注册资本由等额股份构成并通过发行股票（或股权证）筹集资本，公司以其全部资产对公司债务承担有限责任的企业法人。（应当有 2 人以上 200 以下为发起人，注册资本的最低限额为人民币 500 万元）其主要特征是：公司的资本总额平分为金额相等的股份；股东以其所认购股份对公司承担有限责任，公司以其全部资产对公司债务承担责任；每一股有一表决权，股东以其持有的股份，享受权利，承担义务。（其本质也是一种有限责任公司）

（二）抉择

1. 决定企业组织形式的主要因素

企业组织形式反映了企业的性质、地位、作用和行为方式；规范了企业与出资人、企业与债权人、企业与政府、企业与企业、企业与职工等内外部的关系。毫无疑问，它必须和我国的社会制度相适应，和我国的生产力发展水平相适应，同时要充分考虑到企业的行业特点。企业只有选择了合理的组织形式，才有可能充分地调动各个方面的积极性，使之充满生机和活力。在决定企业的组织形式时，要考虑的因素很多，但主要是以下几方面：

（1）税收。在西方发达国家，企业创办人首先考虑的因素是税收。在美国公司法中，也将这一因素称为决定性因素。以我国为例，我国对公司企业和合伙企业实行不同的纳税规定。国家对公司营业利润在企业环节上征公司税，税后利润作为股息分配给投资者，个人投资者还需要缴纳一次个人所得税。而合伙企业则不然，营业利润不征公司税，只征收合伙人分得收益的个人所得税。再对比合伙企业和股份有限公司，合伙企业要优于股份有限公司，因为合伙企业只征一次个人所得税，而股份有限公司还要再征一次企业所得税；如果综合考虑企业的税基、税率、优惠政策等多种因素的存在，股份有限公司也有有利的一面，因为，国家的税收优惠政策一般都是只为股份有限公司所适用。例如，国税发（1997）198 号文规定，股份制企业，股东个人所获资本公积转增股东所得，不征个人所得税，这一点合伙制企业就不能享受；其次，在测算两种性质企业的税后整体利益时，不能只看名义税率，还要看整体税率，由于股份有限公司施行"整体化"措施，消除了重叠课征，税收便会消除一部分，这样一般情况下要优于合伙制企业。如果合伙人中既有本国居民，又有外国居民，就出现了合伙企业的跨国税收现象，由于国籍的不同，税收将出现差异。一般情况下，规模较大企业应选择股份有限公司，规模不大的企业，采用合伙企业比较合适。因为，规模较大的企业需要资金多，筹资难度大，管理较为复杂，如采用合伙制形式运转比较困难。

（2）利润和亏损的承担方式。独资企业，业主无须和他人分享利润，但其要一人承担企业的亏损。合伙企业，如果合伙协议没有特别规定，利润和亏损由每个合伙人按相等的份额分享和承担。有限公司和股份公司，公司的利润是按股东持有的股份比例和股份种类分享的。对公司的亏损，股东个人不承担投资额以外的责任。

（3）资本和信用的需求程度。通常，投资人有一定的资本，但尚不足，又不想使事业的规模太大，或者扩大规模受到客观条件的限制，更适宜采用合伙或有限公司的形式；如果所需资金巨大，并希望经营的事业规模宏大，适宜采用股份制；如果开办人愿意以个人信用为企业信用的基础，且不准备扩展企业的规模，适宜采用独资的方式。

此外，企业的存续期限，投资人的权利转让，投资人的责任范围，企业的控制和管理方式等这些因素都会对投资人在选择企业组织形式时形成影响，必须对各项因素进行综合分析。

2. 我国企业组织形式应寻求多元化发展

在市场经济条件下，生产力的发展水平是多层次的，由此形成了三类基本的企业组织形式，即独资企业、合伙制企业和公司制企业（以有限责任公司和股份有限公司为主）。这三种企业都属于现代企业的范畴，体现了不同层次的生产力发展水平和行业的特点，但企业形式的法定性不是一成不变，不能变通的。我国企业组织形式应呈现多元化发展的趋势，可以在法定的形式外寻求并借鉴一些国家的企业形式并以法律的形式固定下来。比如，我国公司法是不承认设立时的"一人公司"，但是，对于设立后，公司存续其间，其股东变动不足法定人数时如何，法律没有进一步规定如何处理，似乎可以认为我国公司法并不禁止存续中的一人公司。承认或者拒绝一人公司各有利弊，但总体平衡起来考虑，承认一人公司的好处要大于禁止一人的特权。如果，法律对这种普遍的社会心理加以承认，有助于社会财富的增加。其次，有利于维持企业，保护交易安全。如果一个企业因为股权转让，股东死亡导致股东人数不符法定要求而被强行要求解散，既是现存企业的重大损失，也导致交易无安全保障可言。最后，有利于减少纠纷，降低交易成本。比如，在设立公司时或者在公司运行时，为了满足法律上关于股东人数的要求，通常会找一些亲朋好友来挂名，盈利或者负债时若引起纠纷，需要调集证据解决，可能导致持久的诉讼，对于当事人也增加了交易成本。由此可见，只要在承认一人公司的同时对一人公司所存在的弊病加以防范，或者因势利导，其对社会经济的积极效果可能会远远大于负面效应。

二、企业组织形式的演变

（一）需要是个体活动的基本动力

从心理学上来说，需要是有机体内部的一种不平衡状态，它表现出有机体对内部环境或外部生活条件的一种稳定要求，并成为有机体活动的源泉。在需要得到满足时，这种不平衡状态暂时得到消除；当出现新的不平衡时，新的需要又会产生。

当某种需要没有得到满足时，它就会推动人们去寻找满足需要的对象，从而产生活动的动机。需要是个体活动的基本动力，是个体行为动力的重要源泉。企业的组织形式也是当时的人们在某种需要的推动下选择的结果。现代意义上的股份公司起源于中世纪的欧洲。这一时期，欧洲的商业贸易在重商主义的影响下十分发达，特别是地中海沿岸国家之间的海上贸易。由于海上贸易投资大、风险大、单个资本无力承担，于是出现了最早的股份组织——康梅达（COMMENDA）和索塞特（SOCIETA）。这些组织是怎么出现的？康梅达组织是借贷与合伙公司的综合，一些有资本的人既想得到利润又不愿冒险，于是便以资本所有者的身份，以分享利润为条件，将资本预付、委托给船主、独立的商人或其他人，让他们去经营，资本的所有者以自己所预付的资本负有限责任。索塞特组织是当时合伙公司的另一种主要形式，它是一种更为稳定和持久的合伙形式。在这种组织中，每个合伙人都是另外的合伙人的代理人，并以其全部私人财产对企业的债务负责。这实质上是近代无限公司的雏形。

当我们考察在企业中的人时，他们的需要会有很多，但在企业中要满足的需要主要是物质需要。为了满足自己的吃喝住穿等物质生活需要，人们世代辛劳，艰苦创业。不仅从事各种繁重的体力劳动，改造自然界，而且呕心沥血，从事科学与技术的研究。恩格斯指出，"经济上的需要曾经是，而且愈来愈是对自然界的认识进展的主要动力"。

恩格斯把人的需要分为生存需要、享受需要和发展需要三个不同的层次。例如，人们对衣、食、住、行的基本需要是生存需要，而考究需要则是享受需要。二是与生存需要没有直接联系的享受需要，马克思称之为"奢侈需要"。例如人们对日常生活中某些装饰品的审美需要，对于绘画、音乐、舞蹈等方面的艺术需要。人的最高层次的需要是发展需要，所以马克思把它称之为"生活的第一需要"。乃是人发展和发挥自己一切体力和智力的需要。人的发展需要类似于马斯洛所说的人的自我实现的需要。

康梅达组织的投资者投资这样的组织，主要不是出于生存需要，而是为了更好地满足其享受需要，当然也有发展需要的推动。正是在这些需要的强烈推动下，人们根据自身的条件和当时的历史条件，不停息地寻求着更充分地满足这些需要的合适的形式。

（二）居于主导地位之需要的产生

从人类个体的角度言，个人某种需要的产生取决于两个方面的因素：一是取决于现实存在的需要的对象。只有当需要的对象实际地存在并开始进入人的生活领域的时候，个人才会产生对该对象的需要的欲望；二是取决于个人自身的能力及其所拥有的现实生活条件。一般来说，个人的需要是建立在个人自身的能力及其所拥有的现实生活条件的基础之上的，是与个人所具有的能力和条件相适应的。只有当个人具备了取得某个需要的对象的能力和条件的时候，个人才会产生对该对象的需要的欲望。

股份公司由于适应资本主义生产方式的特征，其自身也获得了迅猛发展。其发展有两个阶段：一是传统股份制阶段；二是现代股份制阶段。其分界期是第二次世界大战。资本主义企业组织形式，由第一阶段过渡到第二阶段即变为股份公司时，产生的经理阶层和专家阶层介于雇佣工人与资本所有者之间，实现了分配上的"经理革命"，即经理阶层要与资本家分享剩余价值，分割企业利润。而到了战后，"技术—知识"经济的到来，股权分散化和股票小额化，跨国界全球化生产经营，这一掌握有企业的专有核心技术和国际化经营管理技能阶层则从劳动者阶层中完全分离出来，向资本所有者索取更多剩余价值，共分利润，实现了所谓的"专家革命"。

当生产力为更充分地满足这些阶层的需要，主要是享受需要和发展需要提供了可能，这种需要才开始在个体的需要系统中居于主导地位，开始发挥其对行为的巨大驱动作用。

（三）居于主导地位之需要的满足

人们为更进一步地满足自己的需要而不断地努力，其可能再进一步的程度要受到生产力发展水平的制约，而生产力为这种可能释放空间的过程是个逐渐的过程；另一方面也表明，人们努力寻求某种方式去进一步满足自己的需要，这个过程也是个艰辛的探索过程。

在资本主义企业组织形式的初期，业主承担和拥有企业技术专长和经营管理的职能，当企业组织形式到股份公司时，一些个体能够领会并承担了历史所赋予他们的角色，运用其智慧，采取了革命性的行动，一些资本所有者选择了退出经营管理，而一些专事企业经营管理和掌握专业生产技术的专家阶层逐渐站出来，来独立承担企业的经营管理职能，实现了企业经营管理上的革命。而那些一直不能承担、领悟自己的历史角色的个体和企业，就逐渐被时代淘汰。

（四）各个阶层需要的满足

当企业组织形式过渡到股份公司时，支薪的经理阶层成为当时历史的最大惠及者。资本所有者愿意退出经营管理，并让渡了一部分的剩余收益，唯有如此才可能在当时的生产力下进一步获得最大的利益，更进一步获得对需要的满足。而当时企业中的其他成员没有成为这种组织形式形成的阻碍力量，是因为这种组织形式日渐给他们带来了生活水平上的提高。因此，新的组织形式的形成，必然是从整体上提高社会上所有成员的物质生活水平，整体上是一种多赢的局面，虽然从具体上看有赢多有赢少。

三、企业组织形式转变规则设计

（一）我国企业组织形式的多元化发展

"社会经济的发展必然要求企业组织形式多元化。企业组织形式的不完善或种类的稀缺或多或少限制了投资者的选择自由。不同投资者因为自身条件的不同，如资本形式、数量与投资目的等的不同会产生多样投资需求，如果这些需求无法获得满足，则资本投资激励不足，势必影响经济发展。组织形式单一，则可供选择的投资渠道狭小，投资积极性的发挥自然受到阻却。"因此，法律应适应社会现实的不断变化和投资者的多样需求，尽力设定足够丰富的企业组织形式，并允许这些企业组织形式间进行有效率的转变。

1. 法律应设定多元化的企业组织形式

（1）法律应正视社会需求设计企业组织形式

"马克思在分析法律现象时，始终将法律放在与社会的相互关系中加以考察，强调法律应该以社会为基础。指出法律应该是社会需求的表现。"需求是指能够实际满足的需要，有需求才有市场。不难理解，主、客观情况相异的投资者，对企业组织形式的需求也自然不同。正如国家努力使当事人间订立的每一个合同都成为有效合同一样，国家也力图使每一个投资者对于企业组织形式的需求得到满足。因为，"企业法律形式的稀缺意味着投资者的选择自由受到限制，不同投资者因为资本形式、数量与投资目的不相同而产生的多样投资需求无法得到满足，资本投入激励不足，经济发展肯定受到影响。为了激励投资，就应当给予投资者'量身定做'的较大的自由。"而换个角度看，完善的市场应给予市场主体足够多的行为选择。有学者认为："市场的高度发展要求市场主体多元化，要求企业组织形式的多样化，使投资者有更大的选择空间。"由此推知，正视投资者的不同需求而设计多样化的企业组织形式应是法律不容懈怠的分内之事，为每一个投资者找寻到最适合其自身情况的企业组织形式，亦应是法律始终不渝的价值目标。简言之，法律应"顺其自然"并有所作为。

"企业形式多样化即企业组织形式多样化。企业形式多样化是生产力发展的要求，不能人为地、强制性地要求某种企业形式一统天下。每种企业形式的存在都有其合理性，不存在一种绝对优越的企业形式，只有最适合投资者自身情况的企业形式。"可见社会生活中并没有一种"万能"的通用企业组织形式摆在那里，任投资者取用。法律必须设计出多元化的企业组织形式，以推动经济发展与社会进步。故有学者认为："企业形态应该满足资源组合的不同需要，因而企业形态必然是多样的。相应法律规定必须为具有组合不同资源功能的企业提供应有的空间和制度设计。试图将企业形态统一为某种单一、严格的模式不仅是徒劳的，而且往往是有害的。"

我国地域辽阔，人口众多，各地区、各阶层因生产力发展不平衡、收入状况存在较大差距等因素，对企业组织形式的需求和偏好必然具有多样性。故有学者认为："我国的实际国情，要求企业的形态多样化，不仅将公司制企业作为建立现代企业制度的方向，而且也要为个人独资企业、合伙企业和合作社等非公司制企业的发展提供适宜的法律空间，为不同境况的投资者在投资方式上提供多元化的选择，从而使我国经济发展的微观基础更加坚实。"

（2）法律应与时俱进创新企业组织形式

"从企业的发展历史看，作为早期企业组织形式的独资与合伙，作为近现代企业组织形式的无限公司等，都是随着社会的发展而自然产生，非立法的产物。"后来，随着国家在社会经济生活中"守夜人"角色的转变，在企业形态法定原则的作用下，独资、合伙、公司等现实存在的企业形式渐次被各国立法所确认，开始披上合法"外衣"，而未得此待遇的企业形式却"相形见绌"，即使在实践中存在，其也不会得到法律的承认和保护。由此可见，世界各国企业组织形式的发展都经历了一个从投资人自行创设到法律进行限定的共同发展过程。这样发展的合理性主要在于："当事人可低成本地获得与之交易的企业的基本信息，确保交易安全。法律在限定企业组织形式的同时，明确规定了每一种组织形式的出资形式、出资者责任、法律地位等重要事项，使其定型化。因此，第三人在知道企业采用的组织形式时，即便利地获得了该企业的上述信息，有利于交易安全。各国法律一般均要求企业在名称中表明其法律形态，意义即在于此。"然而，这样的发展过程亦有其不足。因为在法律确认一种企业组织形式的合法地位时，通常其已经在现实中以"非法"身份存在一些时候了，这当然会对法制的统一、尊严、权威造成冲击与破坏，毫无疑问应予相应法律制裁。但让法律"矛盾"的是，这样的企业形式虽然"非法"，但在一定程度上却顺应了社会的发展与需求，其所以没能获取合法地位，恰恰可能是因为法律对企业组织形式的设计不尽合理，或者没能及时跟上时势的变化所致。"赫斯特在《法律和19世纪美国自由的条件》中指出，当时美国法律的一大工作原则就是"保护和促进个人创造性能量的释放"。故有学者云："尽管商法应采取商主体严格法定原则，但同时应适应市场经济实践对企业组织形式的需求而进行积极的制度创新。"因此，法律也要"内省"，不应"睡在"条文堆里止步不前，而须与时俱进，适时创新企业组织形式，以给投资者提供更大的选择空间。对此，世界各国都概莫能外。

我国立法在公司企业和合伙企业组织形式上有着创新之举。"西方国家对一人公司的态度经历了从完全禁止，到有条件的承认，直至立法上的确认和保护这样一个过程。现在，西方主要国家和地区均已建立一套相对完整的一人公司法律制度。"我国1993年颁布的《公司法》并不承认一人公司的合法地位，历经10余年，到了2005年修订该法时，一人公司制度得以在其中确立。我国1337年颁布的《合伙企业法》本来只规范了传统意义上的合伙企业即普通合伙企业，并未规定有限合伙制度。但随着后来市场经济体制的逐步完善，风险投资得以快速发展，市场上需要有限合伙企业这种新的企业组织形式将负无限责任的出资者与负有限责任的出资者有效结合起来，使能人与富人能够在风险投资的大舞台上"共舞"。在这样的时代背景下，虽然不见中央立法，但有限合伙地方立法活动却日渐活跃。"1994年3月2日，深圳市的人大常委会通过了《深圳经济特区合伙条例》，该条例的第三章规定了有限合伙企业制度，明确了自然人、法人、非法人经济组织均可成为有限合伙的有限合伙人，这是我国地方立法第一次赋予有限合伙的合法性。2000年12月，北京市人大常委会通过的《中关村科技园区条例》；2001年2月21日，北京市政府第（9）号令又公布了《有限合伙管理办法》，对中关村内的有限合伙作了系统而全面的规定。紧接着，杭州市、珠海市、包头市都通过了类似的规定。"一石激起千层浪。"对于地方性立法突破当时《立法法》、确认有限合伙法律地位的做法，学界仁智互见，聚讼纷纭。有的对此大加鞭笞，批评该做法有违法治精神；有的对此予以支持，赞扬该做法的制度创新精神。还有的认为，上述做法固然不合法治精神，侵害了全国人大及其常委会的立法权限，但在中央立法不允许、甚至禁止有限合伙的情形下，为在一定地域范围内为其创造一个合法的生存空间，实在是出于无奈之举。"可见，法律的创新有时也有"被动"的因素在里面。"在理论和实践的双重推动之下，我国立法机关终于顺应潮流，在 2006 年新修订的合伙企业法中明确规定了有限合伙制度。"同时，还在该法中对普通合伙企业的特殊变形有限责任合伙作了明确规定，并最后定名为"特殊的普通合伙企业"。上述的一人公司、有限合伙企业、特殊的普通合伙企业都是我国法律与时俱进创新企业组织形式的表现，相信随着时代的发展，法律还会在企业组织形式的创新之路上坚定不移走下去。毕竟，不断适应和调整社会现实才为法律的第一要务，而对待日新月异的社会现实，"堵"不及"疏"。

2. 法律应允许不同企业组织形式相互间便利转变

（1）成本、效率是法律允许企业组织形式转变的决定因素

一个理想的企业组织形式体系，可以使每一个出资人都能够迅速地筛选出最适合自身情形的企业组织形式。也就是说，企业组织形式本身并无优劣而言，因为优与劣始终是相对的，任何企业组织形式都是利弊集合体。一个企业组织形式对于一个投资者而言，究竟是利大还是弊大，此一时彼一时，并无定论。"显然，公司制企业的有限责任相对于独资和合伙企业的无限责任来说是一个巨大的优势。在创业初期，由于资本条件限制，投资者不得不选择独资或合伙制的企业，但是，出于风险控制或风险回避，投资者会在适当的时机将企业组织形式变更为公司制。"根据企业形态法定原则，一个投资者要创办企业，只能在国家给定的备选项中选择一种具体的企业组织形式。但在选定某种企业组织形式后，因主、客观情况发生变化，投资者能否改变初衷，将企业改办成其他形式呢？答案当然是肯定的。投资者在这样的情形下有两种选择：①将原企业解散，再"不厌其烦"地按设立另一种企业组织形式的条件和程序创办新的企业组织形式；②不须解散原企业，"简明扼要"地直接将原企业的组织形式依法定程序转变成新的企业组织形式。比较起来，笔者认为后者更为可取。因为前者程序烦琐，成本高昂，且企业经营出现中断，不便于商誉积淀。因此，基于降减成本和提高效率的商事交易要求，法律没有理由不允许投资人将一种企业组织形式转变为另一种企业组织形式。故有学者言："通常一个国家的企业法往往设计多种企业组织形态，供投资者根据自己的实际需要加以选择。投资者选择时常常考虑企业的设立条件、法律地位、责任形式和国家的税收政策等因素。然而，这种选择并不是一次选择而定终身，在一定条件下企业形态可以转化。这种企业组织形态的变更，可能是企业自身的经营需要使然，也可能是贯彻执行国家的法律政策的结果。"

（2）企业组织形式转变对法律的具体要求

"在商主体严格法定原则下，要设立作为商主体的企业只能在法律规定的企业形态中

做出选择，不允许在法律规定的企业形态之外另行创设一种企业形态，或者将法定企业形态做出违背既有规定的变更。"可见，企业形态法定原则映衬出企业组织形式的严肃性，投资者在此领域不能随意自治，即不可私自造出一种法律所没有规定的企业组织形式，在这方面的任何主张都要依法进行。因此，投资者要想将一种企业组织形式转变为另一种企业组织形式，就必须按照现有法律规定的条件与程序进行。不管是否出于本意，既然投资者对法律是如此尊重与信任，法律就应做出积极回应，努力使自己更完备、更确切、更具操作性。对一个意欲转变企业组织形式的投资者而言，其希望看到这样的局面出现：他从一种企业组织形式转变到另一种企业组织形式是法律所明确允许的；他转变企业组织形式的过程与解散原企业再设新企业的程序，是低成本和高效率的。如若转变企业形式尚不如企业重设经济，他无论如何也不会"多此一举"地做出当时的选择。由此可见，对于企业组织形式转变，法律要想充分发挥自身的规范作用与社会作用，就应做到以下两点：①明确规定企业组织形式相互间可以进行转变；②规定低成本高效率的企业组织形式转变程序。

（二）《企业转变组织形式规定》的框架设计

2. 我国应出台转变企业组织形式的专项法律法规

投资者创办企业的最根本目的就在于实现其利益最大化。"实际上，不同形式的企业法律形态的产生和发展仅仅反映了投资者选择投资方式创造财富的愿望。"而投资人是理性的，现实的，他并不总是乐于选择外观"华美"的企业组织形式，因为对他而言，这样的企业组织形式未必就是最有实效的企业组织形式。有学者认为："选择何种企业组织形式并无固定的模式，只有与一定的社会经济文化条件相适应的企业组织形式才能充分发挥作用。没有哪种企业法律形态是尽善尽美的。"因此，面对林林总总的企业组织形式，投资人必须从自身的主、客观情况出发，深思熟虑，方能做出适宜的选择。然而，市场不是一成不变的，它可能很快就会时过境迁，使得原先的企业组织形式难再成为投资者们的主流选择；另一方面，投资者的立场亦非始终不渝，有些时候，他们也可能会改变"初衷"，开始"青睐"起其他一些企业组织形式。毋庸讳言，投资者的热情是必须肯定的，因为无它则无市场；投资者的自由是需要维护的，因为无它则失人权。所以，法律没有理由不允许企业主做出转变企业组织形式的选择，否则，它就是不人道的，是恶法。西方国家的法律给投资者创造了较为宽松的转变企业组织形式环境——从独资企业转变为普通合伙企业，从普通合伙企业转变为有限合伙企业，从有限合伙企业转变为有限责任公司，从有限责任公司转变为股份有限公司，甚至反向转变，都不是什么遥不可及的难事。应该说，不同企业组织形式间存在着诸多的共性，如它们都是人、财、物集合而成的组织体，它们都以盈利为设立目的，它们都具有市场主体资格等。基于此，许多国家都制定了专项法律，对企业间的变型问题做出规制。例如，"对于企业持续存在的组织形式转变，德国有专门的《转型法》加以规定。该法允许德国企业法人的各种各样的转化方式。对一般合伙转化成有限合伙再转化成股份公司在该法的第 5 版中有规定。"相形见绌的是，我国既欠缺转变企业组织形式方面的专项立法，寥若晨星的几个条文内容又太过简单，令意欲转变企业组织形式的企业主们常常感到无所适从。同时，也对保护债权人的正当权益颇为不利。基于此，为了统一规则，优化立法，笔者建议国家出台转变企业形式的专项法律法规，或可命名为《企业转变组织形式规定》。

2.《企业转变组织形式规定》的内容安排

依笔者拙见，《企业转变组织形式规定》可规定以下内容：

（1）企业转变组织形式原则

根据法学理论与实践要求，可为企业转变组织形式设定以下两项原则：

第一，依法转变企业组织形式。投资者应依据法律、法规规定的条件及程序转变企业组织形式。根据企业形态法定原则要求，投资人不仅应在法律给定的企业形态范围内选设企业组织形式，还应在转变企业组织形式过程中，严格遵守法律规定。因此，企业转变组织形式应当依法进行。同时，这也是法治社会的必然要求。

第二，保护债权人合法权益。毋庸讳言，不保护债权人就没有了下一次的市场交易。但在转变企业组织形式过程中，债权人的合法权益极易受到侵害，有些投资人甚至以逃避债务为转变企业组织形式的终极目的，即"假变型，真逃债"。为此，法律应未雨绸缪，及早防范，预设举措，去伪存真，以最大限度地保护债权人利益。

（2）可供转变企业组织形式种类

根据目前的相关法律规定，可供转变企业组织形式种类有：①个人独资企业；②普通合伙企业；③特殊的普通合伙企业；④有限合伙企业；⑤一人有限责任公司；⑥有限责任公司；⑦股份有限公司；⑧其他企业组织形式。

（3）转变企业组织形式的条件及程序

以学者们最为关注的有限合伙企业转变为有限责任公司为例，如投资者创设的有限合伙企业意欲转变为有限责任公司，则应当符合《公司法》规定的下列设立条件：①股东符合法定人数；②股东出资达到法定资本最低限额；③股东共同制定公司章程；④有公司名称，建立符合有限责任公司要求的组织机构；⑤有公司住所。同时，除遵守以上 5 项条件外，投资人还应严格依照法定程序行事。可见，企业如由一种组织形式转变为另一种组织形式，必须符合拟转变组织形式企业的各项设立条件，并依照法定程序办理。通常，法定程序有企业决策机关做出转变企业组织形式决议、政府及有关机构许可、通知或公告债权人、办理变更登记等。由此，《企业转变组织形式规定》中可以设有这样的原则性条款："企业转变组织形式的，应当按照拟转变的企业组织形式的设立条件，在规定的期限内向企业登记机关申请变更登记，并提交有关文件。"

（4）债权人合法权益保护

"选择合适的企业法律形式，要从本企业的具体情况出发。所以更正确地说，是比较哪一种法律形式更会适于本企业的现状或者想要达到的组织结构。"企业主有权相机转变企业组织形式自无疑问，但其不能只考虑自身利益，还要顾及债权人的感受。对于企业转变组织形式而言，债权人不求有利，但至少应当对其无害。否则，这项制度就失去了存在的法理基础。因为失去了债权人的理解与信任，企业即便转变了组织形式，也无法挽回积淀已久的商业信用。同时，"无理"的法律也会打击意欲进行商事交易的市场主体的信心。因此，在企业转变组织形式过程中，必须要加强对债权人合法权益的保护，以免顾此失彼。

归纳起来，《企业转变组织形式规定》应当规定以下制度和措施以保护债权人合伙权益：

第一，企业附条件维持运营。企业在转变组织形式期间可以维持其经营，但应当将具体情况告知相关当事人。以往的法律未明确规定企业如公司转变组织形式期间的持续营业问题，使得市场上的第三人容易将该期间理解为欲变型企业的经营"中止"阶段，这可能会让该企业丧失许多交易机会，不利于其盈利目的的实现。但反过来，如果允许这样的企业像以往一样继续经营，就可能会出现因第三人未能知悉该企业的变型情况而致利益受损的局面，这对其而言是非常不公平的。基于此，《企业转变组织形式规定》应允许企业在转变组织形式期间维持正常经营，并要求其将与转变企业组织形式有关的情况告知相关当事人。

第二，企业依法清理财产。企业在转变组织形式时应依法清理其财产，分别编制资产负债表和财产清单；通知、公告债权人；清理债权、债务。如果企业转变组织形式前后的资产、负债状态不能明确，债权人对与转变组织形式有关的情况毫不知悉，一则其合法权益无法保障，二则当投资者对企业转变组织形式前后负债承担责任形式发生变化的时候，无法真正将其责任落到实处。所以，企业转变组织形式时应依法清理其财产，分别编制资产负债表和财产清单，告知债权人并清理债权、债务。

第三，企业负债保偿。原企业的债权、债务由转变后的企业承继。投资者在企业转变组织形式后，对企业负债承担责任形式如发生变化的，对转变组织形式前的企业负债，按照在前责任形式承担责任，对转变组织形式后的企业负债，按照在后责任形式承担责任。因为转变组织形式的企业并未终止，市场主体资格自然延续，故其转变前的债权、债务理应由转变后的企业承继。同时，有些企业在转变组织形式前后，其投资人对企业负债承担责任形式发生了变化，如普通合伙企业转变为有限合伙企业后，有些合伙人对企业负债承担责任形式由无限连带责任变成了有限责任。这时，对于企业转变组织形式前所负债务，该合伙人应承担无限连带责任；对于企业转变组织形式后所负债务，该合伙人应承担有限责任。

第四，投资人承担违规责任。投资人违反本规定，隐匿、转移企业财产，对资产负债表或者财产清单作虚假记载，或者私分企业财产，损害债权人利益的，依法承担赔偿责任。因为设计再精巧的制度，没有责任约束也是无法落实的。《企业转变组织形式规定》之所以做出这样的规定，是为了防止投资者滥用转变企业组织形式的权利，损害债权人的合法利益。

综上所述，因我国欠缺关于转变企业组织形式的专项立法，不利于投资主体及时转变企业组织形式以实现其利益最大化，故国家应出台相关专项法律法规，如《企业转变组织形式规定》。对于专项法律法规的大致轮廓，笔者尝试着提出了如上的设计方案，以与同人探讨。

第三节 企业组织建设与创新

一、企业党的基层组织建设

（一）加强基层党组织建设工作真落实

1. 抓班子，加强制度落实

加强领导班子建设是应对复杂局面，推动各项工作不断前进的重要组织保证，事关河南能源二次创业新胜利，事关企业改革发展全局。基层煤矿企业领导班子是矿井改革发展稳定各项工作的直接领导者、组织者和责任者，河南能源正在全力推进企业现代化改革，各级领导班子承担的改革和管理任务愈加繁重，对班子建设也提出了新的更高要求。要通过抓班子建设，提高贯彻落实改革新思想新要求的自觉性和坚定性，着力提高领导班子的创新能力、应变能力，更好的释放企业发展的潜力和活力，归根结底实现"双提升"——提升领导干部个体素质、提升领导班子整体结构，把领导班子打造成为企业发展的引领者和企业改革的创新者。牢固树立"不忘初心，牢记使命"的政治远见和"忠党报国，扎根天山，不辱使命，创新发展"的企业信念，大力营造"提升安全政治站位"的舆论氛围。在此基础上，对照一岗双责的要求，建立严格的安全工作制度，强化党对安全生产工作的领导。一是建立党政联席会制度，做好安全管理工作专题研究和部署；二是建立基层民主生活会制度，围绕安全管理现场和安全工作主题进行全面研判和总结，开展批评和自我批评，把安全隐患依照五定表的要求，制定和落实整改措施；三是持续开展管理人员包保制度，所有党员干部都要积极联系包保单位，注重现场写实，加强对现场安全工作的管理；四是规范调度管理和协调工作，做好对现场安全生产的动态管理和统一指挥，及时了解现场安全状况。五是认真执行党委中心组学习制度，党政班子成员在认真学习政治理论和上级主要文件精神的同时，能够交流工作、沟通情况，研究安全、部署工作。六是突出抓好安全办公会对安全管理工作的作用，一月一次的安全办公会是安全管理中的常态化会议，不但总结本月工作情况，还要表扬先进，批评落后，检查和落实双基考核情况，制订下月工作计划，切实发挥安全会保安全的作用。

2. 带队伍，加快人才培养

首先，要加强班组长队伍建设，提高现场执行力。班组长是管理单位中举足轻重的人员，在现场措施执行和现场作业时能发展问题，处理问题，把班组长培养好是把企业发展好的重要因素。一要加强班组长业务和管理培训，拓宽人才培养渠道，把更多的青年职工放到班组长的位置上锻炼，积极推进班组长素质提升工程，积极融入公司一园区两基地战略发展布局，注重人才年龄结构和文化结构的提升，逐步推进从实干型班组长向管理型班组长转变。二要加强双基建设，把日常安全生产管理与当月工作指标任务结合起来，兑现奖罚。三是加强职工队伍建设。加强请进来，走出去培训的频率，积极做好从培训向培养的转变。按照"班组长带头，职工执行到位"的要求，制定现场写实、安全专盯、重点工作包保方案，增强业务技能和现场作业培训的针对性。扎实开展"党员身边无三违"和"两学一做"学习教育活动，参加外出培训人员向基层区队班组倾斜，向一线职工倾斜，培训重点做到岗位职责明确，岗位技能应知应会。积极做好对技术创新和管理创新的引领和支持，加大创新投入，加强岗位练兵，做好技术比武，充分发挥和谐办公室的作用，畅通职工合理化建议渠道，完善提升技术创新工作室的标准和成果应用，建立自己的创新团队和创新人才库，以便在公司大发展的格局中担当更大的重任。

（二）推进矿井平安创建工作再提升

1. 凝人心，发挥党员先锋模范作用

党委一是针对企业发展的主题和主线，牢牢把握政治方向，加强意识形态的领导，充分发挥党建宣传思想阵地作用，领导各包队人员深入区队积极开展"不忘初心，牢记使命"主题教育活动，强化党员干部作风建设，引导职工过紧日子的思想，营造出抓机遇、保生存的良好氛围。二是通过专题讲座、集中上党课等形式，全面提高领导班子及各级管理人员的理论素养、政治素质，通过定期参加所包区队的班前会、民主生活会、跟踪作业循环、现场指导等，积极帮助各区队查找在思想学习、安全生产、现场管理、员工行为等方面存在的问题，分析原因，及时整改。三是通过谈话促廉、警示醒廉等活动，不断教育干部增强纪律观念，提高廉洁自律意识，聚焦"四风"查摆作风不实、执行不力等行为，对查出的问题进行批评教育、诫勉谈话和组织处理。四是党委坚持把一岗双责、党政同责延伸到安全生产、班组建设和经营管理等各项工作中去，实现党建工作与安全生产管理工作双融合，双促进。扎实开展党员身边无"三违"、无隐患、无事故和党支部保安全活动，有效发挥党支部的战斗堡垒作用和党员先锋模范作用。

2. 聚人气，推进平安和谐矿区建设

认真开展党员干部与一线单位结安全对子，建安全平台活动。开展党员戴党徽、亮身份、主动挂牌上岗制度，把现场的安全隐患排查与党员干部的日常工作考核结合起来，持续开展好党员身边无三违，倾听职工心声活动，做到人人为安全，安全为人人。组织签订"亲情安全"协议书，引导女职工和家属关心职工的工作和生活，更关心职工的安全。组织女工到井口和车间送清凉、送西瓜、钉扣子，为全体职工发放生日卡，把亲情的关爱做到心里做到细微处。坚持开展三保活动，把入党誓词和安全警示语挂到迎头、岗位、班前会议室，时刻提醒职工增强党性意识，做好安全工作。发挥青安岗、协管员作用，加强对安全保卫工作的领导，积极开展"每月一星"，安全标兵评选，发挥好职工在安全生产与和谐矿区建设中的哨兵作用，加强全矿区地面监控和井下监控的统一指挥领导，把零点行动、纪律作风检查作为常态化管理手段，有效地提高员工的政治站位和敬业工作精神。加强对基层党建品牌、安全品牌和管理特色品牌的选树和推广，确保平安创建工作进入新常态，符合新时代的新要求。

（三）实现安全绿色持续发展新要求

1. 强理念，营造安全绿色发展新常态

加强五个能源建设是河南能源夺取二次创业新胜利，建立世界一流企业的基础和动力。具体到日常管理和日常制度落实上，要让员工正确认识安全和环保工作的重要性，要从安全意愿入手，从绿色理念点画，用抓铁留痕的工作精神保证安全，把绿水青山就是金山银山的发展理念深入人心。职工对企业更好更大发展要求和对工作生活环境舒适度的需求，就是我们党员干部倍加珍惜的第一资源，这种忠党报国奉献河南，建设美好新疆的强大精神动力，来源于员工对企业抓住安全不放松、不懈怠的认识，来源于对幸福生活的美好向往。十年来，公司从党建引领、环境建设、舆论管理、案例教育、文艺活动等入手，坚持不懈地抓好安全环保教育培训，使"安全第一，绿色发展"这一安全核心理念逐步内化为党员干部职工的道德准则，树立了良好的安全特色品牌。一是打造绿色矿山和文化矿山。积极组织义务植树活动，加强矿区绿化、美化、亮化建设。积极完善党员活动阵地建设，开辟安全文化长廊，建立标准化党建示范区队会议室，在井下现场主要区域和永久巷道，建立了企业文化活动园地，开通了井上井下广播系统，定点播报安全知识，好人好事和党建企业文化，把身边的故事宣传到一线，宣传到现场，提升文化凝聚力和亲和力。积极抓好舆论引导和文化提升，充分发挥微信公众号和学习强国平台作用，时刻传递正能量。认真落实以案促改和案例教育，深入剖析各类事故案例，增强政治意识、责任意识。适时组织开展好干部职工自编自导自演的安全文体活动，加强与兄弟单位和地方政府部门的共建，做好文化下乡，精准扶贫和乡村振兴工作，增强文化兴企的定力和活力。

2. 重引领推进企业文化进班组

企业只有实现员工的个人梦想和个人发展的高度融合统一，员工才会产生幸福感。把企业文化建设与企业发展紧密结合在一起，企业也才能取得长足发展。近年来，公司党委及时地将党建、企业文化建设落实到基层，出台了《进一步做好三会一课和企业文化建设的实施方案》和《新疆公司众维煤业关于对学习强国学习平台管理和考核办法》制定了相应的考核细则，实现了党建文化学习与安全生产管理双融合、双促进、双提升。细化双基

建设制度，在加强安全整体管理的基础上，重点从佩戴矿灯、矿帽、着装到入井、乘坐人行车、猴车、现场作业三必须、四提醒等每一个细节入手制定标准，完善内容，让职工在工作中做到有章可循，有标可对，切实改变职工的不良安全行为和习惯。

勇于担当，成就理想。对于加强企业党的基层组织建设，要与不忘初心、牢记使命主题教育活动和企业发展战略布局贯通起来理解，结合起来把握，协同起来推进，在积极融入河南能源建立世界一流企业的伟大征程中，用我们扎根天山，敬业奉献的新疆精神，诠释我们对党伟大事业的忠诚，以党的建设高质量促进企业发展高质量。

二、企业工会组织建设

（一）企业工会组织建设的重要作用

企业工会组织建设在企业的发展中发挥着必不可少的重要作用，我党作为工会组织建设的引领者，特别重视企业工会组织的建设及相关的宣传工作。加强企业工会组织建设不仅有利于加强职工与企业、与党之间的联系，而且还有利于提高企业职工的工作积极性和热情，保证企业职工的合法权益及其相应的劳动成果，使其能在企业发展中贡献出自己最大的力量，从而为企业降低成本，取得效益的最大化。除此之外，加强企业工会组织的建设还可以使得企业职工积极投身于企业文化的建设中，在企业不断发展的过程中提升自身的专业知识技能水平，接受最先进的科学发展观念，保证企业能够以积极的状态进行建设和发展，从而推动企业的发展及企业工会组织的建设。

（二）企业工会组织建设过程中存在的问题

1. 相关人员对企业工会组织认识不足

现阶段，许多企业都存在着对企业工会组织不重视的情况，这些情况的发生就会导致相关人员轻视企业工会组织的建设，进而不利于工会组织建设的开展。企业相关人员不重视企业工会组织建设，再加上企业职工的流动性较大，就会导致企业工会组织在建设的过程中受到较大的阻碍，进而就会影响到企业正常的运作和发展。因此，加强企业相关人员对企业工会组织的认识和意识是十分有必要的。

2. 企业工会组织人员专业素质水平不高

企业工会组织建设工作与企业工会组织人员素质的高低有着紧密的联系。目前，大多数企业工会组织人员专业素质水平较低，接受新信息的能力较弱，同时企业工会组织人员还存在着工龄较大，积极性不高的问题。这些问题的存在就会使得企业难以跟上时代日益发展的脚步，无法及时顺应时代的潮流，进而会在很大程度上影响到企业的发展。除此之外，企业工会组织中缺乏相应的组织人才，就无法保证企业工会组织建设的顺利开展，也无法将新鲜活跃的力量及时的灌输到企业之中，从而不利于企业的发展。

3. 企业工会组织建设手段内容过于单一

企业工会组织建设手段过于单一化是很难激起组织人员的兴趣和积极性。无论是对于企业工会组织建设手段还是内容，都要讲求创新和多样化，这样才能在不断发展变化的社会和时代中保证企业能够以最新的状态迎合时代的潮流。而企业工会组织建设手段内容过于单一化不仅难以调动起企业职工的工作积极性和热情，而且也很难拉近党与群众间的距离。

（三）企业工会组织建设的相关对策

1. 加强对企业工会组织建设的认识

加强有关人员对企业工会组织建设的认识是发展企业的基础，要想较好的加强人员的工会组织意识首先就需要采取科学合理的手段进行企业工会的宣传任务，只有企业工会宣传到位才能使得企业职工对企业工会进行深层次的探讨。其次是要企业职工对我党所施的战略方针报以坚定不移的态度，坚持我党的正确领导，要对党的策略方针熟记于心，积极参与党建工作，这样才方便企业工会组织的建设。因此，加强有关人员对企业工会组织建设的认识和意识是十分有必要的。

2. 加强培养建设企业工会组织人才队伍

在建设企业工会组织的过程中必不可少需要培养优秀的人才队伍来加以保障。高素质的企业工会组织人才队伍可以在企业的发展过程中发挥着主要力量，为企业的发展源源不断的贡献新的力量和活力。因此，企业在进行工会组织的建设中就要对人才队伍进行严格把关，并对这些人员进行专门的培训工作，或是邀请国内外知名人士通过讲座的方式来加强对企业工会组织建设的重要性。只有真正挑选出高素质、高涵养、高水平的工会组织人才队伍才能有效地推动企业工会组织的建设，进而确保企业在市场竞争中的稳定地位。

3. 完善相关工会组织建设体制

企业工会组织建设中需要加强相关体制以保证企业工会组织发挥出有效的作用。比如说，企业可以设置有效的考核制度、薪酬制度、奖惩制度等激励手段来有效的激发出企业职工的积极性和热情，这样才能保证企业工会组织建设体制的完整性，进而加强企业职工与企业、党之间的联系，推动企业工会组织的建设。

4. 保证企业工会组织建设手段方式的多样化

保证企业工会组织建设手段方式的多样化可以充分调动企业职工的工作积极性，方便企业工会的宣传工作及工会组织建设工作的顺利进行。在信息全球化的今天，信息技术已经渗透到我们每个人的生活中，那么企业工会组织建设工作也不例外。企业工会组织建设工作需要利用最新的信息手段来进行及时有效的建设任务。一方面企业工会可以在网上建立专属于自己的网站，并将一些有关资料信息放在网站上，每天都更新不同的动态，以保证信息的及时性和时限性。同时还要注意在设计主题或封面时要引人注目，分配好文字、图片及视频的比例，否则无法吸引到读者的眼球，也就无法发挥出网站的作用。

另一方面，企业工会组织建设工作也离不开适当的宣传，那么企业工会组织就可以主动出击，利用当前热度较强的微博、微信公众号或其他社交软件进行宣传。还可以利用像抖音这一款视频软件进行工会思想的传播以及企业工会的建设，要值得注意的一点是，视频作为动态会比静态的宣传效果更好。通过信息化网络技术的传播，可以实现传播范围广、传播速度快等优点，同时还可以通过网络技术能随时随地接收到最新的动态和信息，没有时间地点的限制。利用网络宣传技术，还可以在线表达自己的真实想法，与工会组织直接进行交流，从而更有利于加强企业工会组织建设工作。

三、学习型组织建设在企业中的实践与探索

习近平总书记指出：注重学习是"推动党和人民事业发展的一条成功经验""学习好才能服务好，学习好才有可能进行创新"。由此可见，注重学习、善于学习，是我党保持先进性的必然要求。学习型组织建设正是基于对学习重要性的深刻认识而逐渐兴起的一种先进管理理念。

（一）学习型组织概述

"学习型组织"理论是当代较为流行的管理理论之一，是由信息社会、知识经济时代催生的理论。这一管理理念最初的构想源于美国麻省理工学院佛瑞斯特教授 1965 年发表的一篇题为《企业的新设计》论文。彼得·圣吉是学习型组织理论的奠基人，作为佛瑞斯特的学生，他认为，在这种组织中，"人们可以不断扩展他们创造真正期望的结果的能力，新的扩张性的方式得到培育，集体报负得以释放，而且人们可以不断了解如何共同学习""能持续地扩展自己的能力以开创未来"。

学习型组织一般具有以下特点：一是强调"终身学习"，即学习型组织建设是一个长期的过程；二是强调"全员学习"，即企业的决策层、管理层、操作层都要全心投入学习；三是强调"全过程学习"，主要强调学习与工作的同步性；四是强调"团队学习"，不但重视个人学习和个人智力的开发，更强调组织成员的合作学习和组织能力的开发。

（二）学习型组织建设的重要性和必要性

首先，是适应当今社会快速发展变化的需要。在复杂速变的新形势下，为求生存和发展必须以变应变，而应变的根本之道是学习，谁不好好学习，谁就无法立足于形式多变的现代社会。

第二，是适应新时期企业管理变革与发展的需要。在建立现代企业制度等相关问题解决以后，企业管理上执行不力成为困扰和阻碍企业发展的瓶颈。实践表明，许多企业经营管理者之所以感到困惑，都是因为尚未跳出传统的管理方法方式的旧框框。而建立新的管

理体制和经营运行机制，首先必须抓好学习，学而后知不足，学而后补阙拾遗。

第三，是适应提高企业员工队伍整体素质的需要。学习型企业所追求的决不仅是业绩最佳、竞争力最强，而是更为注重企业员工活出生命的价值和意义，造就和培养全面发展的高素质的企业干部队伍和员工队伍，这也是企业神圣的社会使命。

第四，是适应新时期企业文化建设发展的需要。企业文化理论的主旨是"以人为本"。而学习型组织的理论，在一定意义上则提升和丰富了现代企业文化理论，并为之提出了具体化的实践方式。

（三）学习型组织建设的实践与探索

学习型组织建设要基于企业实际，结合企业发展战略和发展目标，突出员工素养的提升，打造高素质团队。下面是某国有企业通过创新学习载体、拓展学习渠道、精心设计学习内容，大力开展学习型组织建设，不断提高管理水平的案例。

1. 立足岗位特点，丰富学习内容。创建学习型组织，要选择适当的学习内容，要适应时代发展的要求，更要紧密工作实际，根据不同行业、不同岗位的特点，从应知应会入手，钻研业务知识，学习相关的科技文化知识，加强形势教育，不断提高政治、业务素质和工作能力，成为本职工作的行家里手。学习内容是联系知识主体与客体的一种物质存在方式和外在表现形态，不能一成不变，必须与时俱进，在继承传统的基础上，不断优化创新。学习内容的多元化直接关系到学习型组织建设的成败。要在广泛调研的基础上，科学设定学习内容，不断丰富学习内容，积极引导广大干部职工通过学习掌握新思想、新知识，提高解决复杂矛盾问题的能力。

2. 拓展学习渠道，创新学习载体。建设学习型组织，关键要解决"怎么学"的问题。通过近年来的实践和完善，企业在建设学习型组织的过程中，不断创新学习载体，拓展学习渠道，实现了：借力学——即针对亟待解决的问题，结合工作实际，分阶段确立学习专题和重点，作为全年学习的统领，系统化培训；实践学——员工坚持在学中干、在干中学，学以致用，用以促学，在解决实际问题中检验学习成效，在深入基层中巩固学习成果；菜单学——在保证集中学习成效的基础上，坚持"菜单式"自主选学，让广大干部职工根据个人和岗位实际进行"点菜"，激发学习的积极性和主动性；平台学——以网络学习平台，精选学习课件，确保广大党员干部可以随时学、抽空学、系统学，较好地解决了"工学矛盾"。

3. 加强制度保障，完善长效机制。学习型组织建设是一项长期的、日积月累的过程，全面推进学习型组织建设，必须着眼于长远，建立长效机制，确保持久学习。"没有规矩，不成方圆"，制度建设是首要的问题。制度是保障团队活动有序化、规范化的需要，是对成员的规范，促使成员们有序地开展各项工作，协调好工作的进度，让团队能规范化运作。明确的制度能保障成员不偏离团队的整体目标，良好的制度建设能将团队成员放在适合他的位置上，有助于发挥成员的主观能动性，培养工作热情和积极性。

（四）学习型组织建设的体会

1.学习型组织建设要有规划、有布局、有坚持。创建学习型企业是一个漫长的、艰苦的过程，应当成为伴随我们工作、学习的职责，持之以恒地延续下去，不能把学习型组织当作一项应急活动或短期工作，刮一阵风就完事。

2.学习型组织建设要有层次、有重点、有针对性。需要不断丰富学习内容、持续拓展学习的内容、结构和层面，形成了以点带面、点面结合、整体推进的学习思路，全面提高干部职工的理论素养、业务能力和办事效率。

3.学习型组织建设要有载体、有检查、有考核。强化体制机制建设，加强制度管理，完善激励约束机制，从学习时间、学习内容、学习方式、学习数量、学习人员等方面加强检查和考核，引导和激励广大员工把学习作为一种生活方式，把持续增长的学习力转化为开展工作的创新力、创造力，确保了学习的质量和效果。

第六章　企业文化建设

第一节　企业文化概述

企业文化作为一种无形资产，被称之为企业的"灵魂立法"。它能够给企业带来新鲜的生命活力，让企业实现经济的和社会的双重效益。它作为一种有效的手段，能够提高企业经营业绩、促进经济稳步增长。世界级绩优公司都一致认为：没有优秀的企业文化便不会有卓越的企业。如果企业组织得不到文化的滋养，就永远不会稳定健康的成长，如果没有文化为其打下牢固的基础，企业组织结构也是难以稳固的，到最后也会崩塌。

一、企业文化的内涵

关于企业文化的定义，国内外是众说纷纭，各执一词，即便是企业界和学术界也还没有形成完全一致的看法。下面主要阐述几个国外学者的研究成果：

美国著名大学教授威廉·大内在著作《Z理论——美国企业如何迎接日本的挑战》一书中指出："企业文化就是传统气氛构成的公司文化，它包括一整套象征、仪式和神话。管理人员把自己作为榜样按照这个固定模式一代又一代的灌输给员工。"

美国学者彼得斯和沃特曼在著作《寻找优势——美国最成功公司的经验》一书中写道：企业文化是指一种紧密相连的环境结构，它能够使员工热情高涨、协调一致，激发员工对企业做出伟大贡献。

哈佛大学教授迪尔和麦肯锡咨询公司顾问肯尼迪把企业文化看作是一个企业所信奉的核心价值观，是一种意义深远的价值观、神话、英雄人物标志的凝聚。

国内关于企业文化的定义，主要有以下几种解释：

王超逸和高洪深教授认为："企业文化是一个企业在一定的长时间发展过程中沉淀下来的，它是一种人本管理理念，核心是企业精神和经营哲学，在生产经营管理过程中能够凝聚员工力量，激发企业员工工作的创造性和主动性，是企业的灵魂和精神支柱。"

魏杰教授认为："企业文化就是企业信奉的价值理念，并把它付诸实践之中。它是内化人们思想和行为方式的企业行为，是企业内部的一种语言传递。"

社科院研究员刘光明认为："企业文化是企业在从事经济活动之中形成的一种组织文

化。它所包含的价值观念、行为准则等能够被企业大多数员工接受认可。"

黎群和于显洋教授认为："企业文化是一种人本管理理念，它以经营哲学和企业价值观为核心，把企业全体员工团结在一起，使其产生归属感，激发工作的积极性和创造性，与此同时，它也受社会经济文化的影响和制约，把契约、规章制度和物质现象当成一种载体。"

二、企业文化的基本特征

企业文化是个多元的体系，它具有以下特征：

独特性。每一个企业的企业文化都有区别于其他企业的独特之处。即使是两个企业环境、组织管理、制度上十分相近，它们在文化上也会呈现出不同的特色。这是由企业生存的外部环境以及企业所处行业的特殊性、自身经营管理特点、企业家的风范和人员结构等内在条件决定的。

共识性。企业文化是共同的价值判断和价值取向，即多数员工的共识。优秀的企业文化注重集团和群体思想，追求共同愿景，并渗透在企业每一个员工的行为中。由于人员个体差异性的存在，人的综合素质，人的追求诉求以及人员观念的复杂程度都有所区别，因此，就这一点对于企业文化而言，其共识是相对的。

非强制性。企业文化通过启发人的自觉意识达到自控和自律。它主要是强调人的自觉意识和文化上的"认同"。

相对稳定性。企业文化是在一个发展过程中渐进形成的。一旦被企业员工认可就具有一定的稳定性和持久性，成为企业发展的灵魂，并且会长期在企业中发挥作用。它不会随着产品、组织结构和发展战略的变化而变化。形成核心价值观念需要很长一段时间，需要模范人物来引导，需要企业管理者大力的宣传和灌输。当然，企业文化的稳定性不是绝对的，而是相对的。它会随着宏观经济条件的发展而不断去调整适应。当企业内部经营管理发生剧烈变化的时候，它也会在实践中而发生变革，与新的环境相适应。

三、企业文化的构成要素

第一，物质文化。物质文化是一种器物文化，它由企业员工生产的产品和文化娱乐设施构成，凝结在产品、服务以及环境中。

一个优秀的企业，其物质财富的获得离不开企业文化，它包括产品开发、质量、信誉，尤其是企业整体的工作环境和休闲娱乐设施等物质现象，实质上是对企业文化的重视所产生的效果。比如，可口可乐一百多年不衰，靠的是产品；本田汽车风靡世界，靠的是质量；海尔家电家喻户晓，靠的是服务。

其次，精神文化。企业精神文化是在长期的意识形态影响下产生的，它用于指导企业生产经营活动，规范企业行为习惯、树立群体意识和价值理念。经营哲学、核心价值观、企业使命、企业愿景是其主要内容。

每个企业都有与自己企业发展相协调的价值观，价值观是人性深度的稳定和情感信仰，每个企业的价值观蕴含在其自身的发展特点之中，它升华为企业的凝聚力，将企业员工团结在一起，企业员工一旦进入企业，这一价值观将成为他们持续坚守的力量，这种力量不会被外界因素轻易改变。因此，在企业内部，积极的价值观对于员工的积极性和团结程度都有激励作用，而这种作用在某种程度上成为促进企业持续发展的动力。企业精神文化作为一种意识力量，始终牵制并指导着企业现存的制度文化和物质文化的发展方向。

一个企业能否在一个不断变化着的社会环境中长期生存下去并不断求得发展，关键不在于企业是否拥有雄厚的资本和先进技术，是否能够获得较高的利润，而在于企业的共同信念、价值观和奋斗目标能否对企业员工产生强烈的吸引力和感召力。是否在其生产经营活动和长期发展过程中形成了一种对企业员工有强烈吸引力和感召力的共同信念、价值观和奋斗目标，并以此为基础建立起优秀的企业精神文化体系。纵观世界上许多经营成功的企业，它们的经验都证明，只有形成了一种优秀的企业精神文化并拥有一支受这种文化深刻影响的高素质员工队伍，企业才能充分利用其物质生产力方面的优势，在激烈的市场竞争中站住脚。

然后，制度文化。制度文化直接规范企业生产经营管理活动，约束员工的行为活动。没有严格的管理制度是不会生产出优质的产品的。精简、高效的组织结构是卓越企业的标志，良好的生产经营管理制度是一种有力的手段，能够帮助企业实现企业目标。

最后，行为文化。行为文化是指企业员工在生产经营、学习娱乐中产生的活动文化。它包括企业经营、教育宣传、人际关系活动中产生的文化现象。它是一种动态体现，也折射出企业价值观。

四、企业文化的主要功能

企业文化是企业在长期的实践中沉淀下来的结晶，它作为一种管理理论，具有较强的实际应用能力，对企业的持续发展起着积极作用。

凝聚功能。企业文化是一个企业的价值取向，规定着企业所追求的目标。它像一种强力粘合剂，把全体员工力量团结在一起，使其产生一股强大的凝聚力，让员工产生自豪感、归属感和责任感。它像一根纽带，把员工个人的追求和命运与企业的发展和前途紧紧联系在一起，并且产生强烈的集体意识和奉献精神。

导向功能。企业文化是一个方向盘。企业提倡什么，崇尚什么，员工就追寻什么。一种优秀的企业文化可以长期的引导员工们为实现企业目标而自觉地努力。企业文化能够对员工的价值取向和行为取向产生直接的影响，使员工在潜移默化中接受企业的价值观念。员工团结一致，共同朝着一个确定的目标而努力奋斗。正如迪尔和肯尼迪在《企业文化》一书中指出的："我们认为人才是公司最宝贵的资源，管理的方法不是用电脑报表能够直接展示出来的，而是在文化的暗示下，强有力文化作为一种有力的工具引导行为并且帮助员工完成得更好。"

激励功能。企业管理的核心是人，在企业的发展过程中员工起了很大的作用，对于企业来说，员工是企业发展的未来，对于员工的管理，除了硬性的制度规定，还有一种软性的规定，即是企业文化。如果一个企业的企业文化在创造自身利益的时候，又不失人性化，重视员工的价值，这对于员工来说是一种无形的精神鼓励，有助于提高其工作的积极性，并激发其创造能力，这既实现了企业的目标，又为员工自我价值的实现提供了条件，实现了企业与员工的双赢。

约束功能。企业文化具有两方面的约束功能：一种是硬性约束，即企业员工的日常行为会受到严格的规章制度的约束；另一种是软性约束，企业文化是用一种无形的文化约束力量，从价值观念、道德行为规范对员工进行软性约束，它通过道德规范向员工个人价值观进行灌输，使观念在员工的心理层面形成一种定势，使其在观念上确立一种内在的自我约束的行为标准，构造出一种响应机制，只要外部诱导信号发生，就可以得到积极的响应，并且迅速转化为预期的行动。它可以减弱"硬约束"对员工心理的冲撞，削弱由其产生的一种心理抵抗力，从而使企业整体上下左右达成统一、和谐和默契。

协调功能。企业文化能够活跃企业员工的文化生活，使参与企业经营管理活动的各种因素相互协调配合，增加了相互间的信任感，减少矛盾和摩擦，使企业整体上下之间的交流沟通更为顺利，工作中高效率的协调配合，使企业组织工作更容易把控。

辐射功能。企业文化体现了企业的基本宗旨、经营哲学和行为准则。良好的企业形象是企业成功的标志，其中包括内部形象和外部形象。一是内部形象，它可以激发企业员工对企业的自豪感和责任感；二是外部形象，优秀的企业文化不仅在企业发挥作用，而且还会对社会产生影响。企业通过与外界的接触，向公众展示良好的企业服务和产品质量、展现积极的精神风貌，同时也传播企业精神、企业价值观和伦理道德，从而为企业带来美誉度和高生产力，使企业充满生机与活力，建立最佳的经营机制，实现企业的可持续发展。

第二节　企业文化体系策划与建设

针对企业文化进行的整体策划，包括内容：提炼经营理念、提炼价值观，明确企业道德及作风。

一、企业文化策划主要内容

（一）提炼价值观

价值观反映了一个企业的社会追求和远大理想，代表着企业对事物是非曲直的判断标准和原则。比如联想集团的核心价值观是"服务客户、精准求实、诚信共享、创业创新"。提炼价值观必须从企业的实际出发，具有时代特征，既有很高境界，又符合行业特性与企业定位，真正能在员工中引起共鸣。核心价值观是经营理念、行为准则的基础。

（二）提炼经营理念

主要阐明企业愿景、企业使命和企业精神。企业愿景是企业未来可以成就的具有挑战性的远景描绘，是一个可能和希望实现的未来蓝图。企业使命是企业业务、服务目标或企业存在的目的和意义，有些企业的使命陈述还包括对企业优势的说明。企业精神是企业的灵魂和精神支柱，是根据核心价值观营造的企业员工共同的内心态度、意志状况、思想境界和理想追求，及相应的精神氛围。例如：联想的远景（愿景）——高科技的联想、服务的联想、国际化的联想。联想的使命——为客户，提供信息技术、工具和服务，使人们的生活和工作更加简便、高效、丰富多彩；为社会，服务社会文明进步；为股东，回报股东长远利益；为员工，创造发展空间，提升员工价值，提高工作生活质量。

（三）明确企业道德及作风等

企业道德是企业对自身理念、行为和形象的善与恶、是与非、美与丑、荣与耻的内在评价。比如双鹤药业的企业道德——"诚实守信，忠善亲和"。企业作风是企业在长期生产经营过程中形成的独特风格。比如双鹤药业的企业作风——"雷厉风行，敢为人先"。

（四）设计行为准则

行为准则设计是以价值观体系为基础，结合经营理念的提炼设计、描述、界定企业成员基本行为的规范。员工的行为方式具有行业和企业的特点，也代表着一个企业的精神面貌。规范的员工行为不仅有助于协调企业上下的步伐，更有助于贯彻企业领导层的意旨，强化企业管理。设计行为准则，要充分考虑行业和企业的特点，也要按不同岗位进行划分，最忌千篇一律。比如，决策层、经理层、科研开发、市场营销、生产、财务人员等，这些岗位的职能特点各不相同，设计行为准则时都要考虑到。

（五）企业形象与 CI 设计

企业形象是一个企业在社会公众及消费者心目中的总体印象，由 MI、BI、VI 组成。MI 是企业理念形象，主要包括企业愿景、使命、精神、道德、作风以及经营战略、发展目标等要素。BI 是企业行为形象，主要包括企业行为规范、基本政策和制度等。VI 是企业视觉形象，主要包括企业标志、标准字、标准色等基本要素以及办公、交通、制服、环境、包装设计等应用要素。MI 是企业识别的核心，BI、VI 是 MI 的具体体现。

近几年来，随着企业改革的深入，企业参与国内外市场竞争的频繁，企业形象受到了企业内外的普遍关注，一个良好的形象是企业的无形资产，是企业竞争取胜的利器。但是企业形象的塑造不是一朝一夕的事，涉及企业的许多方面。因此在进行企业的 CI 策划时，一定要全面考虑，精心设计，为企业形象的具体塑造打下一个好的基础。CI设计特别是VI带有一定的专业性，有条件的企业请专业咨询公司帮助支持，会取得更好的效果。

二、企业文化策划基本原则

（一）整体竞争实力提升原则

追求企业整体竞争实力的增强，已经成为企业文化策划的基本原则和基本目标。激烈的竞争将使企业再也不能简单地或盲目地跟随市场、应和市场，而必须把握市场经济深层次规律，进行开拓市场、创造市场、培育市场的竞争。创造市场的竞争，不再是单纯质的竞争与量的竞争，也不再是"一招一式"的较量，而是企业整体实力的竞争。企业的实力，不再是单纯表现在企业规模和拥有"硬"资源上，也不再是单纯的产品销量的较量，而是企业整体的系统性、科学性和应变性，以及企业整体的创新能力。企业的创新能力是指企业在一定条件下产生新思想、新方案、新组合、新方法的能力，它是企业内部综合素质的体现。随着世界经济一体化和国际市场竞争的加剧，一般意义上的科学管理，已经不能给企业带来超额利润。企业必须要有新的突破，不断创造出比别人更新的管理方式和创新技术，才能在竞争中取得优势。因此，进行企业文化策划，必须确立整体性谋略思想，以提高企业整体竞争实力为目标。2004年，百年老店双合成，在进行以双合成月饼为内容的企业产品文化建设策划中，就是按照追求企业整体竞争实力增强的文化战略要求，将构筑食品安全信用体系建设作为整体工作的切入点，深刻地认识到双合成文化必须是立足长远的整体质量文化为依托的，通过文化建设也是要不断增强双合成的企业整体竞争实力。为此，双合成将每年的8月15日定位企业食品安全信用宣传日，形成了双合成企业文化中行为文化的一个重要内容，同时向社会公开发表《双合成食品安全信用宣言》。《宣言》向公众庄严承诺：双合成坚持以技术创新为先导的产品开发原则，大力推进"三绿工程"（即绿色食品工程、绿色包装工程、绿色环境工程）；在企业内部坚持将食品安全信用教育长期化、常规化、制度化；不断强化员工"质量监督检查意识、环境卫生保持意识、精细化作业意识、诚信待人意识"等。应该说，这些理念的推出和文化活动的开展，也都是基于追求企业整体竞争实力的增强，以及确保企业可持续发展的目标而确定的。

（二）专家智能策划原则

专家智能策划模式将把企业文化策划推进到一个新的阶段. 知识经济时代，随着现代科学技术的迅猛发展，市场机制逐步成熟，企业环境将更加复杂，企业间的竞争也日趋激烈。在这种情况下，企业文化策划不仅不能是"个人英雄"式的谋略行为，即使是以人力为主的"群体专家策划"也将注入新的策划理念，其中重要的就是专家智能策划的理念。所谓专家智能策划，不仅具有"群体专家"的特点，即策划主体是由不同学科、不同领域的专家群体以及他们的学科组合构成，而且可以通过电子计算机将成千上万的专家或灵感就、汇集、存储起来，并能够按需要方便、迅捷地进行选择、组合和加工，即除了包括策划人的智能，还包括机器的智能，这实际上是一种更大规模、更加广泛的"专家法"。

（三）信息技术战略原则

信息技术成为企业成功进行文化策划的关键。知识经济时代是一个大规模生产和使用信息，知识的时代，信息作为社会组织的重要资源，是企业文化策划的基础性要素。在企业文化策划的实施中，信息战略与信息战术的策划与谋划，占有举足轻重的地位。由于知识经济时代，信息增长迅猛，传递速度快捷，企业文化策划中，不仅要考虑占有了多少信息以及用怎样的方式占有了信息，更重要的还在于对信息的综合分析、加工组合和有效利用。策划中，如何把零散的资料变为系统信息，形成企业文化策划的有效信息，关键在于策划者对信息的综合分析以及合理组合。没有对信息的综合分析，就不可能激发灵感，也不可能产生企业文化策划中的创意与构想。因此，信息技术以及运用信息技术形成的信息战略、战术必然是企业文化策划成功的关键。

（四）知识创新原则

知识创新是企业文化策划的灵魂。知识经济是以创新的速度、方向来决定成败的经济，创新是知识经济发展的内在驱动力，是知识经济的灵魂。创新需要在企业、消费者与科研机构等不同行业之间进行大量交流，在科学研究、工程设计、产品开发、生产活动与市场营销之间进行复杂的反馈，从而形成一种网络创新模式。这种网络创新模式将改变过去研究与开发的线形模式，使人类的各种行为更具有活力，推动创新精神的发扬和创新技术的出现。既然知识已经成为知识经济发展的主要动力，知识创新已经成为企业创新的典型特征，因此，企业文化策划必须以知识创新为灵魂。

三、企业文化策划操作流程

企业文化策划设计操作必须由企业高层主管和有关人员组成领导小组，由有关部门人员组成工作小组。邀请专业咨询公司帮助策划设计的企业，双方应共同组成领导小组和项目小组，把外部专家咨询和内部企业文化发动结合起来，实施"并行工程"。企业文化建设操作一般分为五个阶段：

（一）准备阶段

主要是分析客观形势的发展趋势，掌握本企业文化现状，初步确定企业文化建设的目标，在企业领导班子中统一认识，在职工中做好思想酝酿。刚刚起步的企业需要对分散在职工中的、隐藏在企业日常经营管理活动里的优良文化传统发掘出来，作为提炼设计的基础和依据。

（二）调研阶段

主要是对与企业文化有关的方面进行调查，如企业发展过程、经营思想、领导决策、职工素质、规章制度等，做到心中有数。调研工作包括，查阅企业文档资料；召开不同方面（领导骨干、员工、客户、协作单位）人员代表座谈会，听取意见和建议；进行抽样问卷调查等。

（三）诊断阶段

主要是根据调研资料和分析数据，结合企业发展战略和实际情况，进行文化定位研究和诊断，发掘文化传统和文化优势，找出差距和不足，明确企业文化建设的总体目标和规划方案。

（四）设计阶段

从企业历史和现状出发，结合企业文化建设的总体目标和规划方案，提炼企业价值观、经营理念、企业精神，以及企业道德、企业作风等；根据实际需要进行视觉识别系统的设计。

（五）推广阶段

主要是在企业内部，坚持广泛宣传和深入细致的工作结合：首先，做到企业全体员工了解和掌握本企业文化的具体内容和精神实质；其次，进一步完善修订企业规章制度，使之真正体现企业价值观和经营理念；第三，开展有针对性的企业文化培训，提高全体员工的文化自觉性；第四，在实践中，一方面检验企业文化是否符合客观形势和企业实际，及时加以完善；一方面要加强管理，开展思想教育，使企业文化落实在行动中，发挥应有的作用。

四、企业文化策划方式方法

国际国内企业文化的比较研究。学习借鉴国际、国内著名公司的企业文化建设经验，以及企业文化的前沿研究成果、研究方法和应用途径，以使自己在策划设计和操作时，胸怀全局，思路宽阔。

（一）关键事件、典型案例的调研

把握企业文化发展阶段、影响因素、管理行为特征、关键事件、典型案例，以及高层管理者的设想及各层人员的反映，使策划设计和操作更加切合实际。

（二）抽样问卷调查与量表评价诊断

设计和实施调查问卷与量表统计，获得企业文化现状和重新设计及建设的依据，并找出企业文化发展阶段的因素特征和管理行为特征间的结构性联系。

（三）科学辩证的思维与设计创意

企业文化设计需要创造思维，需要调动人的想象力、思辨力，以及分析、综合、归纳和演绎能力。比如头脑风暴法，亦称智力激励法，这是一种调动集体智慧、集体协调创作的方法。个性独创法：注重发挥个人的独特思维，以出奇制胜的设计方法。

五、企业文化建设

（一）加强对企业文化建设重要性的认识

文化是作为经济活动进行更深层次发展的前提和基础，也是最好地推动力量，随着经济发展进入到新的时期，企业文化之间的竞争更能体现出企业的实力和管理水平，企业文化最早是由劳伦斯·米勒提出的，他指出一个企业只有在企业文化方面抢占了优势，企业才可能具有更大的竞争优势，才能获得更大的经济收益，使企业得到持续健康的发展。分析世界500强中所有企业取得长期发展以及成功的经验可以看出，这些企业虽然在经营战略和具体方针方面会随着外界市场环境的变化进行与时俱进的调整，但是它们却拥有具有较强竞争实力的体现企业核心价值观的企业文化，并把它融入企业的整个管理过程中，作为企业发展的重要指导思想，许多知名企业的管理者都深刻认识到了企业文化的重要性。他们认为：健康的企业文化是促进企业战略得以有效实施的主要推动力量，是企业发展的动力源泉，是企业核心竞争力的主要体现。同时一项对世界上知名企业管理进行的分析报告可以得出这样的结论：一个企业内部是否建立起具有特色的优秀企业文化，是在新的经济发展环境下能否得到进一步发展的主要原因，很多企业的员工在具体的工作过程中存着责任心不强、工作不到位等问题，产生这些问题的主要原因之一就是由于企业文化落实的不到位，特别是那些规模较大的集团企业，在面临复杂的外界竞争压力下，要想实现跨越式、与时俱进的发展，就必须充分借鉴世界知名企业的管理理念，把加强企业文化建设作为企业管理的一项重要工作来抓，做到从文化的角度去发展企业管理工作，通过文化管理的渠道进一步加强企业的管理，使企业的管理者能够真正成为文化的提倡者、领导者和实践者，加强企业文化建设。

（二）努力打造具有自身特色的企业文化

根据一些企业文化倡导者经过大量的研究总结后提出：企业建立优秀的文化体系可以实现"三然"的境界，就是指本然、自然和超然，具体体现在：本然就是指在企业的发展过程中应该坚持以人为本的原则，顺从人的本性；自然就是指企业的发展应该结合外界环境的变化规律；超然是指在坚持以上两点的基础上进行的创新发展，是对企业文化以及企业发展过程中的一种追求。企业文化的形成及发展过程不是短期可以实现的，首先，在一个企业内部，使企业的经营管理理念以及相关制度准则被所有的员工认同并在具体的工作中有效地遵守或执行，需要在长期的实践中才能实现。其次，一种企业文化形成之后，要想在企业发展过程中得到有效的应用，同样需要长期的坚持。所以现代企业在面对经济发展的全新格局情况下，应该结合外界大环境以及企业自身的发展需要建立起企业员工都能认可的具有自身特色的企业文化，并且将这种企业文化渗透到企业管理过程的各个环节，使企业员工都能够对其进行更深入的理解及应用，进一步促进企业的发展。

（三）大力推进先进企业文化的建立和应用

企业文化是进一步提高凝聚力、最大限度地发挥创造力的主要动力，特别是规模较大的国有企业在发展企业文化建设方面，不能只作表面功夫，一定要将其落到实处，一定要将其渗透到经营管理过程中的各个环节，使其能够成为指导员工思想、行为的真正动力，具体的实践以及应用措施有以下几点：

1.建立起纵横贯穿的企业文化建设机制，在企业内部建立起和企业文化挂钩的完善的考核制度，使企业文化的管理和企业发展的各个环节相协调，相一致。

2.建立企业文化建设激励机制，对企业文化落实效果好的部门和个人采取有效地激励政策，同时采取多种方式加强对企业文化的宣传和灌输，使员工充分了解并认识到企业文化的重要性。

3.建立起和企业管理相结合的企业文化，把企业文化和企业的管理制度以及发展战略、方针相结合，使企业文化渗透到管理过程中的各个方面，使其对所有员工的思想和行为起到一定有效的规范作用。

4.努力建立起先进企业文化，并使其充分落到实处，在坚持促进企业和谐统一发展的目标基础上，把企业文化建设的重点放在难点以及弱点问题的解决上，使企业文化在企业管理过程中得到有效的应用，使员工都能够真正地参与并体会到企业文化管理中去，并且将已经取得的成就进行固化。

5.提高企业文化建设队伍水平，企业应该加大投资力度，加强对企业文化建设人员的能力培训，使他们的整体素质得到有效的提高，同时加强企业文化在企业内部的宣传，使企业文化充分发挥对企业发展的促进作用，使企业在企业文化的引领下实现科学健康的发展。

第三节　企业文化对可持续发展的作用

一、企业可持续发展概述

企业可持续发展的内涵，是界定企业可持续发展外延的依据之所在，也是一切关于企业可持续发展分析研究的出发点。

（一）企业可持续发展的内涵

企业可持续发展问题是目前企业管理理论研究的一个比较前沿的问题，学术界对企业可持续发展的相关理论探讨还不是很多，并且目前还没有一个完全统一的解释。他们也只是停留在借用可持续发展的概念上，对企业可持续发展进行片面笼统的分析。

殷建平在《论大企业持续发展》一书中认为："企业可持续发展是指企业在较长的一段时间内，通过不断地学习最新理论和创新活动，形成良好的成长运行机制，企业组织的经济效益稳步增长，运行效率得到不断提高，企业的规模逐渐扩大，企业在同属行业中的地位保持不变或有所提高"。

李占祥教授等编写的《矛盾管理学：企业可持续成长之路》一书中认为："可持续成长是指企业在一个较长的时期内由小变大、由弱变强的不断变革的过程。它包含了以下几个意思：一是持续性。用超过业界企业平均寿命为基本标尺；二是成长性。用企业的各种业绩与组织革新状况作为衡量标准；三是不断变革。企业可持续发展在较长时期会表现出一种由小变大、由弱变强的基本状态。"

丙明杰在发表的《可持续发展：国有企业战略性改组的目标》一文中指出：企业可持续发展是指在可预见的未来中，企业能在资源配置上获得更大地支配权，在市场上占有更大的份额，不断战胜和超越自我，从而取得良好的发展。

综合以上学者们对企业可持续发展概念的界定可以得出，企业可持续发展是指企业在复杂多变的环境中，通过不断进行创新与变革以保持活力，适应瞬息万变的市场。不仅要追求经济效益持续增长，还要兼顾生态保护与社会责任，使企业利益相关者的合理利益需求得到满足。

（二）企业可持续发展的影响因素

企业生命周期理论指出，任何企业的持续性是有限度的。就像生物体一样，企业也会经过诞生、成长和终结等阶段。他们的终结是有很多因素造成的。下面将探讨影响企业可持续发展的几个主要因素：

企业可持续发展与经济、社会可持续发展的关系。麦多斯认为，经济的可持续发展是实现社会、人口、资源、环境等因素在内的可持续发展战略的基础和前提。影响经济可持续发展的因素同样对企业可持续发展有着重要的影响。企业可持续发展与经济、社会可持续发展相互制约，企业可持续发展推动着经济、社会可持续发展，没有企业的持续发展，经济和社会也就不可能持续发展。

企业可持续发展与企业目标、战略及资源配置方式的关系。企业是一个整合员工劳动力、社会资源的系统，因而企业的发展在目标战略层面以及资源配置层面都有着千丝万缕的联系。企业目标为企业明确未来发展的重要方针，为可持续发展指明方向；企业战略为企业的发展拟定策略，是可持续发展的保障；资源配置则为企业资源的利用与效用上提供了支持，是可持续发展的基本条件。

企业可持续发展与企业文化的关系。没有文化的企业可以成长但是难以实现可持续发展。企业要想长期持续地发展，离不开企业文化，健康向上的企业文化能够给企业带来活力，支撑企业可持续发展。纵观世界上著名的百年企业，拥有一套个性鲜明的核心价值观是他们共同的特征。核心价值观可以直接影响企业的发展，一个企业是想永续发展，基业长青，还是只追求眼前短暂的利益，它们所倡导的核心价值观是截然不同的。只有断地创新，核心价值观才能够在激烈的市场竞争中得以继承延续。

二、企业文化与企业可持续发展的关系

企业文化既是企业的灵魂，又是企业生存和可持续发展的指南。众多研究和事实表明，企业的核心价值观是持续成功的优秀企业"基业长青"的根本推动力。企业文化不仅为企业的可持续发展奠定了基础，也为其创造了动力和保证。若没有企业文化，企业就像一盘散沙，是难以可持续发展的。企业文化一旦形成，它就会潜移默化地影响着企业员工的价值观、思维方式和行为活动，优秀的企业文化还可以为员工营造发挥其潜能的工作氛围。

（一）企业文化是企业可持续发展的基础和动力

企业文化是企业的潜意识，一个企业如果没有优秀的企业文化做支撑是很难持续发展下去的。如果大家都只注重眼前短暂的利益，一旦遇到困难，企业就会像一盘散沙失去凝聚力。优秀的企业文化可以提高企业的内在素质、塑造良好的形象，使其在公众心里产生一定的影响力，从而促进企业持续稳定的发展。企业文化是企业在经营实践中经过长时间的沉淀所提炼出来的，它能够渗透出企业领导者的个人品质。正确的企业文化和领导者的价值观和方法论，都深深地根植于全体员工的心里，被全体员工所认可并付诸实践。这些都是无法模仿和复制的。只有拥有不断创新的理念，才能够促进企业的可持续发展。

企业文化是时代的产物，面对市场未来的竞争，经济与文化一体化成为发展趋势，过去的管理理论和方式，在对企业发展起到推动作用的同时，也在一定程度上显示出了不适应，以前的管理，决策科学性较差，管理机构臃肿，忽视了企业的核心价值观的塑造，造成了企业管理不畅，工作效率低下、员工被动等局面，还限制了员工自由发展和聪明才能的发挥。由此，企业文化成为企业可持续发展的必然选择。

（二）企业文化是企业可持续发展的关键 企业能否可持续发展取决于企业的可持续发展能力，而这种能力也常常成为企业参与国际市场竞争的主要力量。从一方面来说，企业文化往往是企业发展产生差距的主要因素，随着社会经济以及科学技术的发展，企业所需要的物力、人力、财力都可以轻易从社会上获得，而企业发展的管理理念也可以通过自身的学习获得。而先进的企业文化是最能稳定发挥作用的因素。企业文化是一种独特的能够产生深远影响的力量，它体现在企业的行为习惯、方式和思维模式中，每一个企业都有属于自己的标志性的贯穿始终的习惯、思维等，这致使企业文化成为一种难以被模仿和复

制的文化。因此，注重企业文化的培育，是企业打开大门持续发展的钥匙。

企业文化在客观上能够促进公平竞争。以物质利益为主导的竞争虽然能够激发员工对工作的热情和主动性，但是也会诱发人们的私欲膨胀，导致假冒伪劣、欺诈等丑恶行为的发生。因此，企业的竞争行为需要通过建立规章制度来规范。通过企业文化的滋养，改变企业"你死我活""商场如战场"的竞争观念，促进企业公平竞争，优化市场竞争环境，形成竞争与合作并存的"双赢"模式。只有在优秀企业文化的感召下，企业才能着眼于未来，规范其市场竞争行为，才能形成良好的市场经济运行机制，才能确保企业健康稳定发展。

企业文化是企业在实践过程中不断总结和提炼的结晶，是对经营管理理论的提炼和升华。企业文化是企业的灵魂，是造就企业核心竞争力的动力源泉。企业文化是一种软管理，它必须通过企业管理加以落实和实施，同时，企业管理也必须通过企业文化来规范、约束员工的行为，使得企业管理中的各项活动落到实处。只有通过企业文化与生产经营管理的有效结合，才能不断提高企业的管理水平。因此，通过企业文化的优势来提升竞争能力，促进企业的持久发展是企业的客观选择。

（三）企业文化是企业可持续发展的纽带

随着企业规模的扩大，企业的专业化水平和管理水平要求越来越高，培养现代化企业家队伍成为企业发展的重心。现代企业家不仅要具备专业的管理知识、管理理论和科学决策能力，还要具备先进的经营理念和企业价值观，而这种价值观决定了企业是否能永续发展。因而，企业文化对于培养杰出的企业家队伍具有现实意义。

员工是企业最重要的资源，企业的生存与发展有赖于企业全体上下的共同努力。健康向上的企业文化能够在企业中营造出一种奋发、进取、和谐的企业氛围，能够成为全体员工的精神支柱，使他们形成坚不可摧的生命共同体。在企业发展过程之中，企业通过塑造企业文化来形成充分尊重人才、正确看待员工、善于理解员工、重视培养员工的和谐氛围，实现人尽其能、人尽其才，高效开发员工的才一能与潜力，这无疑增强了员工努力工作的热情与信念，使员工真正融入企业之中，将员工的追求同企业的发展紧密联系起来，对内形成一股强大的凝聚力和向心力。在这种文化力之下，企业领导与全体员工和谐相处，沟通顺畅，使经营理念能够得以落到实处，公司的使命得以完成。

三、企业文化对企业可持续发展的作用

此前分析了企业文化与企业可持续发展的内在联系，我们更注重的是企业文化如何作用于企业可持续发展，进而提升企业的经营业绩。这里将从企业文化的不同层次、不同功能和不同特征这三个角度来分析企业文化促进企业可持续发展的机理。

（一）企业文化的不同层次对企业可持续发展的作用

企业文化有精神、物质、制度和行为文化四个层次。其中，精神文化是核心内容。在

这里，将深入探讨这几个层次中具体的几个重要的点是如何促进企业可持续发展的。

1. 精神文化对企业可持续发展的作用

企业精神文化属于"软文化"，是企业文化的核心和灵魂。在企业整个发展过程中处于核心地位。它能主导并决定企业各个层次文化的变化和企业努力的总体发展方向。企业价值观作为企业精神文化的核心，能够指明企业生存和发展的意义以及根本目的。

企业价值观是驾驭全部企业文化活动的基本观念，企业的存续和发展都是以此为核心而维系的。企业的核心价值观念不是一开始就有的，它是一个历史沉淀的过程，是企业发展到一定阶段的思想观念产物。一般来说，只有当企业进入成熟时期的时候才会形成确定的企业核心价值观。它是关于企业生存、竞争、发展的一种非常系统、具体的理论。在现实中，著名的成功企业都有自己明确的核心价值观的表达方式，企业员工通过对核心价值观的认识和理解产生主观意识，并落实到实践上。企业价值观是企业最为基本的DNA，是企业生命的意识之源。

企业价值观是企业生存和发展的精神支柱。企业文化一旦确立，就会成为企业产生的许多是非问题处理的评判标准，是企业发展的精神支柱。企业的发展思路，必须紧紧围绕企业价值观。企业的价值观不同，决定了企业解决问题的方式方法、设想路径的不同，也从主观上决定了企业的成败。美国著名的心理学家马斯洛指出：人的需求是有层次的，情感、自尊和自我实现等是高层次的精神需求。它们一般是通过以价值观为基础的理想、信念、伦理道德等形式表现出来。员工的价值观必须与企业价值观相统一，这样员工才会把企业发展当成是为自己的理想目标而奋斗。当一个企业的价值观被大多数员工认可并付诸于实践，那么企业在遇到困难的时候，价值观就会自动转化为克服困难的强大动力。一个企业的可持续发展，起决定性作用的不是企业的资本或者经营战略，而是与时俱进的共同价值观。

企业价值观决定了企业的基本价值取向。企业是社会的基层单位，企业以及全体员工的价值观毫无疑问都要受到社会价值观的影响，但是企业作为相对独立的经济实体，企业会立足于自身的情况而提炼出适合本企业发展的个性鲜明的价值观。这种价值观能够反映企业的特性，能够引导企业向正确的方向发展，使其形成与众不同的特色。

企业价值观能够激发员工潜在的能力。日本一位经济学家提出了一种"车厢理论"，即我们的制度是每一列每节车厢都会有马达的电气火车、并且均有自己的动力并一道前行。这说明了企业的价值观必须了解员工的需求意向并且适合企业自身的发展需要，这样才能使每一名员工都能充分发挥自己的聪明才智，全身心地投入到企业所追求的价值目标中。使企业在员工心里树立一个良好的形象，不再是员工效能耗尽即弃之如敝屣的场所，而是使员工的才能得以发挥、利益得以获得的宝贵源泉。

2. 制度文化对企业可持续发展的作用

制度文化是塑造精神文化的载体，它能够使企业在复杂多变、竞争激烈的环境中占有一席之地，从而保证企业可持续发展的实现。通过不断地创新完善制度文化，有利于提高企业决策的科学性；为企业明确了行为规范，增强了企业的竞争能力。制度文化是吸引人才的重要因素，它是能否留住员工的关键因素。企业要实现可持续发展，必须要实现人才的可持续发展，制度文化是企业可持续发展的中坚和桥梁。

管理创新是指为了更有效地运用资源以实现目标而进行的创新活动或过程。管理创新通过对计划、组织、领导等职能的创新，推动着管理向更合理、更有效地运用各种资源的方向前进。管理创新包括以下几个方面的内容：组织结构创新、制度创新、战略创新等。管理创新能够进一步提高企业经营管理效率，提高企业工作效率和经济效益，进而提高企业在市场中的竞争能力。通过管理模式创新，能够显著提高企业管理水平和市场竞争力。

管理创新是企业谋求生存的灵魂。"物竞天择，适者生存"，市场竞争讲求优胜劣汰。这是市场经济运行的必然法则。企业只有通过改革才能够生存和可持续发展，而这种变革就是管理创新。管理创新才是企业求生存、谋持续发展的主动选择，尤其是在科学技术发展日新月异的今天，不仅产品更新快、生命周期短，而且企业的生命周期也变短。在世界500强的著名大企业中，不到10年就有三分之一的企业风光不再。因为竞争激烈，如果缺乏灵活的应变能力和创新精神，因循守旧、停滞不前，自然也会失去生存的基础。而有了新的理念、新的技术，就会去开发新的产品，打造出新的市场、开拓新的领域，那么企业也就有了持续发展的源泉，故而企业就可以持续发展。

管理创新是企业能在竞争中取得优势的关键。在现今激烈的市场竞争环境中，企业要想站稳脚跟，就必须先改变市场环境，调整企业的战略部署，在调整过程中进行创新，包括技术、制度、管理、战略等诸多方面的创新。只有依靠管理创新，企业才能不断开发出新的产品，逐渐扩大市场的占有率，不断提高产品的高科技含量，从而真正获得竞争优势。正是因为如此，国际著名大企业都通过不断加大对企业管理创新的投入来确立企业的经营战略，由此来增强企业的创新能力。只有持之以恒地进行企业经营管理创新，企业才能够在激烈的竞争中获得胜利，才能够持续发展。

管理创新是企业实现可持续发展的源泉。企业能否实现可持续发展，关键在于能否不断地更新经营理念，跟上时代发展的步伐。世界上许多成功的企业，没有哪一个不是以不断创新来实现的。企业的可持续发展依赖于源源不断的创新，无论是在发展初期的艰难时期，还是快速发展阶段的腾飞时期，企业都需要让自身的发展战略来适应内外环境，正是注重这些发展中的调整和创新，让红塔集团走上了快速发展的轨道，比如设计创新、原材料创新和产品创新相结合的持续创新，取得了显著的经济效益，带来了高速持续的增长和企业的可持续发展。从1987年起，该集团就一直稳居中国烟草工业经济效益最佳企业首位，其"红塔"品牌价值在全国同类知名品牌价值中位列第一。在创新过程中，红塔集团从一个普通的中型企业发展成为亚洲最大、技术装备水平居世界前列、管理水平居于国内前列的现代化企业。

管理创新是企业提高经济效益的途径。企业是以盈利为目的的经济组织，实现效益最大化是企业生产经营的主要目标，而管理创新正好能够促使这一目标实现。经过大量实践证明，创新的过程就是企业不断优化自身行为以适应社会需求变化的过程同时也是追求更大经济效益、实现持续发展的过程。管理创新能否使企业获得显著的经济效益是检验企业创新是否取得成功的标准。这种效益可能是暂时的和现实的，也可能是潜在的和深远的。企业的创新人才开发、新产品的研制、企业市场形象的塑造都具有潜在的价值，可以使企业产生长久的效益，促使企业的可持续发展。

3. 行为文化对企业可持续发展的作用

企业行为文化是一种特殊的文化，它是以动态的形式作为文化成果存在，是创造企业文化的活动文化。

首先，企业员工行为决定了企业整体精神风貌和企业文明程度。行为活动能够展现企业的实力。企业领导层和员工的言行举止、精神风貌是企业的一张名片，从中可以反映一个企业的文化素养，还可以使我们更加深入地了解企业。

其次，企业员工良好的价值观念，会使员工对自己有一个正确的定位，能够摆正个人与社会、个人与企业的关系，进而更大程度地为企业做出贡献。如果是不当的行为，就会给企业造成损害，削弱企业可持续发展的能力。这就要求企业要重视企业文化，把企业价值观的行为准则和行为规范灌输给所有员工，通过行为来强化企业价值观的渗透，提升企业可持续发展的能力。

4. 物质文化对企业可持续发展的作用

物质文化是企业文化的外部表现形式。物质文化是基础，它能够为更深层次的企业文化提供前提。在企业不断发展的过程中，企业文化成了一种生产力，一种精神生产力，它为企业可持续发展奠定了坚实的基础。

品牌是企业鲜明的旗帜，是市场竞争的强有力手段，是企业进入世界市场的通行证。作为企业的无形资产对企业的发展有着深远的影响，它是企业经济效益和经济实力的直接体现。

首先，品牌文化有利于增强企业的竞争力。企业在实施品牌战略的时候，可以广泛征集员工对品牌战略的意见，这样可以唤起全体员工对企业品牌战略的关注，同时营造出一种和谐的氛围。在市场经济条件下，企业的兴衰成败，群体力量和群体智慧起着决定性的作用。企业品牌文化的塑造，可以提升企业的形象，而员工也会更加积极地投入工作之中，企业的凝聚力也就增强了。

其次，品牌文化对企业的持续发展具有战略指导意义。品牌文化中的企业价值观、经营哲学、行为规范等对企业创建品牌和发展品牌都具有重要的现实和长远指导作用，因为品牌文化不仅立足于眼前的企业，更着眼于未来的企业，它会给企业的发展指明方向；企业一旦形成品牌文化，它就会作为一种"无形的手"，对企业生产经营活动产生持久的积极影响。品牌文化伴随着企业的长久发展而长期存在。品牌文化能够为企业树立良好的形象，从而建立起公众对企业的美誉度和信任感，增强企业的核心竞争力，进而促进企业的长久发展。

（二）企业文化的不同功能对企业可持续发展的作用

企业文化的四个不同层次可以促进企业的可持续发展，同时，企业文化也通过不同的功能来促进企业的可持续发展。前文已经阐述了企业文化主要具有凝聚、导向、激励、约束、协调和辐射六大功能。在这里，将会分别阐述各个功能在企业可持续发展中所发挥的重要作用。

1. 凝聚功能 统一企业目标与价值

企业文化通过微妙的方式对员工的思想感情产生影响。它能够统一员工的理想和信念，培养和激发员工的集体意识，使员工产生认同感和使命感，使员工把自己的追求与企业的发展紧密联系起来，最终在企业内部产生一股强大的向心力和凝聚力，发挥出巨大的整体效应。

良好的企业文化氛围能够使员工对企业产生向心力和归属感，使员工的精神寄托于企业、情感上依赖于企业、行动上忠实于企业，与企业的长远发展休戚与共，把自己的追求目标与企业的发展紧密地结合起来。"在公司和员工之间建立良好的关系，在公司中创造出家庭一般的情感，即领导人能够与所有员工同甘共苦的情感，是一个合格的日本企业所应该遵循的重要使命。"日本索尼公司的创始人盛田昭夫先生在谈到企业管理的时候说："在日本，那些能够成功建立与所有员工同甘共苦、共命运的情感的公司就是最成功的公司"。

企业的生存与发展中，其价值观能否被企业全体员工所接受，是决定这一强大精神支撑的关键。员工如果能够接受企业价值观，会用企业的集体意识去思考问题和指导行动。企业文化的同化作用能使企业的团队聚合在一起，并使团队员工的价值观念和理想抱负得到统一，进而使企业员工获得强烈的认同感，对企业产生一种强烈的向心力。新东方教育集团的创始人俞敏洪、许小平等人正是基于共同理想和信念的追求，一拍即合，共同开创出新的事业，而理想与价值理念的高度认同，促使他们的企业持久发展。

企业目标需要具有一定的科学性，需要契合企业的发展方向，同时还要能够被员工所接受，这样的企业目标才是凝聚企业员工的强大力量。员工能够清楚了解企业目标，同时理解企业目标的意义，就能够产生员工行为的推动力和向心力。企业文化将价值共识与目标认同作为强化企业凝聚力的关键因素，把个人目标同化于企业目标、通过建立共享价值观，使企业员工能够感受到企业目标的实现也是个人利益需求的实现，使得员工自觉的促进企业目标的实现，这样可以大大增强企业内部整体上下的团结与统一，令企业在可持续发展过程之中形成一股强大的推动力量。

2. 导向功能 引导企业整体价值取向

正确的发展方向和长远的目标，是企业可持续发展必不可少的要素。确立一个明确的企业目标，是为企业指明一个正确的发展方向，是全体员工共同努力齐心协力的动力。合适的明确的企业目标，能够保持企业员工的实际行动围绕企业中心思想进行，同时还能促进培养员工的责任感和企业荣誉感。日本丰田汽车的成功案例中，就是在项目投产的初期就明确了合理的生产目标，拟定制度对在生产过程中的浪费进行严格禁止，并且对质量体系的品质控制近乎苛刻。通过一系列目标指导，公司坚持不懈的改进，生产经营逐渐合理化、制度化。因其全面质量管理体制的卓越成就，曾荣日本质量管理的最高奖——"戴明奖"。而丰田公司的经营管理模式中，鼓励员工提出建议，充分采纳合理化的建议并给予嘉奖，此举极大地激发了员工积极性；而合理化生产也深挖了企业潜力，最终为丰田公司创造了极大的经济效益。这一点成了丰田公司在经营管理模式中的特色，而在此目标导向之下，丰田公司才能够实现持续发展。

建立独特的价值系统、规范和标准，是形成企业的文化体系的标志。企业文化的导向作用能够指引企业员工，通过员工自觉地对企业价值观认知，让员工在潜移默化中实现目标。同时，企业文化在员工的价值取向和行为规范等与企业文化体系相违背时，也能提供纠正作用。只有企业建立了明确的价值系统、规范和标准，才能确立正确的发展方向，引导其员工同企业一起克服困难，促进可持续发展。

企业文化的优劣程度，能直接反映到企业的价值取向，还会对企业员工的行为起到引导作用。每一个企业，在成长过程中，都不可避免地会遇到各种挑战和困难，对于面对困难挑战的企业来说，必须通过企业文化来激励和促进员工的积极性，使之投入企业的生产经营过程中，积极进取协作进步，和企业共同渡过难关，使企业更加有信心来接受当前的竞争和挑战。

3. 激励功能 激发企业员工的主动性

企业文化的核心就是要让全体员工具有统一和谐的价值观念，企业除了运用奖金和分红等经济形式来调动劳动者的积极性外，还必须运用精神激励的形式，培养员工的"共存亡"意识、集体观念和协作、奉献、创新的精神。优秀的企业文化以人为本，形成一种人人受尊重、受重视的文化氛围。这种文化氛围往往能够振奋人的精神，形成一种激励机制，使企业员工自觉地为企业而奋斗。而企业对企业员工所做贡献的奖励，又能够进一步激励员工为了实现自我价值和企业持续发展而不断进取。同时，优秀的企业文化还有利于减轻员工在面临重重困难时的焦虑感。在优秀企业文化的氛围中，员工会有良好的心情和健康的心理，即便是有激烈的竞争和强大的压力，也只会激起员工奋发向上的动力，而不会产生焦虑的情绪。

企业价值观不仅让员工明确企业的发展目标，而且会使员工感觉到自身的需要不再是满足物质利益，还有满足社会需要和实现自我价值，即完善自我。企业文化管理模式与以往企业管理模式是不同的，它由重视个体激励转变为重视个体与群体激励相结合，这样可以提高企业员工的热情，激发员工的主观能动性，开发员工的创新能力。这种与企业共同目标、信仰相融合的需求心理会激发员工工作的积极性，主动地将工作完成得更好。心理学家费罗姆认为，一个人把自己行为目标的价值看得越大，这种目标对他的激励作用也越大。

4. 约束功能 提高企业系统运行的效率

作为一个经济组织，企业要进行正常的运营，必须制定严格的规章制度来规范员工在生产经营中的行为，进行"硬性"约束。但是仅仅依靠科学的管理手段并不能成为企业正常运行的保证。因为无论一个企业多么优秀，其外在管理制约的手段，并不能将企业中的个人目标与企业目标完全统一起来，个人价值观和企业价值观也不会完全一致，这就导致了员工在工作中的实际作为与企业的要求之间必然存在差距，这种差距的大小在某种程度上成为企业目标实现程度的大小。如果将企业的规章制度，管理规则有机地结合在一起，就可以对企业员工的行为形成一种无形的压力，使员工不理智、不规范的行为得到控制，并保持相同的价值取向。

优秀的企业文化通过微妙的文化渗透和企业精神的感染，形成一种无形的、软性的约束。它以潜移默化的形式，在企业员工中形成道德规范和行为准则，通过对企业以及员工在行为层面和心理层面进行约束，使员工产生自觉意识，进而实现企业中团队的和谐与默契。企业文化把以尊重个人为基础的无形外部控制和以群体目标为己任的内在控制有机融合在一起，实现外部约束和自我约束的统一就可以达到节约管理成本，提高企业的管理效益。自云山制药厂持续发展的重要手段之一，就是建立制度，保证生产经营的顺利进行。他们借鉴国外全面质量管理办法，制订了质量管理条例，形成了一支高质量的检验队伍。做到环环抓，层层抓，保证了产品质量。质量管理小组和检验队伍促进和保证了制度的贯彻和实施，从而保证了企业的稳定发展。

5. 协调功能 促使企业上下良好的沟通

企业文化使企业不单纯是一个劳动者共同生产和工作的场所，而是由成千上万劳动者组成的有着共同文化的组织体。企业文化使企业领导者同广大员工取得心理上的沟通，把领导者提出的经营战略目标、先进的管理方法和管理理念渗透到每个员工之中并取得共识。

企业文化使企业内部整体上下在统一行为、道德准则和价值观念的影响下，为实现同一目标而奋斗，以正确处理相互之间的权力关系、责任关系和利益关系。通过企业文化的协调，使企业员工有了统一的价值观念和行为准则，使他们在对外联系工作、开展经营业务、销售产品、提供劳务时，有一个良好的行为标准和趋向，从而正确处理同外公司的关系，树立本企业的良好形象，保持企业的信誉。

6. 辐射功能 展示企业积极的精神风貌

在一个完善的企业文化体系中，企业文化不仅仅能够影响企业内部架构的发展和企业员工的行为，还会通过各种渠道向社会辐射和扩散。企业文化展示了企业的管理方式、用人策略。在以人力资源为核心的市场竞争中，它能够吸引企业所需要的高智慧员工加入，提高人力资源的竞争力。

企业文化通过劳动环境、文化娱乐设施与产品服务等间接传播企业精神、企业价值观等企业文化的中心信息，它以产品为载体，通过传送到外界间接地展示企业的本质。企业员工同外界社会的交流体现在多个层面，他们的行为和言语能够体现出价值观念和道德规范，也能够反映出企业文化的特征。企业员工作为企业的主体，他们在长期的经营活动中受到企业文化的影响，会不自觉地体现企业的价值观、道德和精神风貌。这种强大的力量，势必会感染周围的人，包括亲朋好友、消费者等。例如工BM公司正是通过具有优良素质的员工的思想言行及其产品和服务将"尊重个人"的企业信条不断发散到社会中，从以此树立起"蓝色巨人"的企业形象。

企业为了提高自己的知名度，扩大产品的销售，经常通过电视、报纸等传媒和各种公共关系活动宣传企业的产品及其理念体系，以此达到辐射的目的。随着消费者文化素质的提高，消费者在购买产品享受服务的同时，还希望能享受到美好的服务。这就要求企业不仅要宣传产品，还要宣传自己的企业文化。许多企业家都认识到要想让消费者接受你的产品，首先就要让消费者接受你的思想理念和企业价值观。企业在宣传自己企业文化时应该自觉承担起自己的社会责任，积极参加各种公益活动，从而提升企业的社会形象。

（三）企业文化的不同特征对企业可持续发展的作用

企业文化具有不同的特征，在这里，将重点阐述独特性、共识性和相对稳定性对企业可持续发展所发挥的作用。

1. 独特性对企业可持续发展的作用

企业文化反映了一个企业鲜明的个性和独特的理念，它只为这个企业所有，也只适用于这个企业，并且以其鲜明的个性区别于其他企业，形成自己的特色。有个性的企业文化才会有吸引力和生命力。许多优秀的企业家在长期经营管理实践中都十分重视企业的个性特征及其在管理上的影响。而这些富有个性的企业文化可以有力地促进企业永续发展。

企业应该认清自己的特点，发挥本企业及其文化素质的优势，在自己总结的经验教训上发展本企业的个性文化。企业文化的个性表现为独特性、难模仿性，因此它能够成为企业在未来竞争中取胜的秘密武器，也是企业可持续发展的基本驱动力。

高科技行业中的美国英特尔公司的企业文化就很有特色。它是计算机微处理器的设计者和制造商。它独树一帜地强调纪律和平等。英特尔的员工，必须准时上班，否则就要背负迟到的罪名。葛洛夫认为：公司就像一部大机器，各部门必须同步作业，无论制造、工程或财务部门，都必须遵守相同的纪律，才能让机器运转最顺畅，产能也最高。他还认为管理上强调平等是生存之道。英特尔的另一个特点是鼓励尝试风险。

英特尔创始人摩尔提出，企业只有通过不断地创新，才能赢得高额的回报，接着将这些获得的资金再投入到下一轮的技术开发中去。英特尔的领导者，对于风险比较大的创新工作，总是鼓励员工大胆去尝试。他们认为，尝试风险有利于成长。因为有限度地承担风险，带来的结果不是成功就是失败。如果是成功，这显然是一种成长，就算是失败了，也很快会知道是哪里出错了，哪些是不应该做的，这也是一种成长。

2. 共识性对企业可持续发展的作用

企业文化是共同的价值判断和价值取向，即大多数员工的"共识"。通过领导者的灌输和身体力行，使其渗透在企业每一个员工的行为和生产经营过程之中，进而逐渐成为大多数人的"共识"，从而激励整个企业文化的改革和创新。

企业文化构成"共识"的基本条件是共同的价值观。它对员工具有极强的感召力，可以凝聚所有的力量、使得企业上下能够达成共识。企业如果具有吸引员工的、可行的发展目标和愿景，可以促进员工建立良好的企业认同感和归属感，进而把个人追求与企业发展联系在一起，真正做到爱企如家；员工具有共同的价值观有利于在工作过程中，建立积极有效的运行机制和体系，促进企业健康有序的发展。

3. 相对稳定性对企业可持续发展的作用

任何一个企业的企业文化，总是与企业发展相联系的。它一旦形成，并且为企业员工所掌握，就具有一定的稳定性，它会成为企业发展的灵魂，不会因企业产品、组织制度和经营策略的改变而改变，也不会影响企业的正常运转。

企业文化的稳定性是相对的，根据企业内部和外部经济条件和社会文化的发展变化，企业文化也会不断地得到调整、完善和升华。企业文化也会随之适应新的环境、条件和组织目标。企业在发展过程中，会形成一套自己的企业价值观和经营理念。企业领导者通过运用手段来强化企业意识，使得员工认可这些理念。稳定的企业价值观和经营理念，能够促使企业员工坚定信念，团结协作，形成一股强大的向心力，让企业各项工作能够得以高效开展。

四、强化企业文化的作用促进企业可持续发展

根据木桶理论，任何一方面的能力不足都会影响企业的可持续发展。企业文化分为四个层次：精神层、制度层、行为层、物质层。精神层主要指企业全体员工共同遵守信奉的价值观念。制度层又对精神层与物质层起到规范和约束的作用。所以，塑造一个整体型的企业文化，才能够有效地促进企业持续的发展。

（一）强化企业精神文化的作用，促进企业可持续发展

在整个企业文化系统中，企业精神文化是一种较为更深层次的文化现象。它处于核心的地位。

1. 培育与时俱进的企业价值观

从企业价值观的基本属性而言，它是一种基本的信念，是企业在生产经营和发展中

遵循的最核心的价值理念，是企业员工判断是非对错的标准，它决定着企业全体员工的行为方式。美国罗切斯特大学的爱德华·德赛从实验研究中证明，为了使企业员工培养出对工作任务的持续的责任感，企业需要首先规划和提供一定的条件，这些条件需要产生持久的价值导向和内在激励以达到目的。而为了获得这些导向与激励，企业需要形成自己的企业价值观，给员工指明一定的理想和目标，在合理的导向和激励下，员工自觉地规范自己，不断修正行为以达到和企业的价值观保持一致，最终取得个人与企业价值观的整合。

企业价值观是一个动态的、开放的体系，应该随着时代的发展而发展，不断丰富和更新。在任何时期，合理定位都是企业最迫切的需求，而合理定位的重要一环恰恰是形成合理的价值观。虽然价值观是精神层面上的东西，但是它来自于实践。当价值观与实践相适应时，它是推进企业前进的动力；当它落后于实践时，则可能成为妨碍企业前进的阻力。随着社会的发展和企业外部环境的变化，企业内部的各个方面也将随之而变化，因此企业价值观也要与时俱进，进行调整和更新，以适应新的环境。

21世纪是知识经济的时代，企业要获得可持续发展，必须培育符合时代特色的企业价值观。培育优秀的企业价值观主要包括以下几个方面：

一是学习和借鉴国外优秀企业的价值观。国外成功企业对价值观的持之以恒的高度重视给企业带来了兴旺发达。我们要对国外企业价值观的精华部分，进行借鉴、吸收和升华，而且必须结合本企业的发展现状，加以学习和消化。

二是对价值观体系要提炼定格。美国管理学家彼得斯指出，树立优秀的价值观，尤其是员工能够理解、认同和可执行的价值观是大多数成功企业的秘诀；同时他认为决定企业的成败就在于价值观的清晰透彻程度，以及价值取向决策的正确性。因此，企业想要构筑出一个优秀企业价值观，还需要经过时间的积累，在经营过程中对发展方向、经营理念等一系列要素进行分析总结，并提炼定格。然后巩固落实形成的以制度形式表达的理念并且完善和发展。同时在快速变化的国内外经营市场环境中，企业文化也应该积极去适应，进行持续地调整、创新以及完善发展。企业则需要认清楚当前的市场环境状态，明确企业的发展路线和方向，以积极地调整文化价值观。

2. 倡导参与、协作、奉献的企业精神

企业精神是由全体员工自觉实践而形成的代表全体员工信念、激发企业活力、推动企业生产经营精神。它实质上是一种价值理念，这种价值理念能指导企业及其员工，并且体现在员工的意识上，最后形成能够指引员工行为的一种自觉的思想。在当代社会，企业员工中值得倡导的一种思想境界就是参与、协作和奉献精神。在现代的企业中，团队化的管理模式已经被证实是强化员工协作精神的一种卓有成效的手段。美国的管理学家哈默提出，企业管理发展进程中最伟大的创造就是团队，团队是现代企业管理的基础，它具有强大的生命力，能够为企业重新构建的一个基本出发点。

首先，有计划地引导员工参与管理。参与管理指的是在不同程度上让员工和下属参加企业的相关决策过程和各级管理工作，让下属和员工与企业的高层管理者在平等的地位上研究和讨论企业中的大小事务。企业管理者在员工参与管理的实施过程中，必须结合企业所处的国内外形势分析，将企业目前的工作重心和发展战略、目标传达到员工，这样可以增加员工的认同感，使员工感受到领导者的信任，从而产生出对企业的责任感，促使员工的聪明才智得到充分发挥，更好地实现自我价值。员工积极地参与企业管理，能够使其真正体会到主人翁的地位，促使企业改进工作，提高工作效率，从而为企业组织目标的实现提供了保证。

其次，建立和完善协作机制。一个成功的团队要有团结协作的意识。团队协作是团队精神的源泉，没有良好的团结协作意识，团队就很难产生凝聚力和长期的竞争优势。在团队内部，把员工的力量凝聚起来，把各种积极因素调动起来，形成团结协作的精神，使大家形成"分工不分家""相互支持和配合"的习惯。作为团队队员，要学会欣赏人，能够团结人，大家应该齐心协力从维护团队的利益出发，求同存异。

3. 强化诚信意识

诚信是百年企业的金科玉律。成功的"经济人"往往比较重视企业道德的建设，奉行"诚信为本"的经营理念，视诚信为企业之魂、创业之本。讲信用、重信誉、守承诺，成为企业的基本价值观。诚信的理念可以为企业员工凝聚力的提升提供支持，能够提供给企业员工一个理想的发展空间，同时也能够在一定程度上对企业员工行为进行约束和规范，还有助于激发员工的积极性，使员工不断进步以更好地为企业效力。美国IBM公司的开拓者小汤姆斯·沃森所在其自传中提到的：能让IBM屹立于纷繁变化的世界中，并且还能团结在一起的原因不仅仅在于它持有的强大技术，更重要的是它所拥有的文化和信仰。这种信仰需要发扬成与其他对手竞争的一种管理模式，而不是过分地强调信仰的重要性，需要将它构筑成公司发展的主要动力。而这种具有独特动力的企业文化和信仰，就是我们所说的诚信，它是商业活动的基本精神。

首先，要注重诚信管理。在企业生产管理经营中，诚信的管理是企业诚信的重点。企业要制定出诚信经营管理的准则，明确自己的责任与义务。依法开展各种生产经营活动，接受监督部门的检查。

其次，生产诚信产品。对于一个企业来说，其生产的产品是有质量标准的，对于产品的质量要经过层层把关，拒绝把不合格的产品流入市场。如果遇到有不合格的产品不慎流入市场，要及时地回收销毁，以此来确保顾客对企业的信任。可持续发展的企业，其生产的产品质量都是有保障的，没有保障的企业是不会长久发展的。

最后，培育诚信企业家和诚信员工。企业家要让企业取得消费者的信赖，必须让诚信意识来主导企业文化。企业家不仅要有诚信意识，还要有诚信的行为，在整个企业中起着带头表率的作用。企业员工也要努力学习诚信意识，并且把这种思想贯彻到生产经营中去。

（二）强化企业制度文化的作用，促进企业可持续发展

制度文化是企业文化中的中层结构部分，它直接规范企业的行为。它是企业文化的中坚和桥梁。

1. 推行规范的公司治理结构

科学的治理结构能够为企业可持续发展提供体制上的保障。公司治理结构的基本特征是产权清晰、责任分明、利益共存，基本原则是互信、共赢，这种治理结构能够保证企业决策的科学性、监督机制的有效性、管理制度的灵活性、分配机制的合理性，为企业的可持续发展提供了基本保障。

为了实现企业发展战略的贯彻和实施，企业需要一个较为专业的管理团队，而科学的治理结构和合理的制度安排，为企业创造一个长期发展的平台。事业化管理团队应该以精诚团结作为理念核心，提高灵活应变性，确保能够执行企业中长期战略规划。

诚信和负责任的治理理念是企业可持续发展的文化保障。诚信价值理念要求企业关注可持续发展时，不光要着眼于为消费者创造价值，为股东创造利润，同时也要履行一定的社会责任。要树立诚信和责任的价值导向，使其成为企业的核心价值观，才能成为一个拥有远大抱负和持续健康经营的企业，而坦诚沟通和规范运作，是建立一个健康、透明、和谐的治理机制的基础。纵观成功企业的发展史，科学的企业治理结构与企业的发展历史紧密联系。

2. 优化企业组织结构

企业组织结构指的是企业组织为了有效地达到企业目标而筹建的企业内部各部分、横纵向的领导与配合关系，是结构与权力的有机结合。现代管理学之父彼得德鲁克曾经说过："组织的基本要求就是要让组织结构中的层次数尽可能的少，而领导条线的长度则要尽可能的短。随着层次数量的增加，组织内部保持相互理解和方向一致的难度相应的增加；而随着管理条线长度的增加，造成目标歪曲或者注意力分散的可能性也大幅上升。"由此可见，企业组织结构变革的大趋势就在于减少管理的纵向层次、扩大管理的横向广度、让企业组织结构趋于扁平化。随着飞速发展的信息化技术，企业各部门、各岗位之间的工作信息能够更加便捷的通过互联网联系在一起。在企业内网、微博甚至是朋友圈中，即使是最基层的员工也能够通过互联网系统获得与之相关的有用信息，并结合自身情况进行沟通；而管理者也不再需要层层下发的方式，可以实时地与基层员工进行交流。

现代企业的经营管理理念是以客户的满意为宗旨，以前企业的中高层对消费者的需求进行调查了解，并实施营销经营等方案，而现代企业中真正直接面对消费者，了解消费者真实需求和消费反馈的恰恰是最底层的前线员工。因此，企业要想提高自身对于市场的应变能力，就需要给基层员工足够的授权，贯彻扁平化管理模式。此时，管理者便能与基层员工在企业之间构筑起的一种新型的服务关系，而不再是高高在上的发号施令的角色。

3. 贯彻以人为本的现代企业管理制度

人力资源是企业的第一资源，企业文化建设要开发和合理配置人力资源。需要正确看待每一个员工，调动员工的内在积极性，充分重视每一个员工的个性，增强企业凝聚力，处理好员工与企业领导者的关系，有效激励员工为企业尽心竭力，做出更大贡献。托·沃森指出："一个企业成败的关键，在于它能否激励员工的力量和才智"。

人是最活跃的生产力，在人的因素所占比例越来越大的企业竞争中，人的素质已成为了左右企业生产力和竞争水平的关键因素。高水平的企业文化需要高水平、高素质的企业员工。培养高素质的员工队伍，必须进行有效的培训。海尔集团总裁张瑞敏说过："没有培训的员工是负债，培训过的员工是资产。"通过专业培训，员工在知识、技术、技能道德等方面都将会更好地适合企业的要求，不但能够按照岗位要求完成其工作，更重要的是通过培训，员工能够深刻地领会到企业的特色文化，把企业的特色文化渗透到思想意识当中，变成自觉的行动。教育培训是提升员工素质一项重要的任务。生产要素增长最快的是人力资本，在教育和培训方面的回报率将越来越高，现在，终身教育和在职培训已经成为许多公司推动经济进一步增长的基础。例如，美国通用电气公司每年投入1500万元用于员工培训，年培训人员5000余人。德国西门子公司在国内外有60多个培训中心，开设了50余种专业，企业30多万员工中，每年参加培训的多达数万人，他们确立了"培训出质量，培训出竞争，培训出成就"的理念。

管理层与企业员工的有效沟通，是以人为本的企业文化的集中体现。在企业活动过程中，几乎每一件事情都包含着沟通。要保证沟通渠道的畅通无阻就有必要建立有效的沟通机制。有效的沟通机制可以迅速获取员工反馈的信息，而这些信息又是决策者做出决策的最重要的依据。例如，微软的"电子邮件系统"是非常有特点的一个。

比尔·盖茨认为："一个好的领导人更应该具有良好的沟通能力，这需要一个好的联络体系。"微软建立了一个非常符合微软公司"IT"特色的电子邮件沟通系统。该系统为微软公司内部员工沟通交流提供了极大的方便，也确保了相互之间意见的及时交流，有利于消除隔阂，统一步调。

希尔顿饭店王国的创建与发展，与希尔顿出色的领导艺术和重视企业制度文化是分不开的。在企业管理中，通过树立原则并坚持原则来约束自己以及约束和激励他人。

饭店王国的"国王"——希尔顿在创业期就严格地树立了他的"集体原则"，并以此获得了成功。

（1）最低的收费，最佳的服务。这是希尔顿为自己创下的第一条原则，这一条原则至今仍然是第三产业中极具吸引力的口号。他推行价廉优质服务的目的是为了赚钱，他想方设法把经济效益最大化。

（2）和气为贵，顾客至上。这一原则是希尔顿为全体饭店员工所建立的。目的是告诫员工尽全力为客人提供优质的服务，一切应该从方便顾客的角度着想。他通过不断改革组织机构、更新机器设备、培训员工，目的是为了给顾客留下一种亲切、温暖、便捷的印象。

（3）善待下级。"善待下级"是希尔顿为自己订立的原则。希尔顿待人宽严有道，从不求全责备，对下属所犯的错误通常采取宽容的态度。这不仅增加了员工工作的积极性和自主性，也减轻了员工的压力，从而对公司的持久发展发挥了积极的作用。

（4）集体荣誉感。这是希尔顿的另一面大旗。希尔顿认为，要想提高员工工作时的积极性和热情，就必须把员工看作是饭店主人中的一员，使员工有一种荣誉感，有一种主人翁意识。他通过加薪、奖金等激励方式来鼓励员工。"饭店王国"希尔顿之所以能够取得如此巨大的成功，是因为在创业中，不只是机械性地领导或者是施用个人的权威，而是通过建立一系列的原则，让原则来领导人，真正地实现每个员工的潜能最大化。实践证明，通过树立原则对企业整体实施行为规范，具有很高的管理效率。

（三）强化企业行为文化的作用，促进企业可持续发展

行为文化作为企业文化的浅层部分，它反映了企业整体的精神风貌和企业文明的程度。

1. 强化企业社会责任

企业的社会责任，是指企业在经营过程中为自身利益或者股东创造利润的同时，还必须考虑到对相关的社会利益进行保护和增加的应付责任。企业既是社会物质生产的主要部门，也是社会物质文化的主要创造者，它向公众提供物质产品和服务，为社会物质生活的繁荣给予支持，同时通过创造价值的盈利以谋求发展。因此，强化企业的社会责任，既是时代进步的体现，也是社会与企业的双向需求。企业积极承担相应的社会责任，有利于加强与社会各界的沟通，有利于树立企业良好的社会形象，提高公众对企业的信任感和美誉度，有利于弘扬企业的核心价值观念，吸引优秀人才，销售产品，实现企业的持续发展。在经济全球化时代，企业已不再是单纯的技术、产品的竞争，它已经上升到企业文化理念和可持续发展能力的竞争。所以，强化企业社会责任，让企业切实履行社会责任，已经成为现代企业提升管理水平和核心竞争力的重要途径。

首先，牢固树立企业社会责任理念。把树立社会责任理念，加强企业社会责任建设，纳入到企业发展战略之中。依据企业的经营战略和经营特色，从企业的实际出发，明确了解企业社会责任的内容，制定切实可行的方案，完善措施，在生产经营过程和各环节方面加以落实。

其次，坚持科学发展，把履行社会责任贯穿于企业生产经营管理中。企业要坚持走新型工业化道路，促进企业发展与生态保护相协调，提高企业发展质量，转变企业经济增长方式，增强企业可持续发展的能力。把节约资源和保护环境作为企业社会责任的重点，在整个生产流程管理中，始终把履行环境责任融入产品。一个好的产品如果同时具有环保的附加优势，在激烈竞争的市场上就会有更多的机会获得商机和突破，企业承担社会责任，建立资源循环型运营体系，才能创造产品的环保附加优势，才能给企业带来新的商机。

最后，企业在创造利润时也应该承担对消费者的社会责任。也就是说企业在为广大消费者提供的产品和服务的时候，既要提供可用耐用好用的产品，提供与之配套的售前和售后服务，又要照顾到消费者的经济承受能力，同时还得满足消费者的审美和心理需求。

2. 培育企业家良好的素质

企业文化其实质是人的文化。没有优秀的企业家就不可能创造出优秀的企业文化。企业领导人的行为是由他们的素质和能力决定的。

首先是心理素质。企业家要具备强烈的信念和热情才能使其思想进入一个新的境界，才能有竭尽全力多做工作的可能性。这种主观能动性是企业家干事业、冒风险、争一流的内在驱动力。这种动力会促使他们树立起坚定的道德观念，坚定的个性，使他们成为不屈不挠的企业家。企业家的信念和热情会影响员工为实现企业的目标而努力，并且从成功中受到鼓舞。企业家还必须要有风险意识。作为企业生产经营的领导者、决策者，企业家对企业兴衰成败起着决定作用。企业生产的产品、销售、价格、市场的开发，企业发展战略的制定和实施等所要面临的决策，都存在着巨大的、不确定的风险。决策的成功与否不仅关系着企业的命运，还关系到企业家本人的荣誉、地位和利益。

其次是知识素质。企业家的思维能力、决策方法和实践能力等都要靠知识。企业家要把握宏观趋势所必需的基本知识。要学习党和国家制定的各项方针、政策、法律、条例。使自己既能知法、不违法，又能充分利用法律来维护企业的自身利益。企业家还要学习公共关系学，掌握"公关"技巧，可以有效地交流信息，扩大企业的知名度，增进与公众之间的距离，协调好企业内部与外界的关系，树立良好的企业公众形象，取得公众的信赖和支持，从而促进企业的成长和发展。企业家还应该学习组织领导学。企业家属于管理的上层，应该对整个企业的工作有战略眼光、全局观念和决策能力。掌握组织领导学，企业家能够从理论上提高规划能力、判断能力、组织能力、思维能力和调动员工积极性的能力。企业家就能灵活、有力地领导企业，不断地壮大发展企业。

最后是能力素质。企业家的能力素质是企业家整体素质中最核心的素质，也是企业家综合素质的真实体现。它包括决策能力、领导能力、协调能力等。企业家要有创新能力。创新是企业的生命，没有创新企业就没有生机活力。企业家在生产经营活动中，要善于经常淘汰过时落后的文化。随着竞争环境的变化，企业要及时调整自己的发展战略，为企业文化增添新内容和活力，以保证企业文化和企业战略相匹配，并使企业文化真正成为企业的血液和基因。决策能力是企业家必备的能力中的核心，也是企业家确定企业方向、战略目标的能力。企业家要有开拓创新的意识，敏锐地发现和提出问题，创造性地决策。要善于深入实际，吸取广大群众的智慧，广泛征求各层次人员、各类专家学者的各种意见，集思广益，做出科学地决策。企业家还要具有善于沟通情况的能力。企业内部生产经营活动中出现了不协调往往是由于没有沟通或者信息反馈不及时造成的，这就要求企业家要及时地了解情况、善于和各方面沟通。促使企业健康稳定的发展。

3. 重视企业模范人物的行为效应

企业模范人物是员工的学习楷模；是推动企业前进的火车头；是发展的象征，成功的保证。企业模范人物使得员工思想上方向明确，感情上奋发向上，行为上有所模仿。微软董事长比尔·盖茨说过："如果把我们公司最优秀的 20 个人带走，那么，我告诉你，微软就会变成一个无足轻重的公司。"

企业模范人物是企业精神体系的化身，他们处于生产经营管理的各个层次和各个部门，他们向员工展示了企业文化的内容，客观上起到了灌输价值观和培育企业精神的作用，也为全体员工树立了榜样，使全体员工知道应该怎样行动，从而规范了员工行为，使整个企业成为紧密团结、有竞争力的组织。企业模范人物也是企业形象一个极其重要的组织部分，外界有时候也是通过企业模范人物来了解来评价企业。

企业要可持续发展，就要大力培育和激励企业人才。企业中的模仿人物通常情况下分布在企业各层次的领导人员之中。为了做出合理激励，企业在设置常规绩效奖励的同时，还应该善于发现他们在工作中体现出与众不同的能力，以及他们所做出的独特贡献，并给予额外的奖励，使企业全体员工认识以企业模范人物为榜样，进而激发出全体员工的积极性和创造性，使员工在长期的激励中形成良好的进取心和责任感，最终形成一种良好的文化氛围。物质激励有利于员工更好地工作，而精神激励能够使员工具有成就感和自信心，有利于员工更好地投身于工作之中。这样使企业的模范人物既能成为通过努力达到自我物质满足，又能使他们的奋斗不息成为企业中的精神榜样，真正起到模范带头作用。

在微软公司，有一种"工作狂"文化。微软的员工各个都拼命地工作，并且是心甘情愿地加班工作。在周末工作对于微软人是司空见惯的事情，也正是微软这种拼命工作的作风，使得微软全体上下齐心协力，共同创造了辉煌的微软帝国。盖茨本身对工作异常热情，每周经常工作 72 小时，有时甚至达到 90 小时。在微软创立初期，为了占领先机，盖茨拼命地编写程序。至今，盖茨依然保持着对工作的狂热，他经常在深夜或凌晨给下属发送电子邮件，内容都是关于编程人员所编写的计算机程序的评价。盖茨认为领导层应该和员工们同甘共苦、共患难。《跨国企业》杂志编辑曾在文章上问道："微软如何保持优势？"其中一大原因就是：比尔·盖茨从来不睡觉。盖茨的这种工作狂热精神，感染了全体微软员工，他的这种对工作的热情就是一种无形的鞭策。于是，微软员工都更加敬业，更加视工作为一种孜孜不倦的追求。在这样的公司工作，每天看到身边的人，尤其是公司的老板，都在拼命地工作，自己也会受到感染。更为难得的是，盖茨能够让微软的全体员工，在微软公司里面长时间毫无怨言的工作。盖茨在微软公司内部营造出一种"气氛"，一种"价值观"，一种以"拼命工作"为代表的特色企业文化，让大家有时间工作的动力。他通过自己对工作的热情，身体力行，激发出了员工最大的潜力，为微软公司的发展齐心协力、共同努力。

在企业持续发展过程中，企业家的行为显得十分重要，在一定程度上，企业家的行为已经成了全体员工的标杆。如果要建立一种勤奋、敬业的工作氛围，就必须自己做到亲力亲为，就像盖茨那样。成功的企业必然要有优秀的企业家，是这些企业家的身体力行，把他们所塑造的企业文化传播到企业每一个员工的心里。如果没有盖茨这样身体力行的企业家，也不会有如此辉煌的微软帝国。

（四）强化企业物质文化的作用，促进企业可持续发展

物质文化是企业文化的外部表现形式，优秀的企业文化会通过对物质文化的建设来促进企业的可持续发展。

1.深化品牌管理

经济学家曾对 IPMS 提供的近 3000 家厂商的信息资料进行研究和分析，结果表明，品牌的一个最显著特征是能够提供更高的、更可靠的质量。国际品牌松下电器、奔驰汽车等在同类产品中形成了明显的质量特色和质量优势。曾经有人用浮出水面的冰山来比喻品牌，而隐藏在水面下的基础则是质量。没有厚实的质量基础，品牌则会如无底的冰山消失于水面。品牌附着特定的文化。品牌是一种极富经济内涵的文化。它可以为企业带来极高的附加值，让企业取得长期生存与发展。同时品牌也是赢得顾客忠诚的关键，是企业的一笔巨大的财富。

首先，树立质量意识。质量是品牌的根本。品牌不是权威部门检测出来的，也不是靠政府部门评选出来的，而是谁在市场上卖得快，卖得多，卖得贵，谁就是品牌。一个产品如果没有严格的质量保证，将永远不会拥有忠诚于它的客户。首先要不断进行观念更新。企业要基于市场环境对品牌现状做出合理分析和客观评价，明确区分品牌的层次，了解品牌层次的效用，以及品牌的各个层次服务对象和主体。进一步完善品牌战略。要进行品牌诊断研究，其一要了解消费者对现有品牌的认知程度，其二确立或者完善品牌的定位于识别，通过营销传播的方式向消费者有效传播，提升品牌资产。其次，加强广告宣传，扩大品牌的知名度。一个品牌只有拥有了知名度才会有价值。最后，建立情感化的品牌战略。毕竟品牌的概念是以消费者为中心。如果没有消费者，品牌就显得毫无意义。作为一个成熟的品牌，不仅仅要向顾客提供优质的产品和周到的服务，还要和消费者进行沟通，了解顾客的消费体验和需求，这样才能让消费者认可这个品牌，在消费过程中体会到品牌情怀，最终使持有该品牌的企业赢得消费者的信赖。同时，企业在品牌扩展时还要站在消费者的角度，即是要切身体会和发掘需求，开发出引导或者符合消费者认知的产品品牌，这样才能牢牢抓住消费者的心。

其次，不断地创新服务。在当今的市场竞争中，企业生产技术水平相差无几，要想在激烈的竞争中赢得市场、赢得顾客、赢得利润、赢得信誉，服务是最行之有效的一种。服务是公司永恒的主题，也是解决不完的管理难题。其实，服务的标准和服务的动力都有一样的定义：那就是要连续不断地创新。随着市场竞争环境的不断变化，竞争领域也在潜移默化中发生变更。在产品的研发过程中，竞争的着力点往往是特色，谁的产品能够推陈出

新、独树一帜，或者提供创新的功能，那么就能赢得市场；而当特色被模仿借鉴，产品同质化程度较高的时候，竞争就演变成了成本与价格的较量了。依照价值规律，高成本企业因技术发展无法再提高利润率，不能再保持合理盈利能力的时候，企业会被市场所淘汰，而存活着的企业之间的成本价格也不会出现太大的差别。而如果产品的创新层面无法快速进步的时候，竞争领域逐渐会转变到服务层面。因为服务对消费者的产品使用体验起着重要的作用，一系列完善而优质的服务能够极大的提升顾客对品牌的信任程度，因此只有对服务进行创新，让服务总是新的，才是企业的制胜之道。

2. 树立良好的企业形象

企业形象是企业文化的外显形态，也是企业文化的载体之一，它具有直接、形象、感性的特点。企业形象代表着企业的信誉、产品的质量、品牌的价值、员工的素养，是企业的无形资产，是企业的战略资源。

视觉识别，是企业特色文化所倡导的理念的具体化和视觉化。视觉识别包括标志、标准字、标准色等，并把它应用到产品、包装、交通运输工具等地方。知名企业经常通过视觉识别，来展现自己特定的形象，使公众能从视觉上感受到本企业与其他企业的不同，并且形成对企业特性的强烈印象。方正集团就通过视觉识别来展现自己特定的形象，使公众能从视觉上感受到与别的企业的不同。方正不仅是企业名称，文字商标，它更代表了方正集团的企业文化。"方正"的含义不仅仅将集团公司定位，同时，还蕴含着其经营的理论以及广纳有志之士的博大胸怀。

行为识别，是将视觉识别和理念识别与之相互交融，来建立生动的企业形象通过进行对社会大众有利、对消费认知有利或对识别企业特色有利的活动，来树立良好的整体企业形象。成功的企业为了塑造良好的形象，对内会实行员工教育和员工行为规范；对外会实行公益性、公共关系活动、促销活动等，使公众对他们产生好感和信赖，从而树立起世界一流企业的形象。星巴克在经营管理中首先对实行员工教育，保证企业形象的规范化。在对外的行为上别出心裁，创建了"赏乐咖啡馆"的模式，立即吸引了公众的好奇心，从而树立了内外兼修的特色企业形象。

理念识别。其目的是为将抽象的企业理念转变成具象的企业价值观，并体现在所有企业员工的心态层面，使之树立良好的企业形象。目前，越来越多的企业通过企业活动以明确的、完善的经营理念为核心，展现企业内部的制度、管理、组织、研究开发等，以求得外界的认同。这些企业活动又充分反映出了企业的理念。

3. 优化企业劳动环境

一个企业的劳动环境反映了这个企业对员工态度，体现了特定的企业价值观。企业的劳动环境直接影响到员工的情绪与操作心理。现代企业管理者认为，良好的企业劳动环境可以激发员工的自豪感，增强团队的凝聚力，从而提高工作效率。色彩无疑是环境里最能影响视觉感受的因素。优美的劳动环境，配以和谐的色彩，能够使员工在工作中保持愉悦的心情，这不仅能够提高劳动效率，提升产品质量，还可以从一定程度上减少因情绪导致突发情况的可能。而且还有利于企业文化的建设，提升员工的整体素质。例如厂房、冷加工车间、冷藏库等的用色，可以选择暖色调，以此来增加温暖；如炼钢车间、热加工车间、重体力劳动场所等，可以采用冷色调。

音乐调节是指在通过创造合适的音乐环境，使工作场合的压抑感得到调节，进而减轻员工的疲劳程度，调节员工情绪。利用音乐调节来优化环境。"凡音之起，由人心生也"就是古代人提出的音乐对人的影响。音乐是改善劳动的声学环境，影响劳动者的心境、士气，提高工作效率的一种手段。例如流水线操作工人，音乐可为其大脑提供一个兴奋点，使工作时间过得很愉快。还可以通过播放与企业直接相关的音乐来表现企业精神，高水准的企业音乐文化，使企业广告歌曲深入人心，从而获得了人们对该企业形象的认可。这些歌曲就像一个企业的形象标志，是一种用声波来传递企业形象的艺术形式。一首优秀的企业主题歌即是企业品牌形象的体现，也能够提高企业管理的号召力，提升团队的凝聚力，最终提高企业的竞争力。

第七章　企业信息化建设

第一节　企业信息化理论

一、企业信息化概述

（一）企业信息化的内涵

关于企业信息化的内涵，各国的专家和学者所持有的观点也不同，有的认为企业信息化建设是将信息技术和企业管理相融合，实现企业管理智能化的工具，有的认为企业信息化是信息技术与先进管理思想的结合，通过信息技术对企业内外部信息资源进行优化配置的系统。笔者总结了有关的定义，认为"企业信息化"是指企业根据自身实际运用先进的信息技术，提高企业工作效率，提升企业的管理水平，以实现提高企业市场竞争力的目的。企业信息化建设应根据自身实际开展，盲目的信息化建设不仅浪费了企业的时间、金钱，还有可能增加企业的负担，不利于企业的持续发展。因此，应正确认识企业信息化建设的内涵，正确理解建设的目标、程序等，以保质保量地完成信息化建设的各项任务。值得注意的是，信息化建设不仅是技术的提升，更是管理理念的更新，应从思想观念上积极更新，适应信息时代的环境。

（二）企业信息化的主要功能

第一，信息共享。企业信息化能够实现企业内部各种信息数据的共享，将信息数据作为企业重要的战略资源进行管理和利用。

第二，数据管理。企业信息化能够利用数据库技术对各部门、各业务、各流程的数据进行管理。

第三，产品自动化设计。企业信息化中的 MIS 系统能够实现产品的自动化设计，代替了人工作业。

第四，商务活动电子化。企业信息化技术能够通过网络技术分析产品、竞争对手、市场环境动，并通过网络营销实现电子商务活动的电子化，逐渐突破了时间和地域的限制。

（三）企业信息化建设的作用

第一，提高企业的竞争力。企业信息化使用了计算机技术、网络技术等，提高了企业的工作效率，要求企业管理模式的优化、管理手段的改革，有利于促进企业的科学决策。

第二，优化产业结构。企业信息化建设使用了先进的生产流程和管理流程，传统产业逐渐失去优势地位，新技术使企业产业结构中的落后部分会被淘汰，进而促进了产业结构的优化。

第三，管理理念的创新。企业信息化建设使企业管理一体化，企业会综合运用先进的管理思路，有利于实现企业内部资源的综合运用。

第四，技术创新。随着信息技术的发展，越来越多的企业开始认识到企业信息化建设的重要性，开始学习国内外知名企业的管理模式，同时这些企业的先进技术也会被其他企业所重视和学习，进而推动了技术创新。

第五，信息共享。企业信息化建设实现了企业资源的综合有效利用，对企业经营管理效果的提升作用明显，能够使企业的数据、信息资源更好地实现共享。

二、企业信息化建设的基本内容

企业信息化建设是企业通过专设信息机构、信息主管，配备适应现代企业管理运营要求的自动化、智能化、高技术硬件、软件、设备、设施，建立包括网络、数据库和各类信息管理系统在内的工作平台，提高企业经营管理效率的发展模式。

企业信息化建设的基本内容（以制造企电为例）在技术上包括五个方面：

（一）工程设计信息化

包括产品的市场分析、方案设计、技术设计、工艺设计四个阶段的信息化，涉及基础技术、主体技术、支撑技术和应用技术四个层次。通过信息化使传统的工程设计技术转变为现代设计技术，其主要特点是：设计过程数字化；设计过程自动化和智能化；动态多变量优化和多目标优化；网络化并行设计和协同设计；虚拟设计与仿真；面向集成制造和分布式经营管理的设计方法；微机电系统的设计；面向生态环境的绿色设计，等等。

（二）经营和管理信息化

主要有面向经营决策，如决策支持系统（DSS）、数据挖掘技术（DM）、在线数据分析技术（OLAP）以及专家系统（ES）等；面向生产计划管理，如制造资源计划（MRPII）、企业资源计划（ERP）、供应链管理（SCM）、经营流程重组（BPR）等；面向质量管理，如全面质量管理（TQM）、质量功能配置（QFD）、在线质量检验、质量认证可靠性技术等；其他管理，如办公自动化（OA）、虚拟企业管理等。

（三）生产制造信息化

主要有物料处理的信息化，如材料生产过程自动化、计算机辅助工艺规划（CAPP）、计算机辅助装配、精密和超精密加工、特种加工等过程的信息化；生产过程管理与控制，如车间管理与控制、计算机数字控制（CNC）、柔性制造系统（FMS），监控系统等；其他如快速原型制造、虚拟制造（VM）等。

（四）商务活动信息化

主要有电子商务（EC），客户关系管理（CRM）、电子数据交换（EDI）等。

（五）支撑环境信息化

企业内部网（Internet），含网络、数据库；企业间网（Externet）；互联网络（Internet）等；还有相关的软环境等。

三、企业信息化现状及存在的问题

（一）企业信息化现状

我们对一些企业的信息化建设情况进行摸底调查后，发现：

近半层的企业实施了办公自动化；近半层的企业信息安全手段主要用在使用防火墙上；近半层的企业拥有自学成材的企业信息主管……

而半层以上的企业使用财务管理软件；半层以上的企业使用互联网，并拥有自己的网站，但更新不够及时；半层以上的企业认为电子商务势在必行，其中一些企业已开展电子商务；半层以上的企业使用病毒防护措施，全面考虑安全的较少……

目前，企业的信息化建设中，能真正实实在在地进行整体规划，有计划分步实施与推进企业信息化建设，并已利用信息化的手段为企业做大做强产生实际效果的成功企业为数不多，大多数企业在推进企业信息化建设过程中面临相当大的困难，存在着很多棘手问题有待解决。

（二）企业信息化建设过程中存在问题

1. 企业信息化建设缺乏整体规划

企业信息化建设整体规划包括两层含义：一是从每一个企业角度来看整体规划，规划应与企业中长期发展战略相结合，在企业的每个层面上识别信息资源和获利机会，并借以构建新的竞争优势。由于我们企业正处在工业化进程中，尚未掌握完善的现代企业管理方法，企业对自身的发展战略缺乏考虑，因此很难在推进本企业信息化建设方面做好总体规划，这就直接影响到企业信息化建设的成功实施。其次，从企业外部看整体规划。企业信息化规划应与整个城市信息化发展规划相一致。在企业外部应构建一个通过公用信息资源，提高企业间的有效沟通与资源共享，提高企业经营运作效率和提升企业核心竞争能力的公共信息网络平台；以企业信息化作为纽带，把政务信息化和社会服务信息化连接起来。由于政府在构建信息化社会方面的工作也刚刚起步，对构建公共信息网络平台方面的规划还较欠缺。这也制约了企业信息化建设进程的顺利发展。

2. 未能充分认识清楚企业信息化建设与企业自身业务运作之间的关系

从企业信息化建设的发展历程不难发现，在以往企业信息化建设过程中，不少企业没有充分认识到：信息技术只是手段，企业需求才是根本，在企业信息化建设过程中盲目迷信洋货、系统功能求大求全，使所建造的企业信息化系统与自身业务流程、管理流程大相径庭，以至于实施以后成效甚微。

3. 有些企业信息化起步早、投入大、失败多，产生惧怕情绪

由于经济发展快，企业经营管理者思想活跃。因此，用信息化手段管理企业很早就成为一部分企业经营者的追求。在这种理念驱动下，部分企业很早就进行了企业信息化建设的尝试。但由于在当时环境下，一方面信息化建设是从零开始，没有成熟的硬件设备，硬件价格高；另一方面，企业在上信息化系统时，没有清晰地认识到：在企业实施信息化建设，实质上是以信息技术、网络技术为手段，提高企业经营和管理能力，企业信息化的根本问题在于通过高效技术手段辅助企业有效实施现代企业管理方法，企业信息化不等于计算机化、网络化。由于认识上的不足，出现盲目投入，从而导致投入大，收效小，从而产生"惧怕"推进企业信息化系统建设的情绪。以至于流传："不搞信息化等死，搞信息化找死"的顺口溜。

4. 企业信息化建设缺乏针对性

与企业信息化相关的企业特性有：中小企业的多少、民营企业多的多少、传统企业的多少；劳动和资金密集型企业的多少、高新技术企业的多少；劳动力整体素质的高低，企业自主开发能力的强弱等。在推进企业信息化建设进程中，缺乏大量的熟悉企业特点，熟悉企业业务流程，熟悉区企业管理特色的软件公司协助企业推进信息化进程。因此，以往有些企业采用拿来主义，照搬套用，方案论证过程中缺乏系统的需求分析，实施过程中又缺乏量身定制的二次开发能力，使得所建造的信息化系统缺乏针对性和实用性，实施后效果不理想。

5. 不清楚企业信息化建设必须与企业基础信息资源建设同步

在推进企业信息化建设过程中，很重要的是有效整合和充分利用企业各种信息资源为企业服务。在建立计算机网络和开发应用系统的同时，企业信息资源的规划、收集、整理和建设必须同步进行，甚至基础信息资源的规划和建设还要先行一步。否则必然会造成有些企业在信息系统软硬件完成后，出现有了"路"，但"货"不足的现象发生，实施效果必然不尽如人意。

6.缺乏对工业化、信息化、信息化建设和信息产业的正确认识

企业信息化需要信息产业的支持。CCID（中国信息产业研究院）最近一项研究给出关于发达国家经济发展过程中，各个产业构成比例变化情况分析，研究表明，对于那些已完成工业化进入信息化时代的发达国家来说，信息产业逐步在国民经济中占有越来越高的比重；直至最后单独列出，这一产业结构变化也显示出信息产业随着科技的进步，在经过萌芽、成长、成熟等几个阶段后，逐步取代工业成为主导产业，信息产业将最终成为一个经济时代的标志。

我国正处于工业化进程中，工业化和信息化必将同步进行，而不可能像发达国家经济发展过程一样。在这个背景下，要实现跨越式发展，企业信息化不可能走发达国家企业信息化相同的道路，必须认真研究在推进企业信息化建设过程中，哪些进程可跨越，哪些进程不能急于跨越，并结合企业实际情况，走出一条具有自己特色的企业信息化道路。

四、企业信息化建设总体框架建议

企业信息化系统总体构成可分三个层次：基础网络层，服务层和应用层。为推动企业信息化向纵深发展，搭建良好的企业信息化建设内部和外部环境，有必要在统一规划下分层次、有步骤、相协调推进。每一层次的建设投资与运作设想如下：

（一）基础网络层

基础网络层由电信运营商等投入和建设。目前，他们也迫切希望充分利用现有网络资源，提升现有网络资源的应用价值，赞同大力推进企业信息化建设进程。政府可从监管角度出发，严格管理电信市场，使其有序竞争，发挥已有网络资源的作用。

（二）服务层网络系统

该层建设涉及大量信息资源的整合和使用。该层具有权威性、公益性和标准化。由此决定此项工作应由政府启动牵头。在该层网络系统平台建设的同时，需要配套出台一些相关的政策和法规，使之成为能为企业服务的公共基础信息服务平台，待到时机成熟，服务层网络系统也可按市场方式运作经营。

（三）应用层网络系统

该层涉及各类应用系统的开发，属于政务系统的应由政府统一规划，分步建设。属于公共应用系统应以政府牵头，市场运作。最关键的是企业内部信息化系统的建设。在企业信息化应用系统建设过程中，政府应当组织力量，鼓励当地软件企业、高等院校和科研院所，认真分析研究企业的行业特点、经营运作方式和管理方法等特点，向企业提供良好的企业信息化咨询服务，对有能力开展企业信息化建设的企业，引导他们在全面科学规划的基础上，有步骤地开展企业信息化系统建设，对中小企业提供租用和托管服务，帮助他们

充分利用信息技术提升企业竞争力。

五、企业信息化建设发展对策

（一）对企业信息化进行总体规划

企业信息化是城市信息化的重要组成部分，是电子政务和社会信息化的纽带。做好企业信息化总体规划很重要。要有明确的部门负责，通过集思广益，做好具有战略眼光又有可操作性的符合当地实际的总体规划。

企业信息化总体规划在战略层面上应当与城市发展战略相吻合，应与城市的产业结构相适应。在战术层面应考虑整个城市企业运作的结构特点，考虑如何建立高效、低耗的企业信息交换平台，考虑企业信息化在城市信息化中的纽带作用。在实施层面，要考虑科学合理地构建为企业服务的公用基础信息资源库。

（二）分类分级以典型带动企业信息化建设的全面发展

在调研中发现，不同行业，不同规模的企业信息化具有很多不同的特点，同时信息化水平发展也不平衡。一个可学的榜样的力量是无穷的。因此，在推进企业信息化过程中，有必要分类树立企业信息化示范企业，以典型带动全局发展。

（三）建立企业信息化建设培训体系

企业信息化过程就是企业自身管理水平提高的过程。没有一支良好素养的劳动大军，企业信息化建设是难以顺利实现的。因此有必要建立企业信息化建设培训体系。借助社会力量，政府鼓励支持，构建企业信息化培训体系，使每个劳动者都能学习和掌握信息技术。

（四）建立良好的法制、政策环境促进企业信息化发展

企业信息化意味着信息资源的整合与充分利用，在这些前所未有的变革中需要配套出台一些法制和政策作为保证。例如：研究制定《资源共享、开发和利用信息资源管理办法》。建立《企业信息化咨询与监理管理条例》，制定《企业信息化建设指导、管理、优惠办法》，制定《企业征信管理办法》等。

（五）以资源库建设促进企业信息化建设发展

信息资源建设是企业信息化建设是否成功的关键，也是企业信息化建设可持续发展的保证。在企业信息化建设中必须足够重视资源建设，在资源建设的基础上才能保证企业信息化建设的健康发展。政府应积极鼓励和引导研究企业资源规划方法，以及对信息资源建设中标准化问题的研究。

（六）以企业信息化建设带动软件业发展

企业信息化与信息产业的发展，特别是软件业的发展密切相关。信息社会是继工业化

之后，人类社会发展的一个新阶段，也是社会发展的必然趋势。在企业信息化建设过程中，一方面，用信息化带动工业化进程；另一方面，企业信息化的需求也将促进信息产业的发展，同时，在软件业得到发展的情况下，企业信息化建设可以方便地得到可靠坚实的技术支持。处理好这个关系，有利于企业信息化建设的顺利发展。

（七）开展企业信息化咨询和监理服务

企业有信息化的需求，软件业期待良好的软件市场，供需双方需要桥梁。要推进企业信息化建设健康有序发展，有必要管理和规范企业与软件供应商之间的行为，使企业在开展信息化建设之初，可得到良好的信息化咨询服务。这项工作先期可由政府组织人力免费向企业提供，一旦咨询服务走上轨道，就应交由市场机制进行运作。企业进行信息化建设时要有良好的监理服务，以确保实施信息化系统建设的企业和软件开发企业间的良好合作，确保实施过程的顺利进行，达到企业和软件业共赢的目的。

第二节　企业信息化建设

一、企业信息化建设概述

（一）企业信息化建设的目标

1. 完善企业的信息化管理系统

企业的信息化管理系统是企业内部员工开发设计的，功能简单。企业信息化建设进一步完善企业的信息化管理系统，增加了企业的客户信息、竞争对手信息等。企业可以与软件公司结合，做好企业需求分析，开发一套适合本企业的信息化管理系统。

2. 完善企业网站

企业应做好网站设计，优化网站的整体布局，整合网站内容。在企业网站建设方面，应使用 B/S 结构，增加互动交流功能，引导客户浏览网站，及时回复客户的信息。另外，加强企业网站的移动端的建设，使其面向更加广阔的客户群体。

3. 充分利用电子商务平台

电子商务发展迅速，企业应加强信息化建设，利用当前的电子商务平台建设自己的电子商务平台，加强企业产品宣传和推广。企业只有参与到竞争中，才能更好地了解行业发展需求，推动自身的发展。

4. 加强企业信息化办公建设

企业应充分利用现代化办公手段处理日常事务，以节省时间、提高工作效率。当前，企业的信息化建设应以 OA 办公平台为主，以实现无纸化办公，降低了办公成本，对提升企业的竞争力有重要的意义。

（二）企业信息化建设的原则

1. 技术先进性原则

企业的信息化建设必须采用先进的计算机技术、网络技术等，使先进的成果为自己所用。技术先进性原则不仅包括先进的信息技术还包括先进的管理技术。

2. 实用性原则

企业信息化建设的根本目的是为企业的生产和管理提供便利，提升企业的竞争力。企业的信息化建设应根据自身的实际需求为本，严格考证，去除那些华而不实的功能。

3. 安全性原则

企业信息化建设应保证数据信息的安全，防止商业机密被窃、系统被攻击等。在信息化建设中应使用数据备份恢复技术、安全故障处理技术、密钥控制技术等确保数据信息的安全。

4. 可持续原则

企业信息化建设应考虑未来企业信息化的发展，使当前信息化建设成果具有可持续性，能够及时更正、更新，能够定期对系统实施维护。

（三）企业信息化建设的总体结构

企业信息化建设应根据企业的实际规划，应全面、深入理解企业信息化建设的内涵。企业的信息化建设的目标是以完善的信息化体系结构，形成内部信息和外部信息管理相结合，融合了业务管理、办公管理、电子商务平台管理等层次。

在企业信息化建设中包括 OA 办公平台、电子商务平台等。企业网站、微信平台等为客户了解企业、联系企业提供平台。OA 办公的功能为辅助办公、管理客户等。企业信息管理系统包括人力资源管理、财务管理等。这些信息平台能够企业的发展提供依据，为企业的信息共享、使用提供了便利。企业信息化建设应从企业网站、OA 办公平台、企业内部信息管理等多个方面共同推进，确保企业能够从中搜集各种信息，并做好分析，进而为企业的管理提供快速、准确的依据，推动企业竞争力的提升。

（四）企业信息化建设的组织结构设计

企业信息化建设不仅是技术问题，还涉及组织机构、规章制度等。企业信息化建设离不开企业管理层的支持和员工的配合。因此，企业信息化建设要想实现预期效果还要做好组织结构设计。企业应选派一高层领导专人负责企业信息化建设；聘请专人担任企业信息化建设顾问，负责信息化建设方案的实施和技术指导以及建设完成后的软硬件问题的咨询等。企业信息资源管理部门负责企业的管理信息系统、企业网站等平台的维护和管理工作。企业信息管理人员主要负责各部门、各员工的信息搜集汇总，对信息进行分析，和软件公司的技术人员沟通，信息化建设所需硬件设备的购置等。

（五）企业信息化建设的保障措施

一方面，改善传统的管理模式，抛弃落后的传统理念，充分认识企业信息化建设的重要意义，充分调动员工的工作积极性和主动性。另一方面，做好信息化培训管理，提升管理人员的知识和技能水平，加强管理人员的信息安全意识教育。此外，组件专门的信息化部门，明确工作内容、细化工作职责，加强各平台的联系；加强信息安全防护，使用安全防护软件，加强重要信息资料的备份，防止企业机密信息被盗取；还应健全信息化风险管理制度，规范业务流程；保障资金投入，购置信息化的基础设备。

二、企业公文管理信息化建设

（一）信息化建设我们管理的重要作用

1. 增强公文实效性

信息化公安管理系统主要是建立在现在的信息网络技术基础上，将传统的纸质公文逐渐转变为数字电子类公文，而这种形式的公文能够有效提升企业机要文件的保密性。与此同时，在建立起完善的公文管理信息化系统后，在企业内部就能够充分利用移动端设备或者邮件等手段，在互联网信息技术的支持下实现企业公文的快速传播，进一步提升了企业公文传达的速率。此外，信息化系统下公文管理多数情况下采取的都是非客户端系统，这样就能够让企业的相关工作人员在进行公文处理以及获取的时候不会受到时间或者空间的限制，进一步增强了公文管理的实效性。

2. 提升管理工作效率

针对企业公文管理建设完善的信息化系统能够有效提升企业公文管理的科学化、规范化。在信息化系统的基础上，企业的相关业务系统、上下级机构之间在实际公文管理工作中能够充分体现出这种规范化，也能够针对企业的某一个事项实现高效的互联互通，进一步提升了企业内部信息资源的共享程度，也有效促进了企业内部业务协同性的发展。此外，通过建立信息化的企业公文管理系统，能够让企业的决策管理工作更加趋于规范化发展。

3. 实现公文管理规范化

企业建立信息化公安管理系统，不仅能够实现对企业公文的有效存储和传达，而且也能够实现对公文的处理以及格式化。例如，针对企业公文起草和处理的整个流程，相关的工作人员能够充分利用信息化系统来高效地完成这一流程，而且仅仅需要在系统上进行登录即可。而在信息化系统的支撑下，用户能够通过手机来回复对于公文的处理意见。

（二）强化企业公文管理信息化建设的路径

1. 实现管理设备现代化

企业要想不断强化公文管理信息化建设，就必须要进一步提升企业公文管理设备的现代化程度。公文管理设备是企业公文管理过程中必备的硬件设施，因此其必须要满足高性能、大容量、高安全性、高计算能力等一些特点。此外，针对运行公文管理系统的计算机，还必须要配备相应的扫描仪、光盘刻录机等相关设施；与此同时，在公文管理系统中所安装的软件设施也必须要经过专业资质公文的认定，这样才能最大限度发挥出公文管理信息化系统的作用。

2. 实现数字化公文管理

企业的公文管理信息化还必须要尽快实现数字化，并在企业公文管理过程中不断强化数字化管理方式。与此同时，企业必须要认识到公文管理数字化建设并不是一蹴而就的，必须要对建设数字化公文管理系统进行合理规划，并有计划地来实施。企业的公文管理通常情况下都是由办公室来具体实施，而对于很多管理人员来说公文管理信息化系统完全是一种新鲜事物，因此首先必须要针对企业的公文进行严格的分类，在此基础上来有计划地进行公文的数字化录入。

3. 提升公文管理信息化服务层次

企业要想实现公文管理的信息化建设，针对企业公文管理信息化的服务层次进行不断提升也是非常有必要的，与此同时还要在实际公文管理工作中快速建立起公文与公文管理一体化、不同类别公文管理一体化、内外部信息管理一体化等几个方面的内容，这样才能全面促进企业公文管理信息化系统的良性发展，才能为企业的运营管理、发展建设提供更好的服务。

三、企业档案管理信息化建设

企业档案是企业中非常重要的信息，重视档案并加以管理可以使管理者更加了解和控制管理整个企业的运行，提高企业管理水平和市场竞争力。在我国，中央档案馆已经把"加快档案信息化建设""加快现有档案的数字化进程"列为发展目标。档案信息化，方便档案的保存和管理，也更加方便档案的查看和使用。企业档案管理信息化建设是必要且十分重要的。那么总结出信息化建设的问题，并分析提出信息化建设的方法就尤为重要。

（一）当前企业档案管理信息化建设现状和存在问题

当前阶段，我国企业的档案管理信息化建设处于起步阶段，许多企业并没有将档案管理信息化作为企业的发展规划，甚至还有部分企业并没有相应的档案管理。一方面，企业没有重视档案管理，没有了解到档案管理的重要性和必要性；另一方面，企业档案管理的建设发展在企业的生存运作中愈来愈关键。在这样的背景下，加强宣传，提高企业管理者意识，加快企业档案管理信息化已成为了企业发展所必要的长远规划和实际操作。本部分文章将列出当前我国企业档案管理信息化建设存在的问题。

1. 对档案管理工作不重视，档案归档不及时

档案管理信息化建设是一个综合了众多领域学科、综合性强的工程，是一个较为漫长的过程。从各企业来看，很难在成立和发展的初期对档案有较好的管理，而在一定程度和时间的发展后，重新进行档案管理信息化建设的难度较大、费用较高，企业也难以再对档案管理重新进行改进建设。在当前企业档案管理中，很多企业档案管理部门都对档案的归档不及时，使档案信息建设滞后。

2. 没有专业汇编，档案使用困难

企业在档案管理归档中，很少对档案进行分类专业。档案在储藏中没有目录号，标题不规范，档案案卷缺少目录，不同类别储存混乱等问题众多，且有更加严重的趋势，致使企业在使用档案时操作困难，影响企业对档案的查看，档案的利用困难局限性较大。

3. 人员素质不足，信息化专业水平低

当前许多企业的档案部门中管理人员多为非专业人员，缺乏档案管理信息化建设的专业水平和能力。21世纪的发展，人才是关键，也是企业发展最为宝贵的资源，在人才缺口巨大的档案管理方面，企业很难在没有人才支撑的情况下有所发展。人员素质不足，信息化专业水平低是企业发展档案管理信息化建设的最为关键、亟须解决的问题。

（二）档案管理信息化建设的总目标

档案信息化建设的目标必须是准确而具体有效的。在我国社会企业的发展中，进行档案管理信息化建设必须要以推动企业信息化和提高档案管理水平为总目标。不同企业应根据本身企业的起步、发展、定位、目标、信息化程度等因素为基础，对档案管理信息化建设开展不同的策略，根据自身特点，找到适合的信息化建设内容和侧重点，在借鉴别人成功经验上进行档案管理信息化建设。

（三）企业档案管理信息化建设的方案策略

推动档案管理信息化建设是一个需紧密联系实际的工程，以其存在的问题为本，寻找解决的办法，促进档案管理的发展和改进。本部分将分析思考，阐述解决其中问题的方法，帮助企业更好地进行档案管理信息化建设。

1. 重视档案管理工作，对档案进行电子普查

企业在信息化建设中，应加强对档案管理的重视，积极开展档案管理工作，并制定相应的规章制度保证档案管理工作的实行和运作。企业还应积极主动对档案进行电子普查，查缺补漏，剔除其中无用档案，利用电子技术和计算机互联网技术的高效性，对档案进行

清查，定位档案意义和价值，使企业内档案都处于正确、有价值的状态。档案由于其综合性和复杂性，人工管理难以有效地进行管理和普查，企业重视档案管理，融合信息化进行管理，可取代人工，使企业成本降低，有利于企业的长远发展。

2. 规范档案分类，提高档案使用效率

将纷繁复杂的档案重新分类归档，规范案卷分类法，使档案之间区别明显，联系组合，规范化、系统化。重组档案，规范档案分类，可以有效提高档案在企业中的使用效率，优化企业档案储存和保管，还可利于企业调动人事、分析内部管理问题，促进企业的发展和运营。

3. 提高人员信息化专业素质和水平

档案管理信息化虽然以计算机作为管理的主体，但辅助管理和进行监督的人员是必不可少的，人员信息化的专业水平决定了计算机进行管理的效率和质量。当前我国企业内档案管理专业人员人才缺口巨大。面对此情况，企业应积极对相关人员进行培训和教育，提高人员信息化专业的素质和水平，既保证档案管理信息化建设能够顺利开展，又能提高企业整体的信息化建设发展的水平，加快企业信息化建设的进程。

4. 推进档案信息安全保障建设

在科技和互联网时代，信息的传递速度之快是史无前例的。毫无疑问，企业档案内信息的泄露对企业的不良影响和破坏是巨大的，严重阻碍着企业的发展和成长。在档案管理信息化建设的进程中，企业必须推进档案信息安全保障建设，保证档案信息不会丢失和泄露。档案信息是企业的命门，一旦出现问题，便会牵一发而动全身，影响到企业全局。档案信息安全保障建设是档案管理信息化建设中的重中之重。

四、企业内部审计信息化建设

（一）内部审计信息化含义

内部审计信息化是指企业内部审计部门运用先进的计算机信息技术，对企业财务进行监督，对企业运行的所有信息实施单独、中立的判定，针对性强，可信程度高，充分利用信息资源，方便管理层进行明智决策，提高运作效率，促使企业提高竞争力。

内部审计信息化只是企业内部审计工作的现代化手段，它不可能完全代替审计人员的工作，更不可能取代审计人员的独立思考和综合分析判断。内部审计信息化对审计工作起着辅助作用，审计人员根据自己的专业思路对获取的审计资料进行综合分析和专业判断，从而使审计工作更加高效。

（二）企业内部审计信息化建设中面临的风险

审计信息化具有效率高、资源利用率和共享率高等多个优点，但是作为网络化的产物，内部审计信息化也存在着较多的风险，必然涉及电子数据的安全风险、计算机软硬件的质量和安全，系统运行风险等问题，给企业发展带来威胁。

1. 电子数据的安全风险

在审计信息化中，电子数据的易消失、易修改、难恢复、难追踪等特征，使非法入侵、网络传输故障以及操作失误等状况对相关电子数据造成重大破坏或使重要信息泄露。目前企业的生产经营活动也会用到支付宝、微信支付等第三方支付方式，这些支付方式在账户开立、资金划转、内部控制审批、电子充值、资金对账等方面与传统银行账户支付之间存在很大差异，也是企业风险控制的关键环节。

2. 利用审计软件获取数据的可靠性风险

我国审计软件的开发时间和研究时间较短，审计软件应用性不强，审计软件的协作功能较弱，单机版的审计软件不能实现协作，网络版审计软件通常是工作底稿的共享，没有实现真正的协作，不能提高审计效率。部分审计软件缺乏审计接口，没有对应的采集转换模板，需要对数据库备份文件进行技术处理，将取得的数据转成审计软件能够识别的数据，转换后的数据是否正确可靠等问题给审计工作带来风险。即便审计软件能够直接读取从会计软件中取得的数据，审计软件将这些数据导入后所取得的账表的准确性也需要进一步验证，使财务系统中本来隐蔽的审计线索更加难以被审查。

3. 审计数据的传递风险

审计小组需要与内外网连接，互相传递信息和资料，方便审计人员之间的沟通，提高审计工作效率，但有可能被病毒或黑客的攻击，造成数据泄露甚至硬件设备被破坏，从而给企业带来损失。审计人员互相传递信息和资料，数据传递过程中可能在木马病毒的操纵下使得所传递的信息被窃，对信息资料安全造成威胁。

4. 信息系统和数据备份风险

2017年5月12日晚全球勒索病毒爆发，美国、英国、德国、意大利等上百个国家和地区受到影响，系统受到病毒入侵。中石油下属加油站支付系统受到影响，加油卡、银行卡、第三方支付都无法使用，至5月14日中午系统才恢复正常，这些反映了信息系统的安全风险问题。审计信息化系统需要高效的数据管理支持，如果数据库遭到恶意攻击，造成数据的丢失、泄露、被篡改等重大风险，轻者导致审计工作无法正常进行，严重的会造成企业重要经营战略和商业秘密被恶意泄露，威胁企业经营管理。此外数据备份也存在风险，无数据备份或者备份毁损，都可能造成数据恢复的困难。

5. 审计人员操作应用风险

内部审计信息化建设需要审计人员既要充分熟悉财务、会计、审计等专业知识，懂得一定的管理技能，了解本单位所在的行业知识，又要熟练应用信息系统、计算机及网络技术。企业现状是审计人员熟悉审计业务，对审计软件了解不多，而软件开发人员对审计业务不了解，造成双方沟通困难，导致系统功能不能达到审计使用部门的要求，系统使用效果不好。对于那些直接购买了专业审计软件的单位，内部审计在应用时往往需要进行二次开发。企业审计人员的一些计算机知识培训多是计算机初级知识的培训，主要是图表处理、办公软件、会计软件操作等。部分审计人员计算机基础较差，不愿意积极主动接受计算机审计业务的培训，即使对他们培训，培训难度较大，很难学会数据采集，数据挖掘等新技能。

（三）企业内部审计信息化建设风险的优化措施

将内部审计信息化纳入企业风险管理范畴，全面分析风险产生的原因以及带来的后果，能够方便审计人员开展工作，对风险进行监控和控制，为决策者提供更为全面的信息，在企业资源配置、协作配合中提升审计信息化的地位，合理规避风险。

1. 保障软硬件安全，规避数据泄露

内部审计机构应配备专用电脑用于现场审计，内部审计专用电脑只与单位内部网络连接，不与外部网络相连接，避免审计专用电脑遭到外网的攻击与破坏，避免审计人员使用个人电脑工作造成信息泄露。计算机上安装必要的防火墙软件，经常对电脑进行扫描，查找审计系统是否存在问题，并将其及时修补。通过相关技术检测数据传输的安全性，设置审计组内部人员权限，控制软件使用者的操作范围，控制项目信息的传播范围，规避资料的外泄，同时也可以根据操作痕迹明确职责。还可在特定的工作区域添加一些监控设备，做好监控记录。

2. 积极探索创新，保障获取数据的真实可靠性

审计软件的思路是取数，这就要求审计软件功能具有直接读数的功能。根据企业账套数据重新生成报表，然后进行账表差异调节以后，再进行审计工作。审计读数软件能及时跟上财务软件的更新，审计软件能适配最新操作系统及办公软件。优质的审计软件还应该为审计人员提供统计分析功能、风险评估功能。企业在开发和编制审计软件时，应该指导软件开发人员进入审计工作前线，充分分析审计工作内容和法规，联系实际业务，资深的审计人员参与软件分析和调试，在软件投入使用后，审计人员应将软件的实用性意见进行反馈，始终优化软件，开发出功能完善的审计软件。内审部门应充分利用网络资源，通过网络连接的方式获取最新的数据，进行实时的数据分析。

3. 提升内部审计人员计算机业务素质

审计信息化是审计人员综合能力的体现，企业要激励内部审计人员积极主动参加学习、培训，培养信息化审计骨干。引进计算机专业人才共同开展审计工作，优化审计队伍整体知识结构，使审计人员不但具备应有的财务知识、审计知识以及相关技能，熟悉财经法规和审计准则，而且熟练掌握计算机知识应用技术，能够熟练处理数据和分析数据，成为业务上的高素质人才。对审计人员进行与时俱进的培训，培训包含熟悉计算机系统的基本知识、掌握计算机网络组织结构、计算机网络安全与控制。不仅熟练使用计算机硬件，还能

掌握会计数据处理技术和会计信息系统数据库设计原理，熟练使用通用审计软件或者专用审计软件，掌握维护计算机审计软件的基本技能。

4. 建立审计风险预警系统

实现对重要事项、重点业务及重大风险点的统一管理和动态监控，及时预警发现问题，及早应对，提高审计的时效性和能动性。通过预警对企业的经营管理进行监控，对异常情况及时进行预告，对企业经营中的合法性、合理性进行监督。在后续过程中对预警问题及时进行关注，查明预警原因。预警主要根据经营指标分析，根据趋势对比，和审计项目实施相结合，辅助审计实施。审计预警系统通过后续分析和审计实践，不断完善审计预警指标，提升预警效果。而通过对预警结果分析，可以确定企业风险多发区域，为以后的审计立项确定重点提供帮助。

5. 开发审计评价以及在线风险监控系统

用计算机手段对企业评价指标涉及的领域和现状，进行分析和评价，实现对重大风险的实时监测和预警预报。依据风险预警规则实现跟踪审计，实现内部审计从事后审计走向事中、实时审计。通过审计预警系统和在线监控系统，内部审计部门可以对财务、经营类指标进行计算和分析，及时发现异常。审计部门不再局限于对已经发生的事件进行审计，而在于提前预警和加强经营过程的监管，变事后监督为事前预防，及时防范风险，将审计工作贯穿于公司运营的全部过程。企业在审计信息化建设的过程中，需要重点关注经营管理的事后监控，同时也必须将事前预警和事中控制作为重点，也就是将事前预警和事后控制结合起来，在业务整合的过程中逐渐完善审计信息系统，提前预警可能出现的业务风险，同时设置可靠的风险提示，保证审计人员可以在风险发生前或发生时进行预防，避免出现重大的违规事故，便于降低事后审计风险。

第三节　企业信息化管理

一、企业信息化管理文化与企业精益管理

（一）精益成本管理法概述

传统的成本管理方法是以企业规模效益为管理目标，其弊端是在企业出现存货量大增的情况，生产效率低下，从而造成企业的利润无序虚增，大量的流动资金被占用，导致企业的运行成本也不断增加，阻碍了企业的稳健发展。精益管理需要将价值流当作成本管理的核心内容，通过监控价值流动的各个环节，从而消除各个生产环节中的资源浪费情况，进而提升企业的经济效益和市场综合竞争力。

（二）企业的文化在企业日常经营管理

1. 树立良好的企业形象品牌，长效的发挥企业的优势

目前，我国经济的快速发展，使得企业之间的竞争激烈，当前企业之间的竞争手段，不是靠恶意降价也不是靠企业的恶意垄断，而是依靠企业的形象品牌进行竞争，在当前激烈的市场竞争当中获得一席之地。企业的形象品牌，属于企业的文化范畴，对于企业健康发展具有极其重要的作用。目前，企业的经营管理者，需要在当前市场品牌竞争激烈的阶段，逐步建立起属于自己的企业品牌。使得企业自身在激烈的市场竞争中具备市场的核心竞争力，所以，企业的管理人员，必须在平时的经营活动中，从不同的方面提高工作人员的品牌化能力，逐步在经济市场当中达到一定的认知程度。

2. 开展不同的企业文化活动

企业经营管理者只有把最基本的管理工作做好，并且坚持人性化的管理模式，实现企业的经济效益与企业行业口碑的双赢。在员工建立企业的归属感以及企业认同感的阶段，作为企业方，通过企业自身的文化来感染员工，提高员工对于企业的认同度，进而感受到企业与员工之间强烈的归属感。

（三）企业成本管理现状

1. 管理方法落后

企业成本管理的职能表现在通过产品的生产、销售及库存情况来反映资金的运用状况，并制定财务报表，运用财务分析为企业全面决策提供正确信息，从而持续改善产品或服务的成本，实现企业经济效益的提升。随着市场经济的快速发展，传统的管理方法已显一定程度的落后，已经不能满足企业的需要，必须创新企业成本管理方法，借助及时、准确的成本预算等先进的管理方法来构建精益成本管理体系，防止因管理方法的落后而影响精益成本管理体系的有效发挥。

2. 成本管理规划缺乏

落实企业成本管理策略是实现企业成本长远计划的重要体现，而且成本管理还需要具有战略性、全面性、斗争性和纲领性。但是目前大多数企业在成本管理战略的制定上还存在不足，将成本管理中的成本规划误认为就是企业的预算编制，导致成本管理过程中没有相应的规章制度作指导，也就丧失了充分挖掘企业各方面潜能的能力，更不能得到及时改变以实现长久的发展优势。

3. 缺乏先进信息化技术的全面管理

运用先进的信息化技术对企业生产经营过程实施信息化管理，是当今市场发展的必然，比如生产现场的看板管理、MES 系统。企业不能为了节约成本而只对财务和销售环

节运用信息化管理，而忽视生产运营等其他环节。精益成本管理体系需借助庞大、完整精确的信息数据资料来构建，通过对企业各个生产环节的资料分析，来寻找出成本管理的最好方法。

（四）精益管理的企业成本管理

1. 对价值流进行成本考核

企业对价值流成本考核主要依靠目标成本法和流程业绩指标，全面评估整个价值流动过程中的目标单元，根据考核的具体情况来完善精益化成本管理的方法，实现企业效益的提高。实现对企业的价值流成本考核分为四个部分，首先需要确立精益业绩的计量指标：使用计量指标在提高企业的业绩和管控方面有至关重要的作用，进而达到精益化生产，为决策企业的进一步发展提供依据。其次是选择合适的价值流计量目标：选择的价值流计量目标不仅能更好地改善价值流，还需要表现出价值流对客户价值的创新水平，并且能促使价值流整个团队积极主动地改进价值流业绩，选择的是能改善整个价值流过程中，团队认为需要改进的各个方面。

2. 对价值流进行成本分析

在精益成本管理过程中需要分析每一条价值流的成本，及时准确地了解在价值流动过程中生产经营、非生产经营资源的使用情况及剩余可用资源情况，这些都是通过价值流成本分析来实现的。资源的数量和发生形式决定了企业在资金、存货和信息流动上的价值总流动，而企业价值流的成本分析法就是利用这些信息数据实现企业的精益化生产并采取精益化管理措施，这就要求价值流管理团队随时了解关键数据，最大限度地发挥资源价值。

3. 引进精益成本管理人才

企业应当积极引进精益成本管理的相关人才，如今社会人力资源行业和猎头公司都比较成熟，可以为企业提供很多精益成本管理的人才。通过引进的专业人才来长远规划企业的成本管理，并且运用他们掌握的先进管理模式及敏锐的市场洞察力来落实企业成本的精细化管理，提升企业的经济效益。

二、企业信息化管理体系的构建

（一）企业信息化管理体系的构建中存在的问题

1. 缺乏对于企业自身发展战略和长远布局规划

据一份对我国企业信息化平台构建中发展战略关注方面的调查统计资料显示，2003~2010年期间进行信息化平台构建的企业中平均约有17.8%不到的比例把企业的发展战略融入到了信息平台的构建之中，即使在这一少部分比例的企业之中其信息化管理平台的实施对企业发展战略实现的贡献率平均不到20%。同时数据也显示，该期间企业信息化管理平台的实施和开展并未给企业管理水平带来明显的促进作用，其相关系数仅为0.24，呈现较弱的正相关关系。

2. 缺乏对于企业业务流程和关键环节信息化重塑造

据一份对我国企业信息化平台构建中业务流程信息化塑造方面的调查统计资料显示，2005~2010年期间开展信息化平台构建的企业中平均约有超过45%的企业没有事先对企业的各项业务流程和关键环节进行围绕着信息化而进行重新塑造和再定义工作，当信息平台投入运行滞后约有34.7%的问题来自于业务流程的阻塞和不畅通，直到2010年第3～4季度企业进行信息化管理平台构建中才有67%的企业给予了关键业务流程和环节进行了重新定义和优化调整。

（二）企业信息化管理平台构建策略的建议和对策

企业需要不断完善管理系统，且需要建立信息化管理平台，确保企业内部管理具有重要作用和意义。通过分析我国现阶段企业平台构建中出现的主要问题，不难发现，在对信息化管理平台不断完善的过程中，需要收集大量与管理相关的数据，按照我国企业信息化管理要求，确保不断完善的信息化管理平台能够借鉴国际先进的管理经验和成功的管理，因此，针对我国企业在不断完善规划方案的过程中需要解决的几个问题，做以下说明：

1. 企业在不断完善信息化管理平台的过程中，要确保所制定的管理政策，能够推进企业走可持续性发展目标，制定的管理方案能够掌控全局，确保可以顺利驾驭企业，让企业有一个明确的发展方向。将发展作为企业的战略性目标，在不断完善信息化管理平台的过程中，要提高管理制度的可行性，避免出现管理倾斜或管理匹配力不足的情况。为更好地应对企业之间的竞争需求，采取信息化管理平台的手段，可以有效地确保企业实行战略化发展目标，对于未来有清晰的规划和认识。总而言之，建立完整的信息化管理平台，能够确保企业有长远的发展目标，对于管理平台上功能模块的构建任务，能够让企业对未来的发展有更好的布局。

2. 企业要不断完善信息化管理平台，并确保在未来使用过程中能够有效运行。企业还需要对于关键业务的流程和环节做进一步调整，确保符合信息化管理平台的要求，让二者相辅相成，共同促进企业快速发展。从本质上来讲，企业虽然有传统的管理模式，且向信息化管理平台方向转变，但是，所依赖的业务流程和关键环节并没有发生重要的转变，只是采取的管理方式发生了变化。为了进一步促进信息化管理模式的顺利进行，企业需要做好管理方案过渡任务，并不断完善信息化管理平台的构建。企业在构建信息化管理平台时，需要有配套的环节部署作为依托，通过对搭建方案的整体布局，确保所构建的信息化管理平台，能够在具体运营的过程中有效地处理工作问题，并帮助领导更好地实现对企业的管理任务。信息化管理平台是未来的发展趋势，企业想要长久发展，就必须完成由传统管理模式向信息化管理平台的转变过程。

3. 企业所制定的信息化管理平台，需要满足市场需求，确保企业受到应有的关注。从企业的长远发展要求来讲，企业在不断完善信息化管理平台架构的过程中，需要尽可能地做设计的延伸和扩充，让最终所打造的管理平台，能够更好地应对不断变化的市场需求。以市场信息需求急剧变化为背景，企业在完善信息化管理平台的过程中，需要适当地按照自身的经营手段和业务流程方式进行调整，对于管理平台的架构，要给予更多的关注和思考，确保最终的架构方案能够满足业务运行所需，及时处理企业所面临的诸多问题。企业需要具有一定的风险防范意识，通过不断增强信息化管理平台应变能力，将可能遇到的风险降到最低。

4. 企业在构建信息化管理平台之前，需要收集大量数据，通过不断完善数据信息，综合处理及挖掘信息的潜在价值，让信息化管理平台能够更好地发现隐藏的商务信息。企业在完善信息化管理平台的过程中，需要充分利用数据库的宝贵商业信息资源，通过不断整合这些信息内容，及时发现并处理信息资源中的重要问题，然后对企业的管理部门重新部署，让数据库信息发挥应有的价值。信息化管理平台的构建，让企业能够对未来的规划有更完整的布局，通过提前对未来作出规划和设想，展现信息化管理平台的真正商业价值。

企业的领导需要高度重视信息化管理平台的搭建任务，尽可能地从数据库中搜集可用信息，并让可靠数据最大化的运用。信息化管理平台的构建，是为了让企业更好地应对不断变化的市场需求，为企业创造更多利润。企业在成功搭建信息化管理平台以后，可以先采取试运营手段，通过短时间的运营，检测所搭建的管理平台是否符合市场所需，是否能为企业提供更多的商业价值。

三、计算机技术在企业信息化管理中的应用

（一）计算机应用技术概述

计算机应用技术，指以计算机这种互联网发展形势作为重要依托的技术，能够有效提升各个行业发展速度，促进科学技术稳定发展。近年来，随着我国整体经济发展层次的有效提升，我国的科技实力也在不断提高，将计算机技术应用于各个行业，是促进行业发展的有效手段之一，也是促进行业进步的重要内容。

目前，社会发展水平在显著提升，人们的生活和工作要求效率化，计算机技术的出现恰恰满足了人们的现实性需求，方便人们的工作，为人们的生活提供了更多的资讯和新鲜信息，对于推动行业发展、促进社会进步具有积极作用。同时，在企业信息化管理过程中，应用计算机技术，不仅可以有效提高工作效率，还可以帮助员工改善工作压力大、工作内容多、工作效率低的不良情绪，从而使员工保持良好的工作状态。目前，企业基本上全部需要使用计算机开展工作，计算机技术已经成为整个行业发展的必备要素，因此，为了进一步促进企业信息化管理工作顺利开展，保证企业在激烈的市场竞争中立于不败之地，企业必须在充分结合自身实际情况和信息化管理趋势的前提下进行深刻反思，不断提高企业

信息化管理水平，增强企业的发展实力。

计算机技术是信息化时代发展的重要产物之一，对于社会进步和行业发展具有非常重要的意义。因为这种技术形式在产生、发展和运用的不同环节都具有自身的独特优势，即掌握大量的信息、使用便利性高、效率高、操作容易等。同时，计算机技术克服了传统技术的诸多劣势，改变了工作效率低、各项信息获取速度慢、企业数据不精准等影响企业发展的问题。因此，在新时代的企业信息管理工作中，企业应该应用计算机技术，积极引进适合企业发展和企业员工使用的计算机技术，并进行不断改良，由此提高企业信息化管理工作的实际效率。

（二）计算机技术在企业信息化管理中的应用

为了更加有效地探究和分析计算机技术在企业信息化管理中的应用问题，本文主要从以下几个方面进行简单介绍，希望可以为相关行业进行信息化管理提供一些思考和准备。

1. 在生产信息化过程中的应用

企业在信息化管理过程中需要重点关注生产过程的信息化管理程度是否达到规定标准，因为生产对于一个企业来说是基础性环节，对于企业未来的生存与发展十分关键。现阶段，企业生产环节在信息化管理过程中具有非常突出的地位，因此，相关企业负责人需要考虑这一问题，为此环节培养更多计算机技术应用能力比较强的工作人员，从而提升计算机的应用效率和企业的信息化管理能力。此外，企业还要关注相关技术人员对计算机应用的创新性，比如模拟仿真技术、微技术等。这些新的技术形式是适应新时代发展的重要产物，有利于监督企业信息化管理的各个环节，因此，企业需要重视这方面的工作。

2. 在财务信息化管理中的应用

任何类型的企业在经营过程中，财务部门都占据非常关键的位置，企业的财务管理工作能够影响一个企业的正常运行。因此，在新时期的企业发展过程中，企业需要关注财务信息化管理应用问题，从而合理提升企业发展的实际效率，促进企业获得更加稳定的经济收益。一般来说，对企业的财务工作进行信息化管理，需要依靠全新的计算机技术，比如财务数据电子报表、财务电算化等，只有充分掌握这些计算机技术，才能在新时期的企业财务工作中得到更加顺利、高效发展，从而提升信息化管理水平。同时，通过利用计算机技术还可以进一步帮助企业财务人员及时掌握市场最新财务类消息，保证其合理使用和运转企业的经营资金，保证企业的财务工作不会受到不确定性风险的影响。

3. 在办公自动化中的应用

办公自动化是新时期企业进行办公的重要选择，不仅可以帮助企业获得更加高效的办公质量，还可以进一步提高企业工作人员的工作效率，减少加班问题。通过运用计算机这一技术形式，可以帮助企业获取更多的优质信息，使企业能够整合利用发展过程中的信息，从而降低企业经营的成本。在办公过程中，领导与员工之间、员工与员工之间、员工与客户之间都可以利用计算机这种形式进行工作和业务上的沟通，从而极大程度上提高整个工作的效率，并实现信息的及时传递，这对企业的顺利发展来说具有非常重要的积极作用。

4. 在供应链信息化管理中的应用

企业的信息化管理工作由诸多环节共同构成，其中，供应链的信息化管理是不能忽略的关键内容之一。因为供应链是企业经营过程的重要构成要素，对供应链进行良好的管理，能够有效促进企业管理过程更加专业、细致，可以直接保证企业的经济效益不会受到严重损失。新时期，企业面临的市场竞争压力持续扩大，在发展过程中如何合理应对各种信息类风险，如何在信息化管理中突出企业的发展特色，及时规避风险，顺利保证经营，从而实现良好发展，这是企业在进行信息化管理时需要重点考虑的问题。

结 束 语

〉〉〈〉〈〉〈〉〈〉〈〉〈〉〈〉〈〉〈〉〈〉

　　企业发展过程中，重要的基础资源应该为人力资源，企业的灵魂所在应该为企业文化与科学管理。企业的人力资源管理与企业文化建设之间存在着密切关联。本书正是研究企业人力资源管理的理论与实践，以及在此基础上的企业建设管理核心的一本书，书中理论联系实际，并与时俱进的融入了现代化管理理念与技术，以期为我国各个企业管理者提供理论指导与帮助，为我国经济的繁荣昌盛做出突出贡献。